직장인의 성공적인

# 은퇴 전략

직장인의 성공적인
# 은퇴 전략

초판 2019년 7월 1일
큰글자책 1쇄 발행 2020년 06월 30일

지 은 이  김동석
펴 낸 곳  글라이더
펴 낸 이  박정화
책 임 편 집  이정호
주    소  경기도 고양시 덕양구 화중로 130번길 14 (아성프라자 6층 601호)
전    화  070) 4685-5799
팩    스  0303) 0949-5799
전 자 우 편  gliderbooks@hanmail.net

**공급 및 판매처**

제    작  엔드디자인, 아르텍, 월드페이퍼, 경문제책
주    문  한국출판협동조합 kbook.asia 플랫폼
전    화  070-7119-1791, 070-7119-1789
팩    스  02-716-6769

ISBN 979-11-7041-025-6 (03320)
정가 30,000원

직장인의 성공적인

# 은퇴 전략

김동석 지음

글라이더

휴일도 없이 바쁘게 투자 상담을 진행하고 있는데, "본부장님, 책한번 내시죠." 하는 소리가 들렸다. "어떤 책?" 하고 대꾸했더니 투자 상담을 하면서 안타깝게 느낀 점을 직장인들에게 알려주면 좋겠다는 대답이 들려왔다. 나는 그 말에 선뜻 응하게 되었다. 진짜은퇴가 그렇게 어려운 일일까, 고민에 고민을 거듭하면서.

직장생활 30년은 대개 비슷하다. 닷새 일하고 이틀 휴식하는 것이다. 그런데 30년 긴 시간을 보내고 정년퇴직을 한 뒤 다시 일자리를 찾아야 한다면 언제 한번 제대로 살아볼 수 있을까? 취업하기전까지 30년 공부하고, 취업해서 직장인으로 30년 근무한다. 그러는 동안 진정한 나는 어디에도 없다. 오직 직장과 가족을 위해 앞만보고 달린다. 휴식, 새로운 일에 대한 도전, 새로운 공부 등을 참아내고 정년퇴직만 바라보며 달린 것이다. 정년퇴직을 하면 20년의 세월이 남는다. 그렇다면 자신이 원하는 인생을 한번 펼쳐 봐야 하지 않을까? 그것이 그렇게 어렵고 힘든 일일까?

나는 은퇴를 하고도 일에 매달리는 이들에게 미안한 마음이 들었다. 투자 상담을 하러 온 많은 사람의 애환을 들으면서 어떻게 하면 그들을 도울 수 있을까 고민했다. 진짜 은퇴자는 아침을 가볍게 들고 나서 라운딩을 한다. 점심때 맛집에 가서 수다를 떨고 대중탕에서 피로를 푼 다음 집에 들어가 가족과 함께 저녁을 보낸다. 똑같이 공부하고 똑같이 입사한 뒤 똑같이 정년퇴직을 했는데 왜 다르게 살게 된 것일까? 그것은 30년 직장생활을 어떻게 준비하며 보냈는가에 따른 결과다.

늘 멋진 차, 넓은 집, 탁월한 골프 실력을 자랑하며 회식 때 멋지게 한턱을 쏴 모두의 우상이었던 사람은 퇴직 후 새로운 일자리를 찾는다며 바쁜 시간을 보낸다. 반면에 검소하고 자기계발 하는 데 시간을 쓴 사람은 은퇴하는 날 고급 외제차를 몰고 나타난 아내에게 축하를 받는다.

"여보, 그동안 고생 많았어. 이제 남은 인생 푹 쉬면서 당신 하고 싶은 일 마음껏 해. 그동안 우리가 준비한 상가 건물 이번 달에 완공이야. 임대 계약도 모두 마쳤어. 그동안 당신 고생 많았어. 사랑해."

그 장면을 본 이들이 부러워하면서 "로또 맞았어?"라고 묻는다. 그가 대답한다.

"응, 로또 맞았어."

신혼 때부터 똑소리 나게 재테크 잘하는 아내를 만났으니 로또 맞은 게 맞다. 부러움 반, 시샘 반으로 어떻게 된 건지 알려 달라고 난리다.

"특별한 것 없어. 3+5 은퇴 전략을 실천한 게 전부야. 우리 같은 직장인이 돈 모으는 데에는 한계가 있잖아. 그렇다고 사장처럼 높은 연봉을 받는 것도 아니고, 그러다 보니 결혼하면서 아내하고 일찌감치 은퇴 계획을 세우고 그대로 실천한 거야. 적은 돈으로 안전하면서 최고의 수익을 낼 수 있는 재테크지. 내가 바쁘니 아내가 토지 투자에 대해 공부했고, 전문가의 도움을 받아 20년 전에 토지 세 필지 매입한 것이 대박을 만들어 준 거야."

다들 부러워한다. "나도 그렇게 할 걸…." 그러자 그가 말한다.

"아니, 너희는 다시 돌아가도 못할 거야. 왠지 알아? 내가 같이 투자하자고 했을 때 너희가 이렇게 말했어. '야, 그렇게 오랫동안 기다려야 된다고? 10년도 긴데. 그러다 잘 안 되면 어쩌려고. 난 싫어, 그냥 주식이나 할래.' 선택은 너희가 한 거야. 모든 것은 내가 과거에 선택한 결과야."

그렇다. 직장생활 하는 동안 어떤 선택을 하는가에 따라 미래가 달라진다. 나는 투자 상담을 할 때 "미래를 향해서 던져라."고 말한다. 20년 뒤 정년퇴직 때 만날 것을 지금 던지는 것이다. 황금을 던지면 황금을 만나고, 쓰레기를 던지면 쓰레기를 만날 것이다. 물론 아무것도 던지지 않으면 당연히 아무것도 만나지 못한다.

이 책을 쓰는 동안 노인 백 명 중 한 명이 폐지를 줍는다는 기사가 눈에 아른거렸다. 주변 사람들은 그보다 많을 것이라고 이야기한다. 30년 직장생활을 마친 뒤, 엄청난 부자는 아니지만 최소한 돈 걱정 없이 노후를 보내면 좋겠다. 모든 것은 직장생활을 하는 동안 자신이 선택한 결과다. 미래를 계획하고 실천하고 행동한 사람과, 하루살이처럼 시간을 낭비한 사람의 차이다. 지금 이 순간 전쟁 치르듯 직장생활을 하는 수많은 예비 은퇴자들이 자신만의 은퇴 전략으로 행복한 은퇴, 진짜 은퇴를 만나길 기원한다.

2019년 6월
오이도가 보이는 바닷가 카페에서
김동석

# 차례

프롤로그 · 4

## Part 1. 당신의 은퇴 준비는 무엇입니까?

1. 은퇴를 준비해야 하는 이유 · 12

2. 평범한 직장인의 꿈, 진짜 은퇴 · 17

3. 은퇴 후 필요한 적정 생활비 · 22

4. 은퇴 준비의 핵심은 시간 관리 · 26

5. 나를 위한 인생을 준비하자 · 31

6. 은퇴자의 빛나는 MVP 인생 · 35

7. 나만의 은퇴 무기를 준비하자 · 41

8. 토지투자로 꿈을 키우자 · 45

9. 은퇴를 앞둔 공무원의 후회 · 49

10. 인생 사이클 30-30-20 · 53

Part 2. 성공적인 은퇴 전략 세우기 I

  1. 나는 신혼집보다 땅이 좋다 · 60

  2. 전국에서 가장 비싼 땅과 가장 싼 땅 · 66

  3. 4차 산업혁명 시대 토지가 필요한 이유 · 71

  4. 땅은 미래 가치를 사는 것 · 75

  5. 시간에 투자해야 하는 이유 · 79

  6. 투자의 3요소를 확인하라 · 84

  7. 최고의 재테크 상품을 찾아라 · 90

  8. 재테크로 토지투자를 선택할 이유 · 95


Part 3. 성공적인 은퇴 전략 세우기 II

  1. 은퇴 준비 재테크를 쇼핑하라 · 102

  2. 은퇴를 위한 재테크 판을 바꾸자 · 108

  3. 입사 동기생들과 투자 공동체를 만들자 · 115

  4. 직장인의 재테크 '선투자 후저축' · 119

  5. 미래를 향해 던져라 · 124

  6. 은퇴 후 인생을 미리 설계해야 하는 이유 · 128

  7. 취미 생활로 은퇴를 준비하자 · 132

  8. 경제적 독립, 땅 한 필지면 충분하다 · 137

  9. 세 명의 퇴직자 이야기 · 141

## Part 4. 진짜 은퇴를 위한 실행 전략

1. 토지거래 어디서 할까? · 146

2. 토지의 지목을 이해하자 · 151

3. 토지 거래 절차를 알자 · 159

4. 단계별로 접근하는 토지투자 전략 · 164

5. 토지를 선택하는 세 가지 기준 · 169

6. 국토종합계획에 주목하자 · 176

7. 첫 토지투자는 안전하게 시작하라 · 184

8. 인구 증가 지역을 눈여겨보라 · 188

9. 나만의 토지투자 원칙을 세워라 · 193

10. 나만의 3+5 은퇴 전략 · 206

11. 경제신문에서 정보를 찾아라 · 225


## Part 5. 은퇴가 있는 삶을 즐기자

1. 땅으로 머니트리를 만들자 · 232

2. 은퇴가 있는 삶이란 · 237

3. 토지투자 가상연습 따라 하기 · 241


에필로그 · 256


부록 : 토지 권리분석 도구 활용법 · 259

# PART 1

# 당신의 은퇴 준비는
# 무엇입니까?

# 1
## 은퇴를 준비해야 하는 이유

직장생활 10년차는 자기 업무뿐 아니라 무엇이든 자신감이 넘치는 시기다. 승진하기 위해 앞을 보고 달리는 시기이며, 한 번 더 도약하기 위해서 몸부림치는 시기다. 그렇게 달리다 보면 어느새 20년차가 된다. 그때서야 비로소 지나 온 직장생활과 주변 사람들을 돌아보게 된다. 나와 같은 방식으로 사는지 혹여 다르게 살지는 않은지 돌아보는 것이다. 주위의 입사 동기들을 보면서 지금 내가 사는 집과 자동차를 비교해 본다. 그들과 같이 시작했는데 지난 20년 동안 무엇이 그들과 나의 삶을 다르게 만들었을까 깊이 생각해 본다.

야근, 출장, 밤늦게 이어지는 회의는 당연했다. 그 결과 연말이 되면 남들이 부러워할 성과급을 보너스로 받았다. 열정의 시간에 대한 당연한 보상이었다. 그것은 자신에 대한 자부심, 가장의 자부심이기도 했다. 그런데 자신보다 열심히 살지도, 더 높은 직급에 있지 않고, 더 많은 연봉을 받지도 않는 동료가 여유롭게 사는 모습을 보면서 그 이유가 궁금해지기 시작했다. 자신보다 높은 성과급을 받지 못하지만 뛰어난 재테크 실력으로 훨씬 여유를 누리는 모습이 그때가 되어서야 제대로 보였다. 자신의 높은 성과급이 동료의 아파트 갭 투자 수익을 뛰어넘지 못하는 현실을 직시했다.

투자는 똑똑한 머리와 경력이 중요하지 않다. 그렇다면 대학 교수들이 가장 투자를 잘해야 한다. 투자는 절대로 '1+1=2'가 되지 않기 때문이다. 어느덧 직장생활 20년차가 되고 보니 은퇴하는 선배들이 보이기 시작한다. 언제부턴가 인사 부서 담당자 전화를 받을 때마다 괜히 주눅이 들기 시작한다. 왜일까? 반면에 당당한 동료의 모습은 어디서 나오는 것일까? 입사 후 첫 술자리에서 은퇴 이야기를 꺼냈던 동료가 떠올랐다.

"난 지금부터 은퇴를 준비할 거야? 정년퇴직은 은퇴가 아니라고 생각해, 그건 정년일 뿐이잖아. 내가 원하는 은퇴 목표를 정하고 지금부터 달려볼 생각이야."

참 이상한 친구라 생각했는데, 지금 당당한 이유가 바로 입사와 동시에 은퇴 준비를 한 결과였다.

직장 동료 K씨는 어느 날 휴게실에서 커피를 마시면서 은퇴를 앞둔 막막한 심정을 쏟아냈다. 사택을 받는 군인들은 결혼 생활을 시작하면서 집 걱정을 한 번도 하지 않는다. K씨도 마찬가지였다. 종자돈 없이 결혼했으니 당연히 사택에서 살게 되었다. 자녀는 아들만 둘이다. 둘 다 신학 공부를 한다고 해서 열심히 뒷바라지를 했다. 서울 집값이 너무 비싸기도 했지만 사택에 살고 있으니 내 집 장만에 대한 절실함이 없었다. 문제는 정년퇴직을 1년 남겨두고 사택을 나가서 살 곳이 없다는 점이었다.

엄청나게 소비를 하고 산 것도 아닌데 K씨의 수중에는 남은 돈이 없었다. 무이자로 지원받는 자녀의 대학 학자금은 전부 갚아야 할 부채였다. 주변 동료들은 힘들다고 하면서도 아파트 한 채씩은 보유하고 있었다. 그들은 일찍부터 은퇴 후에 머무를 곳에 집을 사서 전세를 주고 있었다. 큰 집, 좋은 집이 아니라 은퇴 후 살 집이 있느냐 없느냐는 매우 큰 차이였다. 어떻게 할 생각이냐고 물었더니 별다른 방법이 없다고 했다. 로또를 맞지 않는 한 갑자기 은퇴 자금이 생기는 것이 아니어서 연금을 몇 년 치 당겨서 받을 예정이라고 했다. 약간의 퇴직 수당은 자녀 학자금을 상환하면 남는 것이 없다. 5년 분 연금을 당겨 받아 그것으로 반전세라도 구해야겠다고 말했다. 공무원 연금, 군인 연금, 사학 연금은 몇 년 정도 당겨 받을 수 있다. 그렇게 하면 매달 받는 연금액은 상당히 줄어든다. 이것을 선택한 사람 대부분은 나중에 후회한다. 하지만 은퇴 준비가 안 된 사람들이 선택하는 방법 중 하나이다.

K씨는 나에게 신신당부를 했다. 은퇴 준비를 미리 미리 하라고 말이다. 미리 은퇴 준비를 못한 사람은 미래를 위한 최고의 선물이라 할 '군인 연금, 공무원 연금'을 안타깝게도 미리 당겨 받아야 한다. 그러므로 처음부터 은퇴 목표를 세우고 준비해야 한다. 넉넉

하지 못한 생활비도 목표와 계획에 따라 해결책을 찾을 수 있다.

　반대로 미리 은퇴 준비를 마친 A씨는 너무나 다른 삶을 준비하고 있었다. 그는 9급 공무원으로 첫 직장생활을 시작했다. 남편과 맞벌이를 했지만 친정 부모님이 부동산 관련 일을 하고 있어서 남보다 일찍 재테크에 관심을 갖게 되었다. 부모님이 추천해 주는 아파트를 대출을 끼고 장만했다. 대출금은 남편의 성과급으로 갚아 나갔다. 그리고 다시 부모님 추천으로 기아자동차 공장이 있는 광명시 소하리 근처에 토지도 조금 매입해 두었다. 말은 조금이라고 하는데 평수가 상당했다. 대출은 있지만 충분히 감당할 수준이고, 맞벌이를 하고 있어 은퇴 전에 모두 상환할 생각이었다. 그러면서 마지막 은퇴 준비로 수익형 부동산을 알아보고 있었다. 공무원 연금과 임대 수입, 이렇게 이중으로 은퇴 준비를 하고 있었다. 부모님의 영향이 참 큰 경우였다. 자식에게 재산을 물려주는 것보다 더 중요한 것은 바로 재테크 교육과 재테크 안목을 길러 주는 것이었다.

　《토익 공부보다 돈 공부》를 쓴 이권복 작가는 "부자 되는 법을 배우지 못해서는 부자가 될 수 없다."라고 말한다. 어차피 월급은 많이 받아도 한계가 있고, 저축도 한계가 있다. 결국 똑같은 월급을 받아서 어떤 재테크를 하는가에 따라 미래는 달라진다. 모든 재테크는 미래 가치를 알아보는 것이다. 은퇴 준비에는 긴 시간이 필요하다. 은퇴 준비는 100미터 단거리 경주가 아니다. 긴 호흡을 가지고 달리는 장거리 경주다. 그러므로 준비 운동부터 차분히 시작해야 한다. 직장생활을 시작하는 첫걸음부터 은퇴를 준비하는 것이 가장 중요하다. 공무원, 공기업, 대기업의 모든 신입사원 교육 프로그램에 은퇴 관련 교육을 했으면 좋겠다. 공무원이 사무관 승진을 하면 별도의 교육을 받는데, 이때 은퇴 준비 교육이 이뤄진다면 미래를 준비하는 데 크게 도움이 될 것이다. 직장생활을 시작하면 퇴직과 은퇴는 누구에게나 다가오는 숙명 같은 것이다. 그렇다면 제대로 준비해서 자신에게 당당해지자.

은퇴를 조금 다른 시각에서 바라보자. 내 몸을 건강하게 가꾸듯 은퇴라는 녀석과 친구가 되어 보자. 30, 40대 팍팍한 삶에서 친구란 에너지가 되어 준다. 직장생활을 시작하면서 은퇴를 좋은 친구로 받아들이자. 은퇴라는 먼 길을 떠날 때 좋은 친구와 함께 하면 힘이 날 것이다. 은퇴를 준비한다는 것은 준비된 좋은 친구를 만나는 것이다. 그 친구 덕분에 당신의 은퇴 후 삶이 행복해질 것이다. 퇴근 후 각종 모임을 참석할 때, 여행을 떠날 때 늘 은퇴라는 친구를 데리고 다녀라. 그 친구와 함께 떠나는 여행이라면 다른 것보다 의미가 있을 것이다.

미리 은퇴를 준비한 사람과 그렇지 못한 사람의 차이는 처음에 잘 나타나지 않는다. 결국 은퇴 시점에 가서야 드러나게 된다. 그때는 이미 늦었다. 사전에 은퇴를 준비한 사람만이 행복한 노후를 맞을 것이다. 퇴직하는 그날, 행복한 은퇴라는 선물을 받을 수 있도록 준비를 시작해 보자.

# 2
## 평범한 직장인의 꿈, 진짜 은퇴

　고등학교를 졸업하고 사회로 진출한 청년이 두 명 있었다. 요즘 말로 진정한 '흙수저'였다. 그들은 고등학교를 졸업한 후 시골을 떠나 도시로 향했다. 야간 대학에 다니고 직장생활을 하며 30년 세월을 달렸다. 어느 날 그들은 포장마차에서 재회했다. 잘 지냈느냐는 안부를 묻기 전에 소주부터 한 잔 마셨다. 한 친구는 무척 여유로운 표정이었고, 다른 친구는 어두운 표정이었다. 무엇이 두 가지 상반된 표정을 만들었을까?

　어두운 표정의 친구는 직장생활, 대리운전, 식자재 납품업 등 여러 사업을 했지만 생활이 나아지지 않았다. 늦게 본 막내딸은 이제 초등학교를 다닌다. 가지고 있던 고향 마을 땅도 사업 자금으로 야금야금 팔아서 다 날렸다. 돌아가신 부모님께 죄송스러운 마음뿐이란다.

여유로운 표정의 친구에게는 물려받은 땅이 한 평 없었다. 그러나 한 직장에서 외길 인생을 걸었다. 그는 노후 준비를 마치고 은퇴했다. 풍족하지는 않아도 부부가 살아가는 데 문제없을 정도의 자산을 준비했다. 1년에 한두 번 외국여행을 할 만큼 여유가 있다.

무엇이 서로 다른 은퇴의 모습을 만들었을까? 이 시대 직장인들의 꿈, 진짜 은퇴는 어떻게 준비해야 할까? 우리는 늘 두 갈래 길을 만난다. 선택에 앞서 가야 할 목적지를 분명히 정하는 것이 우선이다. 목적지를 가면서 잘못된 길, 빠른 길, 정말 만나면 안 되는 길도 만난다. 그건 너무나 당연한 일이다. 목적지만 정확히 정하면 실패의 고비마다 길은 바꾸면 된다. 목적지를 가면서 거쳐야 할 당연한 결과이기 때문이다.

그런데 처음부터 목적지를 잘못 정하거나 목적지가 없으면 어떻게 될까? 목적지 없는 사람들을 유혹하는 달콤한 것들이 세상에는 넘쳐난다. 경마, 로또, 카지노, 주식, 옵션, 대박 사업 아이템 등 수많은 것이 목적지 없는 사람들을 유혹한다. 어차피 목적지를 정하지 못한 사람은 그때마다 그곳을 거쳐 간다. 그렇게 시간, 돈, 인생, 꿈이 빠져나간다. 어디로 가야 하는지, 지금 내가 어디에 있는지 모르면 진짜 은퇴는 불가능하다. 지금 내 환경, 부모에게 물려받은 재산이 중요한 것이 아니다. 내 인생의 목표를 분명히 하는 것이 중요하다.

자동차를 시동하면 가장 먼저 내비게이션에 목적지를 입력하고 출발하는 이유가 무엇인가? 때로 잘못된 길에 접어들어도 금방 새로운 목적지로 안내해 주기 때문이다. 늘 다니던 익숙한 길도 내비게이션에 의지하는 것은 내가 모르는 교통 상황을 내비게이션이 실시간으로 반영해 주기 때문이다. 만약 목적지를 입력하지 않았으면 내비게이션은 어떤 곳으로도 안내하지 않는다.

대부분 20대 후반에 사회생활을 시작한다. 그때 가장 먼저 해야 할 일은 외국여행 짜기가 아니다. 인생 목표를 정하고 진짜 은퇴 계획을 세워야 한다. 정년퇴직은 절대 진짜 은퇴가 아니다. 진짜 은퇴는 정년퇴직 후 경제적 독립을 이루어 자신이 원하는 인생을 영위하는 것이다. 가짜 은퇴는 퇴직 후에도 경제 문제를 해결하기 위해 시간 노동자로 살아가는 것이다.

정년퇴직과 동시에 새 직장을 찾아다닌다면 그것은 은퇴가 아니라 다시 취준생이 되는 것이다. 처음 직장생활을 할 때 인생 목표를 분명히 세워라. 그러면 흔들려도 어떤 고난이 찾아와도 다시 일어설 수 있다. 가야 할 목표가 분명하기 때문이다. 군인들이 4박 5일 무박 행군을 하면서 한 명의 낙오자 없이 임무를 완수하는 이유는 목표가 분명하기 때문이다. 아무리 힘들어도, 물집이 터져 걸을 수 없을 만큼 고통이 밀려와도 목표를 달성하기 위해 포기하지 않고 걷는 것이다.

나 역시 고난이 여러 번 있었다. 중간 중간 새로운 선택을 해야 할 때가 있었지만 나를 새롭게 일으켜 세운 것은 분명한 목표였다. 꿈은 크며 클수록 좋다. 그 꿈이 실현 불가능한 목표일 수도 있다. 하지만 도전해 보라. 젊은 날에 세운 목표는 달성하기 힘들 정도로

허황되어도 좋다. 누군가는 중학교 때 "나는 커서 대통령이 될 거야."라고 담벼락에 썼다고 하지 않는가? 어떤 목표든 분명히 세우고 세부 계획도 반드시 세워 보기 바란다. 이 시대 평범한 직장인들이 30년간 열심히 일하고 60세 정년퇴직 후 돈 걱정 없이 자기 꿈을 향해 달려가면 좋겠다.

100세 인생이라고 해도 80세가 넘으면 누구도 건강을 장담하기 어렵다. 따라서 60세에 은퇴한 후 80세까지 20년간 부부가 돈 걱정 없이 노후를 행복하게 보내는 것이 이 시대 평범한 직장인의 꿈이라면 좋겠다. 그 꿈이 이뤄지는 것, 그것이 진짜 은퇴다. 목표를 정했다면 최선을 다해 달리면 된다. 직장생활과 결혼생활을 막 시작할 때 부부가 함께 손을 잡고 달려라. 이미 직장생활 전반기를 돌았다고 걱정하지 마라. 늦었다고 생각할 때가 가장 빠르다고 하지 않는가? 목표를 분명히 하면 된다. 나는 평범한 직장인의 꿈이 꼭 이루어질 수 있다고 믿는다.

모든 직장인은 하루에 한 번 퇴사를 꿈꾼다고 한다. 걱정하지 말자. 하기 싫어도 정년퇴직은 다가온다. 중요한 것은 진짜 은퇴를 준비했는가에 달렸다. 자신의 꿈을 향해 달려 보자. 매 순간 내 꿈의 목적지를 생각하라. 세상 어떤 사람의 꿈도 한 번에 쉽게 이루어진 적은 없다. 포기하고 싶은 수많은 순간을 넘기고, 전혀 새로운 방법으로 도전하며, 자신과 타협하지 않은 결과 꿈을 이루는 것이다. 남들이 안 된다고 비웃으며 그만 포기하라고 할 때, 쓸데없는 짓이라고 비난할 때가 당신이 잘 하고 있는 때다. 남들이 가지 않은 길을 걷는 것을 '창조, 혁신, 성공'이라 부른다. 모든 꿈과 목표를 이루는 데는 반드시 시간이 걸린다. 꿈으로 가는 길에 만나는 수많은 실패는 경험이라는 에너지다. 내 꿈을 향해 더 많이 경험해 보기 바란다.

주저하지 말고 그저 묵묵히 행동하라. 당신의 생각을 계속 행동으로 한걸음씩 옮겨라. 어느 순간 주변 사람들이 당신에게 조언을 구할 것이다. 당신이 지나온 길에 관해서 말이다. 인생의 목표, 꿈, 성공은 그렇게 완성된다. 누구나 목표를 세워서 달리면 진짜 은퇴는 가능하다. 단, 일찍 시작할수록 시간을 절약할 수 있다. 정년이 보장되는 직장에서 30년간 근무하고 퇴직하는 직장인이 돈 걱정 없이 행복한 노후를 보내는 것, 그것이 진짜 은퇴다.

# 3
# 은퇴 후 필요한 적정 생활비

은퇴라는 단어가 행복으로 다가오는 사람인 있는 반면, 불편하게 다가오는 사람이 있다. 그 차이는 경제 문제일 것이다. 은퇴 준비를 잘한 사람은 행복할 것이고, 그렇지 않은 사람은 불편할 것이다. 그런데 이것도 생각하기 나름 아닐까? 은퇴 후에 추구하는 삶의 가치에 따라서 다를 수 있기 때문이다.

아무리 많은 재산을 가지고 있어도 소비하는 데는 한계가 있다. 만약 하루에 천만 원씩 한 달간 소비하라고 하면 무척 신이 날 것이다. 하지만 보석 같은 고가품을 구매하지 않고 한 달간 매일 천만 원을 소비하기란 쉽지 않다. 지금 바로 소비 목록을 작성해 보면 알 것이다. 아마 일주일도 채우기 어려울 것이다.

그렇다면 평범한 직장인의 은퇴 후 적정 생활비는 얼마나 될까?
2018년 국민연금공단 조사에 따르면 부부의 적정 노후 생활비는

250만 원이다. 이는 조사 기관마다 차이가 있다. 대략 300만 원으로 잡아 보자. 이렇게 잡은 데는 이유가 있다. 내 강의를 들으러 오신 60대 어르신께 물어 보았다.

"한 달간 두 분이 생활하는 데 얼마나 드나요?"

"대충 300만 원 들죠."

300만 원이 너무 많지 않느냐고 물었더니 경조사비는 제외한 것이라고 했다. 경조사비의 경우 부부가 지방에 갔다오면 30만 원은 쉽게 든다. 왕복 교통비를 포함하면 너 될 수도 있다. 세부적으로 계산해 보자. 2억 원 아파트 한 채와 자동차 한 대를 가진 50대 부부의 한 달 생활비 내역이다.

| 항목 | 비용 | 비고 |
|---|---|---|
| 지역 건강보험료 | 200,000 | 아파트, 자동차 보유 |
| 실손 및 개인보험료 | 300,000 | 암, 생명보험, 실손보험 |
| 아파트 관리비 (난방비·전기요금·수도요금) | 250,000 | 평균 금액 |
| 통신료(휴대전화·인터넷·TV) | 100,000 | 부부 합계 |
| 병원비(치과 등), 건강 보조제 | 150,000 | 실손보험 안 되는 항목 |
| 취미, 미용, 여가 활동비 | 150,000 | |
| 자동차 연료비, 대중교통요금 | 200,000 | 한 달에 두 번 주유 |
| 외식비 | 200,000 | |
| 경조사 및 모임 회비 | 200,000 | |
| 식료품 구입비 | 500,000 | 집밥, 과일 등 |
| 합 계 | 2,250,000 | |

최소 비용을 산출한 것이다. 자동차 보험료와 수리비 등 빠진 것도 많다. 가족과 외식 한 번 하면 기본이 10만 원이다. 지출 항목에서 뺄 것과 넣을 것을 기준으로 산정해 보면 좋다. 각종 통계 기관의 수치보다 중요한 것은 각자의 생활 패턴에 따라 기본 생활비를 산정해야 하는 것이다. 한 달 생활비를 작성하는 것에는 큰 의미가 있다. 막연히 얼마쯤 될 거라고 생각한 것을 수치화하면 그 차이를 바로 알 수 있다.

이렇듯 각자 산정한 금액을 기준으로 은퇴 준비를 해야 한다. 필자가 강조하고 싶은 것은 80세까지 행복한 은퇴 생활을 즐기라는 것이다. 단순히 생활비만 해결하라는 것이 아니다. 은퇴의 순간까지 힘들었던 30년 직장생활을 충분히 보상받을 준비를 하면 좋겠다. 각자 살고 싶은 지역, 즐기고 싶은 라이프스타일에 따라 필요 금액을 산정해 보기 바란다. 결혼한 사람의 경우, 부부가 머리를 맞대고 행복한 은퇴를 상상하면서 계산해 보기 바란다. 가장 행복해질 수 있는 은퇴 생활비를 산정하면 좋겠다.

60~80세가 인생의 황금기란 사실을 명심하자. 그 시기가 지나면 의료비는 계속 증가한다고 보아야 한다. 따라서 은퇴 생활비를 1단계 60~80세, 2단계 80세 이후로 구분하여 산정하면 더 좋다. 1단계에 필요한 생활비와 2단계에 필요한 생활비가 크게 다르기 때문이다. 물론 30, 40대 직장인의 경우 은퇴 시점에 많은 것이 달라질 것이다. 나 역시 그러했다. 살고 싶은 지역, 하고 싶은 일이 달라졌다. 하지만 은퇴 목표를 세우는 데 이러한 생활비 산정

은 큰 도움이 되었다. 막연한 은퇴 준비를 수치로 계산하면 각자의 은퇴 전략이 나온다. 각자의 은퇴 시점에 맞는 최고의 은퇴 전략을 세우기 바란다. 누구의 것을 따라 하지 말고, 각자의 자신에게 맞는 최고의 은퇴 전략을 고민해 보기 바란다.

목표 수치를 매일 보면 새로운 아이디어가 생긴다. 참 신기한 일이다. 은퇴 후 필요한 적정 생활비 현황을 잘 보이는 곳에 붙여 놓고 매일 보면서 생각하기 바란다. 어떤 준비를 해야 은퇴 후 매달 생활비 걱정을 하지 않을까? 추천하고 싶은 것은 생활비를 약간 높게 잡는 것이다. 그래야 동기부여가 확실해진다. 언젠가 "됐어."라고 유레카를 외칠 당신을 기대한다.

# 4
# 은퇴 준비의 핵심은 시간 관리

직장생활에 성공한 사람을 보면 남들과 다른 점이 있다. 누구에게나 똑같이 주어지는 하루 24시간을 사용하는 방법이 남들과 다른 것이다. 신은 인간에게 사장과 직원 구분 없이 시간을 공평하게 나누어 주었다. 다만 그것이 얼마나 소중한지 아는 사람과 모르는 사람으로 나뉠 뿐이다. 대다수가 하루 동안 자신이 무엇을 했는지 잘 기억하지 못한다. 퇴근을 하면서 오늘 하루 무엇을 했는가 회상해 보라. 무엇이 떠오르는지.

지금까지 시간을 관리하는 도구가 많이 등장했다. 그 도구로 성공한 사람이 많다. 왜 그럴까? 성공의 기본이 시간 관리에 달렸기 때문이다. 은퇴 준비를 하려면 반드시 시간을 관리해야 한다. 어떤 큰 프로젝트를 기획하고 실행하는 데 시간을 관리하지 못하면 어떻게 될까? 볼 것도 없이 실패하고 만다. 은퇴를 준비하는 과정도 마찬가지다. 신입사원 시절부터 목표를 분명히 하고 시간 관리를 해야 한다. 그렇지 않으면 자신의 시간을 남이 관리해 주게 된다. 결코 남을 탓할 일이 아니다. 자신의 시간을 제대로 관리하지 못한 탓이다.

시간을 관리하지 못하는 예는 번개 형식의 회식에 불려 나가는 경우다. 시간 관리를 분명히 하고 있다면 단호하게 거절할 수 있다. 사전에 계획한 일이 있기 때문이다. 보통 이렇게 말하지 않는가?

"김 대리 퇴근하고 뭐 할 거야? 치맥 할 건데 참석할 거지?"

불려 다니는 것이 습관이 되면, 어느 순간 당신은 아무 때나 부를 수 있는 만만한 사람이 되어 있을 것이다. 딱 일주일만 DR(Daily Report)을 기록해 보기 바란다. 특별한 양식은 필요 없다. 노트 또는 컴퓨터 엑셀 파일을 이용해서 출근부터 퇴근까지 매 시간 단위로 무엇을 했는지 자세히 기록하는 것이다. 일주일만 기록해 보면 놀랄 것이다. 업무에 집중하는 시간보다 SNS, 잡담, 웹서핑, 쇼핑 등에 쓰는 시간이 많다는 것을 말이다. 중요한 것은 기록을 하면서 스스로 변한다는 것이다. 말하지 않아도 느끼고 변화한다는 것이 최고의 장점이다.

직원들에게 DR을 강제로 쓰게 했더니 모두 인상을 쓰고 불평불만을 토로했다. 하지만 진정으로 다른 사람보다 성과를 빠르게 이루고 싶다면 스스로 꼭 해 보기 바란다. 내가 직장생활 동안 참 많이 불편한 것은 스마트폰 게임이었다. 직원들은 출근과 동시에 스마트폰으로 온라인 게임을 시작했다. 자동 모드로 실행해서 책상에 두고 수시로 확인했다. 업무를 하면서 중간 중간 게임을 확인하고 있는 것을 보면 무척 답답했다. 잔소리하고 또 잔소리를 해도 별반 나아지지 않았다. 일과 여덟 시간을 한 시간 단위로 기록해 보고, 사장의 입장이 되어 생각해 보라. 나태한 사람을 언제까지 고용할 것인지. 그래서 나온 말이 있다. "사장은 회사를 그만두지 않을 만큼 급여를 주고, 직원은 해고당하지 않을 만큼만 일한다." 중요한 건 그렇게 일한 사람이 성공한 사례는 없다는 것이다.

《일취월장》이란 책에 "과거를 기록하지 못하는 사람은 과거를 되풀이하는 운명을 맡게 된다."는 말이 있다. 자신의 24시간을 기록하다 보면 스스로 변할 수 있다. 아무리 좋은 책, 유명한 성공학의 대가를 초빙해서 교육을 해도 변하지 않는 이유는 절실함이 없기 때문이다. 성공한 사람들이 성공 비법을 공개해도 아무런 소용이 없다. 단 1%도 따라 하지 않기 때문이다. 덕분에 성공학 강의를 계속할 수 있는 비결이 되기도 한다. 비싼 강의보다 더 효과 있는 것은 하루를 한 시간 단위로 기록하는 것이다.

어느 날 은퇴를 앞두고 그동안 난 무엇을 했던가 하고 돌아보면 어떤 기억도 안 날 것이다. 기록이 없기 때문이다. 은퇴라는 목표를 세운 뒤 기록을 시작하고 시간을 관리하기 바란다. 그러면 몇 달 후 기록하는 내용이 달라질 것이다. 은퇴를 준비하는 내용이 많아지고, 쓸데없는 시간이 줄어들 것이다. 그렇다고 성공한 사람들의 시스템처럼 살라는 것은 아니다. 여행도 가고, 친구들과 수다도 떨고, 노래방, 게임 등 모든 것을 즐겨라. 그것이 없으면 인생에 즐거움이 없을 것이다. 은퇴 준비도 좋지만 자기 나이에 맞는 즐거움이 없으면 은퇴 준비를 지속하기 어렵다. 다만 기록하지 않으면 무엇이 한쪽에 집중되고, 무엇이 부족한지 알 수 없다. 직장이나 학교에 일정표와 시간표가 있는 이유는 균형을 맞추기 위해서다.

결국 시간을 기록한다는 것은 은퇴를 위한 일정표를 제대로 만들어 가는 과정이다. 재테크로 성공한 사람들의 기록 중에 신혼 시절부터 쓴 가계부를 보면 정말 대단하다고 느낀다. 그것이 적은 월급으로 재테크에 성공한 비결이다. 곧 기록의 힘이다.

시간 관리를 이야기하면 사람들은 오전, 오후, 저녁 이렇게 셋으로 나누어 시간 계획을 말한다. 하지만 세부적으로 물어 보면 기억하는 것이 별로 없다. 한 시간 단위로 시간을 관리하지 않고 즉흥적으로 하기 때문이다. 외국여행을 떠날 때 일정표를 하나하나 점검하고 점검하면서 한 시간이라도 알뜰하게 보내려고 얼마나 노력하는가? 그 결과 여행을 잘 마치고 만족스러워 했을 것이다. 반대로 가이드가 일정표를 잘못 확인해서 엉뚱한 곳에서 시간을 보내 분통을 터뜨린 기억도 있을 것이다. 그것이 기록의 차이란 사실을 명심하자.

돈 걱정 없는 노후를 준비하는 핵심은 직장생활 동안 시간 관리를 얼마나 잘했는가에 달렸다. 열심히 일하고 멋지게 놀면서 은퇴 준비까지 완벽하게 하는 비결은 나만의 시간 관리에 있다. 멋진 노후 준비를 위해 주말에 열리는 머니 쇼, 부동산 투어, 재테크 포럼, 해외 투자, 새로운 투자 상품 등을 공부가 아닌 놀이로 삼아 찾아 다녀라. 그리고 한 번에 딱 한 가지만 깨달음을 얻어서 실천해 보자.

모든 사람에게 똑같이 주어지는 하루 24시간을 나는 어떻게 보내고 있는가? 한 시간의 가치가 최저 시급과 수천만 원 차이가 나는 이유가 무엇이라 생각하는가? 일찍부터 시간 관리의 비밀을 깨닫고 실천한 결과다. 은퇴 후 돈 걱정 없이 행복한 노후를 꿈꾼다면 지금부터 시간을 제대로 관리하자. 그것이 직장생활, 가정생활, 친구 관계, 사업에 더 열정적으로 임하도록 하는 원동력이 될 것이다. 행복한 은퇴를 준비하는 핵심은 시간 관리에 달렸다.

# 5
# 나를 위한 인생을 준비하자

대한민국만큼 빈부 격차가 심한 나라가 또 있을까? 언제부터인가 '금수저, 흙수저' 논쟁이 시작되었다. 학교에서 아파트 평수로 친구를 사귀는 이상한 뉴스는 일상이 되었다. 이 시대 직장인들은 어떤 인생을 꿈꾸는가? 태어날 곳은 내가 선택할 수 없지만, 내 인생을 어떻게 만들지는 스스로 결정할 수 있다. 그 결정을 가능한 빨리할수록 즐겁고 가치 있는 인생이 될 것이다.

나는 나를 위한 멋진 인생을 상상했다. 인문계 고등학교를 졸업하고 서울에 올라오니 아무도 반겨주는 사람이 없었다. 내가 일할 곳은 사람들이 기피하는 열악한 공장뿐이었다. 그래도 나는 기꺼이 그곳에서 일했다. 무엇 하나라도 더 배우고 싶어서 각종 기계를 정비하는 엔지니어들 곁에서 어깨너머로 기계 정비를 배웠다. 시키지 않아도 작은 기계 정비쯤은 내가 알아서 했다. 그렇게 일하다 손가락 하나가 잘려 나갈 뻔한 적도 있었다. 지금처럼 산업재해로 치료를 받을 수도 없어서 약국에서 간단히 응급처치를 받은 것이 전부였다. 지금도 그 상처 부위를 누르면 약간 통증을 느낀다.

스무 살에 만난 세상은 힘들고 암울하여 미래를 생각할 시간도 주지 않았다. 변화하기 위해, 몸부림치기 위해 직업군인을 선택했다. 군대는 스무 살에 만난 험한 세상보다 포근했다. 군대에서 나만의 멋진 인생을 꿈꿨다. 남들보다 일찍 그 꿈을 떠올렸다. 결코 좋아서 선택한 곳은 아니지만 내가 원하는 인생을 준비하는 데 부족함이 없는 곳이었다.

군인들 대부분이 운동과 체력 관리에 신경 쓸 때 나는 자기계발에 관심을 가졌다. 첫 번째가 독서였다. 1년에 책 100권 읽는 것은 기본이었다. 처음에는 읽을 책이 부족했다. 친구들에게 정기적으로 책을 주문해서 읽었다. 독서도 중독이 되었다. 한번 속도가 붙으니 그야말로 가속도가 붙었다. 사무실, 화장실, 거실, 어디든 책이 있었다. 남들 눈치를 보면서 책을 읽었다. 그러다 어느 순간 집중하게 된 것이 자기계발, 리더십, 재테크, 경제학, 심리학, 인간관계, 인문학 분야였다.

은퇴를 생각하니 재테크 분야에 더 집중하게 되었다. 성공한 사람들의 목표 관리를 따라 했다. 목표를 세웠다. 은퇴 후의 목표였다. 직업군인으로 살면서 수많은 은퇴자를 보고, 준비 과정도 지켜보았다. 은퇴자들이 쉬지 않고 다시 직장에서 일하는 이유가 궁금했다. 경제적 문제 때문인지 자신의 꿈을 향한 새로운 도전인지 궁금했다. 은퇴 후 나는 무엇을 할지 고민하고 또 고민했다.

나는 정년퇴직을 향해 달려가기보다 내가 원하는 목표를 향해 달려가고 싶었다. 군에서 야간 대학, 미국 유학, 대학원 공부까지 마쳤다. 정년까지 기다리지 않고 막내 대학 졸업에 맞추어 일찍 은퇴를 하고 싶었다. 목표를 세우고 하나씩 도전하며 경험했다. 남들이 하기 싫은 일, 열심히 해도 아무런 대가 없는 일을 찾아다녔다. 소위 '이상한 사람'이었다. 자기 돈 들여가며 자원 봉사, 재능 기부 강의, 퇴근 후 자기계발, 병사 리더십 교육 등 은퇴 후 내가 원하는 목표를 향해 누구보다 바쁘게 보냈다.

막내가 대학을 졸업하던 2017년, 정년보다 일찍 은퇴를 결정했다. 남들이 말했다. "뭐 하러 조기 퇴직을 하느냐? 조기에 퇴직한 사람들 전부 후회한다고 하더라." 그건 그들의 생각이었고 난 명예 퇴직을 했다. 먹고사는 일이 아니라 나를 위한 인생을 선택했다. 평생 한 직장에서 30년을 넘게 보낸 후에는 자신을 위해 살아야 한다고 생각했기 때문이다. 그건 내 신념이었다. 지금은 평소 내가 꿈꾸던 일, 내가 하고 싶던 일인 강의, 글쓰기, 상담, 컨설팅 등을 즐겁게 하고 있다.

나와 비슷한 선택을 한 지인이 있다. 지인은 30년 가까이 공무원 생활을 하고 조기에 퇴직했다. 하지만 퇴직 후 삶이 쉽지 않았다. 서울에서 집을 장만하지 못하고 다가구 주택 전세로 새로운 인생을 시작했다. 다행히 지인 부부는 경제관이 뚜렷해서 사치보다 검소함을 선택했다. 부부는 함께 새로운 일을 하기 시작했다. 처음에는 어려웠지만 함께 일을 시작하니 금세 생활이 안정되었다. 무엇보다 공무원 생활 초기에 강원도 원주 근교에 땅 한 필지를 매입한 것이 큰 도움이 되었다.

세월이 흘러 땅값도 많이 올랐다. 그것을 종자돈으로 서울 외곽의 역세권 아파트를 분양받게 되었다. 지금 그 아파트 가격도 많이 올랐다. 남은 돈으로 광명시 근처에 꽃 화원으로 쓰는 비닐하우스 땅을 사놓았는데 지금 거기서 매달 나오는 월세도 받고 있다. 그 사이 땅값이 3배나 올랐다고 한다. 또 은퇴 후 부족한 공무원 연금을 보완하기 위해 선택한 국민연금 임의가입제도로 국민연금도 받고 있다. 퇴직 초창기에는 생활비가 부족해서 어려웠지만 미래를 위해 준비한 결과 누구보다 행복한 노후를 보내고 있다. 덕분에 직장 생활 때보다 훨씬 여유롭고 행복해 보인다.

작은 차이가 쌓이면 미래에 큰 차이를 만든다. 언제까지 타인의 눈치를 보면서 내 인생을 허비할 것인가? 지금 비록 힘들지라도 미래를 향해 나만의 인생을 준비해 보자. 경제적 여유를 떠나서 내가 준비한 인생을 즐길 수 있으면 최고의 행복이 될 것이다. 어떻게 태어난 것보다 더 중요한 것은 어떻게 인생을 마무리할 것인가이다. 직장생활 동안 한 번쯤 뒤돌아보며 남은 인생에 관해 생각해 보자. 남과 비교하지 않고 나만의 인생을 어떻게 준비할지 고민해 보자. 은퇴란 친구는 생각보다 빨리 다가온다. 그 친구에게 선물할 내 멋진 인생을 준비해 보자.

# 6
# 은퇴자의 빛나는 MVP 인생

누구나 빛나는 인생을 기대하며 살아간다. 특히 은퇴를 바라보는 예비 은퇴자들은 더 그런 생각을 갖는다. 매년 프로 스포츠 시즌이 끝날 때 그해 가장 우수한 성적을 낸 선수에게 MVP상을 준다. 수상의 영예를 누가 받을지 설문조사와 투표까지 진행하면서 최고의 선수에게 주는 영광을 크게 부각한다. 평생 직장생활을 하고 은퇴를 한다면, 자기 인생에 MVP상의 영광을 선사해야 하지 않을까? 그런데 현실은 어떠한가? 보험개발원이 발표한 '2018 KIDI 은퇴 시장 리포트'에 따르면 4050세대 열 명 중 여섯 명은 은퇴 후에도 여전히 자녀 부양을 해야 한다. 자녀 교육비로 7,258만 원, 결혼 자금으로 1억3,952만 원이 필요한 것으로 조사되었다.

자녀 교육, 결혼… 노후생활 영위에 큰 부담

은퇴 후 자녀부양 부담 정도 / 은퇴 후 예상 자녀 교육비 / 은퇴 후 예상 자녀 결혼비

- 출처: 2018 KIDI 은퇴 시장 리포트, 보험개발원(2019)

은퇴를 앞둔 직장인 중에 그 돈을 준비한 사람은 과연 얼마나 될까? 1% 미만 아주 소수일 것이다. 60대 이상에게 "가장 후회되는 것이 있다면 무엇입니까?" 하고 물으면 대부분 이렇게 말한다. "지나친 자녀 교육비 지출로 자신들의 은퇴 준비와 노후 설계를 못한 것이다." 자녀의 사교육비는 매년 증가하고 있다. 사교육이 정말 자녀에게 도움이 되었을까? 경쟁하듯 똑같이 학원에 보낸 결과 자녀에게 정말 도움이 되었는지 묻고 싶다. 모두 똑같이 다니는 학원에서 어떤 차별을 기대할 것인가?

외고에 다니는 자녀를 둔 학부모의 이야기다. 그 자녀가 외고에서 수학을 잘한다고 소문이 나자, 엄마들이 모여서 그 자녀의 엄마에게 물었다. "누구에게 과외를 받고, 어느 학원을 다니는지 제발 알려주세요." 그 엄마가 대답했다. "우리 아들은 학원에 다니지 않고 과외도 하지 않은 채 혼자서 공부해요. 우리는 과외를 할 형편이 못 돼요." 그러자 엄마들은 거짓말이라며 과외 선생님을 소개해 달라고 계속 졸랐다. 그러나 원하는 답을 들을 수 없었다. 스스로 공부한 그 아이는 명문대를 졸업한 후 지금 한국은행에서 근무하고 있다.

넉넉하지 못한 형편에 조기 유학까지 보내는 분들도 있다. 이런 지나친 사교육비 지출은 은퇴 자금 부족으로 나타난다. 내가 생각하는 직장인의 MVP 인생은 이렇다. M은 Money(경제력)이다. 60대 은퇴 후 경제적 독립을 이루고, 부부가 경제적 어려움 없이 생활할 수 있어야 한다. 이것은 준비 없이는 불가능하다. 은퇴하기 전 한두 해에 준비해서는 어림도 없다. 공무원의 경우 공무원 연금으로 가능할 수도 있다. 하지만 점점 연금 기금이 고갈됨에 따라 이제는 공무원도 개인 연금보험을 많이 가입하고 있는 것이 현실이다.

KDB생명에서 판매한 공무원 대상 연금보험이 한 달 만에 1,500명이 가입할 정도로 인기를 끌었던 이유는 무엇일까? 결국 젊은 시절에는 잘 나갈 수도 못 나갈 수도 있지만 노년에는 뭐니 뭐니 해도 돈이 반드시 필요하기 때문이다. 인생의 황금기는 현역 시절이 아닌, 은퇴 후의 삶에 달려 있다. 그 핵심이 경제력이다.

V는 Value(가치)이다. 우리가 꿈꾸는 삶의 가치는 무엇인가? 은퇴 후 자신이 살아온 직장, 삶의 경험을 지역사회를 위해 의미 있는 곳에 나누고 싶어 한다. 최근 지역사회 곳곳에 다양한 형태의 공공도서관이 생겨나고 있다. 그곳에서 나의 인생 경험, 살아 있는 지식을 나눈다면 그것이야말로 가치 있는 일이 아닐까? 바로 사람이 책이 되는 '휴먼북'으로 말이다. 책에서 느낄 수 없는 것을 자신의 경험을 바탕으로 지역사회를 위해 나누는 삶이 진정 가치 있

는 삶이다.

　나는 노원정보도서관 휴먼북으로 활동하고 있다. 앞으로 더 많은 휴먼북과 경험을 나누려고 계획하고 있다. 미래의 지식 사회에서는 단순한 지식이 아니라 생생한 현장 경험이 중요하다. 일반 지식은 스마트폰으로 검색만 하면 알 수 있다. 중요한 것은 그 지식을 활용한 경험이다. 대기업에서 은퇴한 임원의 경우, 지역의 중소기업에 경영 자문을 무료로 해 주는 것만으로 자신의 가치를 크게 높일 수 있다. 은퇴 후 자신의 경험이 필요한 곳은 많다. 돈을 떠나서 봉사한다는 마음으로 자신의 가치를 높여라. 은퇴 후 삶의 가치는 바로 여기서 나타난다. 필요한 곳에 자신의 경험을 아낌없이 나누는 삶을 준비해 보자. 30년간 쌓아온 자신의 경험을 새로운 가치로 만들어낼 수 있다면 진정 행복한 인생이 될 것이다.

　P는 Passion(열정)이다. 대부분 대학을 졸업하고 30년 가까이 직장생활을 하는 동안 자신의 모든 것을 바쳐 열심히 일했을 것이다. 회사와 가족, 자신을 위해 모든 열정을 다했다면 이제 남은 인생을 위해 모든 열정을 바칠 새로운 일이 준비되어 있는지 생각해 보자. 은퇴 후 새로운 분야에서 새롭게 열정을 다 할 수 있다면 대단한 축복이다. 치열한 삶의 현장에서 벗어나 내가 진정 원하던 일에 도전하는 일, 얼마나 멋진가? 그것이 빵을 만드는 일이면 어떻고, 철을 다루는 일이면 어떻고, 약초를 재배하는 일이면 어떤가? 73세 유튜버 스타가 된 박막례 할머니는 구글의 초청을 받아 구글에 다녀오기도 했다. 자신이 생각하지 않았던 분야에 도전해서 이

루어낸 값진 결과다.

무엇이든 은퇴 후에 내 열정을 다 바쳐 한 번쯤 도전해 볼 새로운 분야를 찾아보자. 지금 이 책을 읽고 있는 여러분은 어떤 준비를 하고 있는가? 아무것도 준비하고 있지 않다면 새로운 분야를 하나 정해서 몇 년 간 열정을 쏟는다면 그 분야의 전문가가 충분히 될 수 있다. 바로 이장우 박사님이 그렇다. 저자 강연회, 독서 모임, 각종 행사장에서 그분은 언제나 청춘이다. 젊은 친구들보다 패션 감각이 더 뛰어나다. 한국 나이로 예순이 넘었나. 이장우 박사님은 여러 분야의 전문가로 불린다. 커피, 치즈, 패션, 여행, 퍼스널브랜드, 작가, 강연가 등. 박사님을 어디서 만났는가에 따라서 부르는 호칭이 달라진다. 지금도 늘 새로운 도전을 하고 계신 이 시대 최고의 열정가다.

지금 현실의 내 모습을 보면 모든 것이 만족스럽지 못할 것이다. 하지만 자신의 나이, 현실에 맞게 준비한다면 충분히 가능하다. 중요한 것은 아무런 준비 없이 은퇴를 맞이하면 절대 안 된다는 점이다. 은퇴 준비에는 긴 시간이 필요한 만큼 가장 안전한 방법을 선택할 필요가 있다. 아침 출근길에 마주치는 노점상, 지하철을 옮겨 다니며 물건을 판매하는 사람도 젊은 시절 남들이 알아주는 직장인이었을 것이다. 그런데 왜 복 받은 MVP 인생이 되지 못했을까? 국가와 자식이 자신의 노후를 결코 책임져 주지 않는다. 직장생활 동안 착실히 준비한 사람에게 은퇴는 MVP 인생을 선물한다.

철강왕 카네기를 만났던 나폴레옹 힐 이야기를 들어보았을 것이다.

"20년 동안 무보수로 성공한 사람 200명 이상을 만나서 인터뷰하고 그것을 새로운 성공철학으로 완성할 기회를 준다면, 이 일을 맡아서 끝까지 완성할 자신이 있소?"라는 카네기의 물음에 나폴레옹 힐은 정확히 29초 만에 "Yes."라고 답했다. 카네기가 준비한 60초보다 빠르게 말이다. 나폴레옹 힐의 리더십, 성공의 법칙에 등장하는 모든 것은 그렇게 완성된 것이다. 20년간의 무보수 인생은 향후 엄청난 부와 명예를 지금까지 이어지게 만들었다. 그 시간보다 긴 30년의 직장생활을 마치고 은퇴하는 직장인들이 MVP 인생을 만나면 좋겠다. 대학 졸업과 취직 등 한순간도 쉬지 않고 달려온 이 시대 직장인들의 은퇴 인생이 MVP가 되면 좋겠다.

내가 은퇴하고 느끼는 것 역시 경제력이다. 은퇴 전에 경제력을 준비해야 한다. 나만의 MVP 은퇴 준비를 무엇으로 시작할 것인가? 당신의 선택이 무엇이든 당신의 빛나는 MVP 인생이 보장되면 좋겠다. 모든 은퇴자의 빛나는 MVP 인생을 기원한다.

# 7
# 나만의 은퇴 무기를 준비하자

　은퇴 후 새롭게 살아가기 위해서 나만의 무기가 하나쯤 있으면 좋겠다. 그것이 무엇이든 자신이 원하는 삶에 도움이 될 것이다. 직장생활을 하는 동안 먼 미래를 생각하면서 은퇴 후에도 반드시 필요한 것을 준비해 두자. 은퇴 후에 새로운 것들을 배우고 준비하려면 시간도 문제지만, 머리가 따라 주지 못한다. 두뇌 회전이 활발한 시기에 조금씩 준비를 해 두자. 바쁜 직장생활 동안 아무것도 준비하지 못한 사람들을 위해서 정부에서는 '50플러스 교육센터'를 운영하고 있다. 은퇴 후라면 이곳을 이용해 보기 바란다.

　은퇴 후 삶에서 가장 필요한 것은 무엇일까? 저자 강연회에 만난 이장우 박사님은 대학에서 영문학을 전공한 것이 자신이 세상에서 가장 잘한 일이라고 말씀하셨다. 그때 배운 영문학 덕분에 언제든지 외국으로 날아가 최신 교육을 받고 그것을 바로 접목해서 새로운 사업을 펼칠 수 있었다고 한다. 물론 지금도 전 세계를 상대로 다양하게 활동할 수 있는 것이 바로 대학 시절 전공한 영문학 덕분이다.

나는 IT를 전공했다. 1990년대 컴퓨터란 단어가 생소하던 시절 나는 처음 컴퓨터를 접했다. 초등학생들이 겔로그 게임에 빠져 있을 때 그들과 함께 학원에서 컴퓨터를 배웠다. 그 덕분에 군에서 IT 1세대로 전산 분야에서 근무했다. 군에서 20년 넘게 컴퓨터 관련 업무를 맡고 교육을 담당했다. 은퇴하고 나서 가장 많은 도움이 되는 것이 바로 컴퓨터 활용 능력이다. 강사에게 가장 필요한 것은 강의안을 만들 때 필요한 컴퓨터 활용 능력이다. 새로운 정보를 찾고, 새로운 플랫폼 관련 업무를 접할 때 나는 불편함을 느끼지 못한다. 4차 산업혁명의 핵심인 인공지능, 빅데이터, 플랫폼, 정보 보호, 네트워크 등 새로운 기술을 접할 때도 너무 편하다.

뒤늦게 컴퓨터와 스마트폰 사용법을 배우는 이들을 많이 만난다. 하지만 쉽게 이해를 하지 못해 답답해하는 것을 본다. 지난 20년 세월 내가 담당했던 전산 관련 업무 덕분에 은퇴 후 사회에 적응하기가 수월했다. 2000년 초반 주말 부부 시절에는 주말에 집에 와서 자녀들이 고장 낸 컴퓨터를 수리하다 주말을 다 보냈다. 은퇴 후 귀농하려는 분은 식물, 약초 공부를 미리 해 두면 좋고, 여행과 외국 관련 분야에서 일할 분은 어학 공부를 틈틈이 해 두면 좋다. 은퇴 후에 새롭게 배우려고 하면 몸과 마음이 따로 움직인다.

은퇴를 위해 나만의 비장의 무기를 하나씩 준비하는 방법이 있다. 직장생활 동안 어느 특정한 시점에 준비하는 것이 아니다. 여름휴가, 겨울휴가는 특정한 시점에 계획하고 준비하면 가능하다. 그건 일회성이기 때문이다. 하지만 은퇴 후 100세 시대를 살아가는 준비는 그렇게 하면 안 된다. 직장에 갓 들어갔을 때는 은퇴 후까지 생각할 여유가 없었을 것이다. 살기 바쁜데 언제 은퇴를 생각하느냐고 불평할 수도 있다. 그러나 뒤돌아서면 1년은 훌쩍 지나가 버린다. 따라서 은퇴 후 정말 필요한 것은 직장생활의 시작부터 끝까지 쭉 은퇴 전략을 짜는 것이다.

만약 은퇴 후에 운동 관련 일을 하고 싶다면, 직장생활 동안 취미를 운동으로 잡아라. 지인 중에 한 분은 은퇴하고 골프를 가르치고 있다. 워낙 운동을 좋아하기 때문에 직장생활 동안 골프 세미프로 자격을 취득했다. 은퇴 후 누구보다 멋지게 활동하고 계신다. 물론 직장생활동안 지나치게 취미에 몰두하면 상사의 눈총을 받는다. 과하게 하지 말고 조금씩 준비하면 된다.

아무런 준비 없이 퇴직하는 것과 나만의 무기를 하나씩 가지고 퇴직하는 것은 완전히 다르다. 따라서 은퇴 직전에 준비를 하려면 늦다. 직장생활 동안 꾸준히 해야 한다. 자신이 좋아하는 취미로 은퇴를 준비하고 그것으로 새로운 삶을 준비하는 분도 많다. 직장생활 동안 자전거로 출퇴근한 사람이 있었다. 은퇴하고 자전거 동호회원과 전국을 걸쳐 자전거 마라톤을 다녔다. 건강을 챙기고 시간 관리를 할 수 있어 너무 좋았다. 그러다 자전거 동호인이 늘어나 고가의 자전거를 찾는 사람이 증가하는 것을 보고, 중고 자전거 매매

사업장을 차렸다. 그는 외국 사이트를 검색하면서 동호회원들에게 필요한 중고 자전거를 저렴하게 판매하고 있다. 그것은 한순간에 준비한 것이 아니다. 직장생활 동안 늘 함께하던 것이 은퇴 후 새로운 삶을 위한 무기가 된 것이다.

직장생활 동안 은퇴 준비하는 데 도움이 되는 것 하나는 바로 독서다. 은퇴 후에는 다양한 사람을 만나게 된다. 새로운 것을 받아들이고 창의력을 높이는 데 독서는 큰 도움이 된다. 최근에는 독서모임과 관련된 새로운 직업이 생겨나고 있다. 여러분에게 일주일에 책 한 권 읽기를 추천한다. 그것이 지속되면 1년에 100권 읽기를 목표로 세우면 된다. 은퇴 후 나만의 비장의 무기를 만드는 가장 좋은 방법은, 직장생활 시작부터 은퇴까지 나만의 취미 생활을 하는 것이다. 은퇴 후 내게 가장 필요한 것이 무엇인지 고민하고 미리 준비하자.

# 8
# 토지투자로 꿈을 키우자

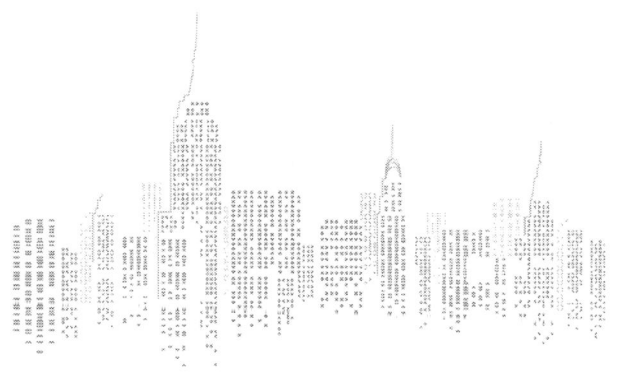

　은퇴자들이 가장 행복한 나라 1위는 스위스다. 한국은 24위다. 모든 사람이 걱정하는 것 중 하나가 바로 은퇴 후 삶이다. 2018년 대한민국은 워라벨을 외치며, 일과 삶이 균형을 이루는 '저녁 있는 삶'을 희망했다. 하지만 현실은 외침만으로는 바뀌지 않는다. 무작정 일찍 퇴근시키니 노동자들의 삶이 더 힘들어졌다. 짧아진 근무 시간 때문에 급여가 줄어들어 빈 급여를 메우기 위해서 가장은 전전긍긍하고 있다. 누가 워라벨을 원했느냐고 하소연한다.

　경기도 시흥시 소재 시화공단의 경우, 저녁 시간에 공장 불이 켜진 곳은 거의 없다. 강제로 노동 시간을 단축한 결과, 주변의 식당가는 폐업 수준에 이르렀다. 노동자들이 일찍 퇴근하면서 회식할 이유가 없어졌기 때문이다. 야식 업소, 호프집, 노래방, 세탁소, 미용실 모두 마찬가지다. 직장인은 퇴근해서 쉬는 것이 아니라 갑자기 줄어든 수입으로 자녀 학원비를 마련하기 위해 대리기사 아르바이트를 하며 더 힘들게 살고 있다. 결국 경제적 여유가 없는 사람들에게 저녁 있는 삶은 처음부터 무리였다.

그들에게 더욱 두려운 것은 무엇일까? 바로 지금이 아닌 은퇴 후에 닥칠 불안감이다. 행복한 노후를 꿈꾼다면 어떤 준비를 해야 할까? 60세 이상에게 물어본 결과, 노후 준비가 안 되었다는 비율이 60%를 넘었다. 노인들의 이야기는 한결같다. "누구보다 열심히 살았다. 자신을 돌아볼 시간도 없이 회사와 가족을 위해 달려온 게 전부인데 현실은 허무하기만 하다. 이제 힘도 능력도 없는데 준비 안 된 노후를 어떻게 살아갈지 막막하기만 하다. 더욱이 대학 졸업 후 실업자로 놀고 있는 자녀들과 다투는 것이 일상이 되었다."

투자 상담을 하면서 만난 수많은 고객의 외침도 마찬가지였다. 아직은 열심히 일하고 있지만 매년 돌아보면 남는 것은 늘어나는 빚뿐이란다. 통장에 구멍이라도 났는지 아무리 열심히 일해도 도무지 돈이 모이지 않는다고 말한다. 매년 조금밖에 오르지 않는 급여에 맞추어 사는 것이 너무나 힘들다고 한다. 아이들 학원비, 양가 부모님 용돈 등 모든 것이 부족하다고 하소연한다. 제발 어떻게 하면 경제적 부담에서 벗어날 수 있을지 그 해답을 알려 달라고 말한다.

열심히 사는 이들이 돈 걱정 없이 살게 하고 싶다. 그들의 소박한 꿈, 경제적 독립을 위한 최소한의 자산을 만들 수 있도록 도와주고 싶다. 그 꿈을 이루기 위해 최소한의 자금으로 안전하게 소액 지분 투자를 하라고 권하고 싶다. 그런데 너무 적은 금액은 곤란하다. 아무리 급해도 최소한의 금액을 확보하고 투자에 나서야 한다. 1천만 원짜리 소액 지분 3개보다 3천만 원으로 제대로 된 땅에 지분투자하기를 추천한다. 부자들은 실제 필요한 땅보다 더 넓은 땅을 매입하고 장기간 보유한다. 하지만 적은 금액으로 소액 지분투자를 할 때는 가능한 안전하고 확실한 곳을 선택해야 한다.

고객이 원하면 아무리 소액이라도 지분투자를 할 수 있도록 해 주어야 하지만, 투자 상담을 하면서 느낀 것은 그게 아니다. 소액 투자일수록 더 돈이 될 수 있도록 도와주어야 한다. 소박하게 사는 이들의 심정이 얼마나 절박한지 알기 때문이다. 그들이 원하는 은퇴의 꿈, 곧 경제적 독립을 돕는 길이 무엇인지 고민해야 한다.

인천에서 온 고객과 상담할 때 일이다. 그 고객은 1,500만 원밖에 없다고 해서 나는 정중히 말했다. "힘드시죠. 그런데 그 자금으로 투자하면 환금성이 떨어지는 곳을 선택해야 합니다. 시간이 조금 걸려도 3천만 원을 만들어 멋진 곳에 투자를 해 보면 어떨까요?" 그랬더니 어떻게든 3천만 원을 만들어 보겠다고 했다. 나는 그 고객에게 충남 당진시의 핵심 상업지가 될 땅을 추천했다. 시간이 얼마 지나지 않자 해당 지역에서 개발과 관련한 좋은 소식이 들려왔다. 나는 그 고객과 웃으면서 통화했다. 그는 자신이 투자한 3천만 원이 딱 1억 원이 되면 좋겠다고 말했다. 그때는 비도시지역이라도 단독 필지를 매입해서 장기 전략으로 들어가면 충분히 은퇴 준비를 할 수 있기 때문이다. 미래 가치가 있는 지역이라면 땅은 절대 배신하지 않는다. 그래서 옛날부터 어른들이 돈을 땅에 묻으라고 하지 않았던가! 땅은 시간과의 싸움이다. 봄에 농부가 땅에 씨앗을 뿌리듯, 잘 선택한 땅 한 필지가 행복한 노후를 책임질 것이다.

통계를 보면 지난 50년간 땅값이 3,030배 올랐다. 그 고객의 땅이 딱 20배 오르면 좋겠다. 서민의 소중한 종자돈이 더 빨리 늘어나면 좋겠다. 그렇다고 부자의 큰돈이 소중하지 않다는 것은 아니다. 모든 재테크의 기본이 돈이다. 토지투자란 재테크도 역시 돈이 돈을 버는 구조다. 용기를 내자. 소액 지분투자로 은퇴 후의 행복한 꿈을 키워 보자. 망설이지 말고 소액으로 분산 투자를 하면 어떤 것 하나는 로또가 될 것이다.

아마 독자 중 누군가는 이번에 용인시에 투자 결정을 한 SK하이닉스의 반도체 부지를 매입한 분이 있을 것이다. 이런 경우 정말 로또가 부럽지 않다. 이것이 소액 토지투자의 매력이다. 단기간에 10배의 수익도 가능하다. 아무리 경기가 어려워도 대기업은 투자를 하고, 정부는 국토 균형 발전을 위해 투자를 멈추지 않는다. 따라서 우리에게 기회는 항상 열려 있다. 나에게 맞는 은퇴의 꿈을 키우고 도전한다면 누구나 가능하다.

은퇴를 향한 당신의 빛나는 꿈과 목표를 절대 포기하지 마라. 세상에 쉽게 이루어지는 꿈은 없다. 더욱이 내 미래를 책임지는 은퇴의 꿈은 한순간에 이루어지지 않는다. 지금의 어려움을 미래를 향한 영양분이라 생각하자. 은퇴 후의 행복한 삶을 상상하면서 오늘의 고난을 참고 견디자. 당신이 꿈을 포기하지 않는 한 그 꿈은 무럭무럭 자랄 것이다.

# 9
## 은퇴를 앞둔 공무원의 후회

청소년들에게 장래희망이 무엇이냐고 물어 보면, '교사 또는 공무원'이라고 답한다. 반대로 현직 교사와 공무원에게 자식이 커서 무엇이 되면 좋겠느냐고 물으면, '각자도생'이라고 답한다. 각자 스스로 제 살길을 찾으면 좋겠다는 말이다. 왜 현직 공무원은 자녀에게 공무원이 되라고 권유하지 않을까?

최근에 한 명문 여고로 진로 수업을 간 적이 있었다. 학생들의 수업 태도는 참 진지했다. 졸리면 일어나고 더 졸리면 스스로 뒤에 가서 서 있는, 보기 드문 수업 태도였다. 수업 중에 물었다. "여러분의 꿈은 무엇입니까?" 조금의 지체도 없이 "교사, 공무원"이란 답이 돌아왔다. 충격 그 자체였다. 대한민국 미래를 책임질 명문고 학생들이 첨단과학 분야에 진출 안 하면 대한민국의 미래는 어떻게 될까? 아무리 힘들고 어려워도 과학, 생명, IT, 인공지능 분야에 도전하지 않으면 이 나라의 미래는 어떻게 될까? 참으로 염려스러웠다.

한번은 중학교 수업을 간 적이 있었다. 그 학교의 수업 분위기는 너무나 산만해서 도저히 수업을 지속할 수 없을 정도였다. 수업을 마친 뒤 진학 담당 교사들과 학교 구내식당에서 점심을 함께했다. 선생님들이 내게 말했다. "힘드셨죠? 요즘 아이들 정말 힘들어요. 그래서 제 아들이 최근에 임용고시에 합격했는데 포기하고 다른 직업 찾아보라고 했어요." 얼마나 힘들었으면 현직 교사인 아버지가 모두가 선망하는 교사가 되려는 것을 말렸을까?

공무원들은 어떨까? 오래 전 같은 기관에서 근무했던 공무원 부부 이야기다. 이 부부가 전날 무엇을 했는지 동료들은 금방 알 수 있다. 전날 부부싸움을 했다면 출근해서도 시끄럽게 싸우기 때문이다. 참 별난 부부였다. 그런데 이 부부에게 장점이 하나 있었다. 투자할 때는 늘 의견이 일치한다는 것이었다. 대신 남들처럼 승진에 대한 욕심이 없었다. 남들이 '만년 7급'이라고 놀려도 전혀 개의치 않았다. 남들이 저녁 회식 자리에서 승진에 유리한 보직을 찾아 인맥 관리를 할 때 이 부부는 강남의 재테크 모임, 투자 관련 모임에 나갔다. 시간이 나면 아파트와 오피스텔을 보러 다녔다. 덕분에 새 차가 나왔다고 하면 제일 먼저 차를 바꾸는 등 여유가 있었다.

재테크에 관심이 많던 시절, 내가 그 부부에게 배운 것은 딱 한 가지였다. 공무원 박봉으로 자식 대학 공부와 결혼 자금에 은퇴 준비까지 절대 할 수 없다는 사실이었다. 그래서 그 부부는 승진 준비 대신 재테크에 올인 한다고 말했다. 7급 부부였지만 강남에 오피스텔, 서래마을에 빌라를 보유하고, 광명역 근처에 토지를 보유하고 있었다. 그들이 가장 잘한 투자가 바로 역세권 땅을 사 둔 것이라 했다. 공무원이란 신분이 은행 문턱을 낮게 만들어 준다고 알려 주었다. 대출을 충분히 활용하라는 조언도 해 주었다. 덕분에 나는 서울 외곽에 아파트를 미리 장만할 수 있었다.

최근 소문을 들으니 부부는 5년 앞당겨 명예퇴직을 했다고 한다. 은퇴 준비를 충분히 하여 노후 설계를 마쳤으니 그렇게 해도 괜찮은 것이었다. 부부는 코드가 잘 맞아 외국여행을 자주 다닌다고 한다. 비수기에 여행을 하니 훨씬 저렴하고 대우도 좋다고 한다. 나는 은퇴한 모든 부부의 삶이 이렇게 되길 바란다. 이 부부는 진짜 은퇴를 실현하고 있는 것이다.

또 다른 공무원은 정반대다. 남편이 공무원이고 아내는 전업주부다. 캠퍼스 커플로 9급 공무원이 되면서 일찍 결혼했다. 아내는 내성적 성격이라 맞벌이하기를 싫어했다. 그래서 남편 혼자 열심히 공무원 생활을 했다. 한눈팔지 않고 오로지 회사와 집을 오가며 죽어라 일만 했다. 남들은 해외 연수, 국내 위탁 교육 등 자기계발을 할 때, 그는 그 기회를 남들에게 양보했다. 혼자 벌기 때문에 그럴 여유가 없었다. 이제 은퇴가 얼마 남지 않았는데 막내가 고등학교 1학년이다. 돌아보니 누구보다 열심히 살았는데 남은 것이 없다. 몇 년 전 대출로 장만한 아파트 한 채가 재산의 전부다. 최근 아파트 가격이 하락세에 따라 떨어지고 있다. 큰딸 대학 학자금 대출도 갚아야 하고, 막내 학자금도 준비해야 한다. 은퇴 후 공무원 연금으로는 감당할 수 없어 답답하기만 하다. 은퇴 후 어떤 새로운 일을 할 수 있을지, 어디서 받아 줄지 막막하다고 한다. 결국 은퇴 후에도 또 다른 시간 노동자가 되어야 한다는 것이다.

돌아보면 남들보다 열심히 근무한 죄밖에 없다. 그런데 은퇴가 다가올수록 점점 불안해서 잠이 안 온다. 돌아보니 모든 것이 후회라고 한다. 특히 아내가 밉다. 맞벌이를 하지 않은 것, 직장밖에 모르는 자신을 대신해 재테크를 하지 않은 것, 자녀에게 독립심을 키워 주지 않은 것 등 모든 것을 아내 탓으로 돌린다. 옛날로 돌아갈 수만 있다면 정반대로 살고 싶다고 한다. 대학에서, 직장에서 제대로 은퇴 교육을 제대로 받아 본 적이 없다.

30년 이상 군에서 근무한 나는 은퇴 교육을 받아 본 적이 없다. 신기하게 한국에서는 부자를 나쁜 사람으로 몰고 간다. 그러면서 정작 부자는 되고 싶어 한다. 돈 공부, 재테크를 열심히 하는 사람을 속물이라고 생각한다. 하지만 준비 안 된 은퇴로 답답한 사람에게 부자는 가장 부러운 대상이다. 같은 공무원 생활을 했지만 너무나 다른 노후를 맞이하게 된 것은 은퇴 설계 차이다. 은퇴 목표를 분명히 세운 다음, 재테크 공부, 투자 모임, 은행대출 레버리지를 활용해 착실히 준비한 사람과 열심히 직장생활만 한 사람의 차이다.

여러분은 어떤 선택을 할 것인가? 아름다운 은퇴, 행복한 은퇴를 원한다면 후회하기 전에 지금부터 준비해야 한다. 시작은 명확한 은퇴 목표를 세우는 것이다. 목표가 있으면 반드시 이룰 수 있다. 미래는 준비하고 실천하는 사람의 몫이다.

# 10
# 인생 사이클 30-30-20

　인생 사이클은 각자 다르다. 이것을 정의하는 관점 역시 학자마다 다르다. 철학에서는 운명론을 말한다. 태어나면서 사람의 운명은 이미 정해진 것이고 운명에 따라 인생을 시작하고 마무리한다고 말한다. 그것보다 어떻게 살 것인지 준비하는 것이 더 중요하다. 그것도 가능한 일찍 시작하면 좋다.

　직장생활이 시작되고 정신없이 바쁘게 24시간을 보내면 자신을 돌아볼 여유를 갖지 못한다. 나 역시 그랬다. 눈 깜박 하니 1년이 지나갔고, 돌아보니 무엇을 하며 1년을 보냈는지 기억이 나지 않았다. 이 시대 직장인들의 삶도 이러할 것이다. 이제 인생을 '30-30-20'으로 정하고 제대로 준비해 보자. 물론 사람에 따라 편차가 약간 있을 것이다. 중요한 것은 '어떤 관점에서 어떻게 준비할 것인가' 고민하는 것이다. 세상 이치에는 정답이 없다. 스스로 그것이 완벽한 정답이기를 바랄 뿐이다. 과학으로 증명된 사례도 시간이 지나면 오류가 생기고 새로운 연구 논문이 발표되지 않던가? 나만의 인생 사이클 30-30-20을 멋지게 준비해 보자.

첫 번째 30은 학습기다. 요즘은 태어나기 전부터 태교라는 이름으로 학습이 시작된다. 각종 첨단 태교용품이 등장하고 있다. 과거의 태교가 임산부만의 몫이었다면 지금은 남편과 함께하는 태교가 문화처럼 정착되고 있다. 이제는 지자체별로 부부가 함께 참여하는 다양한 태교 프로그램을 준비하여 실행한다. 태교 음악, 태교 여행 등 엄마 뱃속부터 교육이 시작된다.

맞벌이 부부의 경우 출산 휴가를 마치고 나면 아이를 '아이 돌보미 서비스'에 맡기고 직장생활을 이어 간다. 과거와 달리 할머니와 할아버지의 인생도 중요하기 때문에 부모에게 더는 아이를 맡기지 않으려고 한다. 대신 남성 육아 휴직이 늘고 있다. 특히 공공기관에서는 남성 육아 휴직이 당연한 일로 받아들여진다. 과거에는 남자가 육아 휴직을 신청하면 승진을 포기한 사람, 또는 퇴직을 준비하는 사람으로 인식했다.

태교부터 대학원까지 교육에 평균 30년이 걸린다. 그러다 보니 대학생에게 1년 휴학은 필수 코스가 되었다. 그 이유가 이해된다. 그때가 아니면 쉴 시간이 없기 때문이다. 남학생들은 군대 갔다 오고, 졸업 후 대학원에 진학하거나 취업 준비를 시작한다. 제대로 취업하기 전까지 약 30년 동안 공부하는 셈이다. 이 시기에 자신의 미래를 위한 목표를 명확히 세운다면 30년 시간을 알차게 보낼 수 있다.

검정고시, 조기 졸업 제도를 활용하면 20대 초반에 대학원까지 충분히 마칠 수 있다. 대개 고등학교, 대학교, 대학원을 진학하지만 이것이 법으로 정해진 것은 아니다. 중간에 빨리 가도 되고, 쉬었다가도 된다. 중요한 것은 내가 무엇을 위해서 어떤 공부를 하는가이다. 한번 생각해 보자. 중학교 졸업하고 고등학교 대신 새로운 경험을 하면 안 될까? 조금 늦게 고등학교에 진학하거나 검정고시로 대학을 가면 안 될까? 중학교 졸업하고 당연히 고등학교에 가야 하는 건 아니다(현재 의무교육은 중학교까지). 다만 목적이 없으니 남들이 정해놓은 길을 그냥 따라가는 것뿐이다. 남이 만들어 놓은 길이 아닌 내 인생의 계획에 따라 학습기 30년을 만들어 가면 좋겠다.

두 번째 30은 직장기이다. 4차 산업혁명으로 인해 현존하는 직업 대부분이 사라질 것이라고 한다. 그렇다면 우리가 받은 30년 교육 프로그램이 미래에 사라질 직업을 위한 교육은 아니었는지 돌아볼 필요가 있다. 지금 시대에 한 직장에 30년간 근무할 수 있다는 것은 대단한 행운이다. 그래서 공무원 시험이 인기 있는 것이다. 공무원 및 정규직 직장인은 60세 정년을 보장받는 행운아다. 이제 직장인으로서 30년을 어떻게 보낼지 생각해 보자.

50대 직장인은 갓 입사한 직원을 보면 어떤 생각을 할까? 풋풋하고 열정과 패기가 넘치던 자신을 떠올리며 많은 것을 후회할 것이다. 그렇다면 입사해서 황금기를 보내고 있는 30, 40대 직장인은 어떤 생각을 할까? 신입 직원들과 상사 사이에서 고민하고 있을 것이다. 직장마다 직장 문화가 존재한다. 직장 문화가 자신과 맞지 않아 이직을 고민하는 이도 있다. 신의 직장, 최고의 안전성을 보장하는 공무원의 경우, 9급 공무원의 이직률이 제법 높다. 임용 3년 이내 퇴사한 서울시 공무원의 경우, 통계 자료를 보면 2016, 2017년 연속 100명이 넘는다. 결국 30년이란 긴 시간 동안 나를 버티게 해주고, 열정적으로 일할 수 있게 만들어 주는 것은 나만의 목표다.

그러므로 나만의 목표를 잘 관리하자. 승진, 새로운 연구 개발, 신규 정책 발굴 등 자신의 가치를 실현할 목표를 30년 직장생활에서 꼭 이루어 보자. 나도 연도별 승진 목표를 세우고 생활했고, 대부분 그 시기에 그 목표를 달성했다. 상위 1%에 속하는 최고 직급까지 승진하는 데 24년이 걸렸다. 내가 목표한 연도에 그것을 이룰 수 있던 것은 목표를 세우고 그것에 집중한 결과였다. 나도 처음부터 목표로 세우지는 않았다. 10년을 보내고 나서야 제대로 목표를 세울 수 있었다.

지금 30, 40대 직장인들은 새벽에 출근하고 한밤중에 퇴근한다. 그야말로 긴장과 스트레스 속에 산다. 하지만 중요한 것은 시간이 흐른다는 것이다. 30년간 목표가 있는 직장생활은 자신을 훨씬 더 빠르게 성장시킬 것이다. 직장기 30년의 핵심은 경제적 독립을 준비하는 것이다. 이것이 다음 20년을 좌우하는 핵심 변수가 되기 때문이다. 이 시기가 한 사람의 인생이 좌우된다. 결혼, 자녀 교육, 은퇴 준비, 자기계발까지 그 모든 것이 이 시기에 이루어진다. 정말 최선을 다해야 하는 시기다.

내가 백 번을 양보해도 꼭 강조하고 싶은 것은 반드시 경제적 독립을 이루어야 한다는 것이다. 어떤 준비를 하든 자신에게 맞는 최선의 방법을 찾아보기 바란다. 가능하면 부부가 함께 고민하면 좋겠다. 이 시기에 경제적 독립을 끝내지 못하면 여생을 다시 일에 바쳐야 하기 때문이다. 직장생활을 아무리 잘했다고 해도, 직장을 떠나면 그만이다. 중요한 것은 남은 인생이다. 그 핵심이 경제적 독립이다.

직장생활에 충실하느라 은퇴 준비할 시간이 없었나는 변명은 절대로 하지 말자. 거창한 부자가 되라는 말이 아니다. 은퇴 후 남은 20년을 돈 걱정 없이 보낼 정도면 된다. 직장인이 된 순간부터 그것을 목표로 삼아야만 가능하다. 은퇴하는 순간까지 한시도 잊지 않기 바란다. 직장기 30년의 결과가 전 인생을 좌우한다.

세 번째 20은 은퇴기다. 은퇴를 바라보는 관점은 다양하다. 여기서는 진짜 은퇴라는 관점에서 '돈 걱정 없이 내가 원하는 인생을 영위하는 것'으로 정의한다. 인간의 평균 수명은 2018년 기준 WHO 자료에 따르면 83세다. 한국인의 평균 수명도 83세다. 여기에 병원에서 생활하는 간병기는 빼도록 하자. 은퇴 후 내가 원하는 인생을 20년간 보내는 것만 생각하자.

은퇴기를 어떻게 보내는가에 따라서 삶의 만족도가 달라질 것이다. 이 시기에도 돈 걱정으로 일자리를 찾으려 헤매는 것은 무조건 피해야 한다. 남는 시간을 어떻게 할 수가 없어서 매일 리모컨만 만지고 있어서도 안 된다. '백수가 과로사 한다'고 하지 않던가? 지난

60년 동안 하고 싶었던 일, 가고 싶었던 곳을 찾아다니면서 은퇴 후의 행복을 즐기기 바란다.

30-30-20의 완성은 누가 먼저 준비하는가에 달렸다. 아무런 준비 없이 한순간에 행복한 은퇴가 다가오지 않는다. 그렇게 고생고생하고 만난 은퇴기 20년을 제대로 보내지 못하고 세상을 떠나는 사람이 많다. 대기업 총수라도 70대에 별세하는 소식을 종종 듣곤 한다. 건강이라는 문제는 돈으로 해결되지 않는 법이다. 사람이 세상에 태어나 30년간 교육을 받고, 수많은 갑질을 참아가며 30년의 직장생활을 마쳤다면, 남은 20년 동안에는 자신이 원하는 인생을 한 번쯤 펼쳐 봐야 하지 않을까? 결국 인생이 완성되는 것은 은퇴기 20년에 달렸다. 그 시간을 의미 있고 가치 있게 보내기 위해서 30-30을 제대로 준비해야 한다.

무엇보다 건강관리에 꼭 신경 쓰기 바란다. 황금 같은 시간을 병실에서 보내면 안 된다. 가능한 일찍 목표를 세우고 준비해서 누구보다 행복한 20년을 보내자. 어쩌면 30-30의 시간에는 수많은 굴곡이 있을 것이다. 지금도 숨이 막힐 것 같은 중압감을 몰래 피우는 담배 한 대로 달래고 있을지도 모르겠다. 멋진 은퇴기 20년을 보낼 행복한 상상을 하면서 버텨 보자. 인생의 결론은 은퇴 후 보내는 삶의 만족도에 달렸다. 학교와 직장에 다니는 동안에는 누군가가 좀 더 앞설 수 있지만, 결국 은퇴기에 모두 만나게 되어 있다. 나만의 인생 사이클 30-30-20을 멋지게 준비해서 최고의 인생을 만들어 보자.

# PART 2

# 성공적인 은퇴 전략 세우기 I

# 1
# 나는 신혼집보다 땅이 좋다

결혼을 앞둔 청춘남녀의 최우선 고민은 무엇일까? 과거에는 남자가 집을 장만하고, 여자가 살림을 채웠다. 지금은 주택 가격이 너무 올라 그렇게 하기가 힘들다. 서울의 20평형 아파트 전세만 해도 기본이 3억 정도이니 말이다. 부모의 도움 없이 아파트 전세금을 마련할 능력이 있는 30대 초반은 과연 얼마나 될까? 매달 3백만 원씩 저축해야 8년 3개월 만에 3억 원을 모을 수 있는데 말이다. 신혼집이 없어 결혼을 미루는 것은 이해할 만하다.

그래서 정부는 신혼부부들을 위한 주택 공급에 공을 들이고 있다. 국토교통부 통계를 보면, 2016년 전국 가구 수는 1,937만 가구, 주택 수는 1,988만 채로 주택 보급률은 102.6%였다. 서울의 주택 보급률은 2010년 94.4%에서 2016년 96.3%로 높아졌다. 100%에 근접한 수치다. 그래도 서울에서 내 집 마련의 기회를 얻기란 정말

하늘의 별 따기다. 그래서인지 20대를 기준으로 신혼집에 대한 고정관념이 깨지고 있는 것을 느끼게 된다.

최근 투자 상담을 하러 오는 20대가 늘고 있다. 20대가 아파트가 아닌 토지 시장으로 몰려오고 있음을 현장에서 느끼고 있다. 어느 날, 결혼한 지 한 달 된 20대가 월차 휴가를 내고 상담을 받으러 왔다. 다들 결혼을 늦추려고 하는데 20대에 용감히 결혼했다는 사실이 놀라웠다. 더 놀라운 점은 땅을 사고 싶다고 말한 것이었다.

'부유한 가정에서 태어나 좋겠다. 20대에 결혼하고 집을 장만했으니 이제 땅까지 매입하고 싶다고 하는군.'

나는 최고의 금수저 집안에서 태어난 것 같아서 물어 보았다.

"신혼집은 어느 지역 아파트인가요? 20대에 벌써 신혼집까지 장만하고 부모님이 도와주신 건가요?"

대답이 의외였다.

"아니요."

"그럼 두 분 힘으로 해결했나요?"

"그런 게 아니라 저희는 신혼집에 투자하는 대신 땅에 투자하기로 결정했어요. 양가 도움 없이 결혼을 준비했고, 신혼집도 전부 둘이 알아서 해결했죠. 그런데 아파트 전세를 알아보니 너무 비싸서 도저히 감당이 안 되더라고요. 그래서 신혼집은 작은 빌라로 정하고 남은 돈은 땅에 투자하려고 합니다. 그러니 좋은 땅 좀 추천해 주세요."

잠시 멍해졌다.

"그래도 신혼집을 먼저 구하는 게 순서가 아닐까요?"

"지금 무리해서 아파트 전세 또는 작은 아파트를 구입하면 3억 원 정도 대출을 해야 하는데 그러면 대출금 갚다가 청춘을 다 보내게 될 겁니다. 그래서 과감히 작은 집에서 시작하고 남은 돈을 땅에 투자하면, 넉넉히 10년 후 대출 없는 아파트 한 채를 마련할 수 있을 거라 확신합니다."

참으로 현명한 부부였다. 그래도 걱정이 되었다.

"젊은 나이에 집도 아닌 땅을 산다고 하면 양가 부모님이 걱정하지 않을까요?"

대답이 너무 멋졌다.

"그래서 저희는 부모님들께 땅 산다는 이야기 절대 하지 않기로 약속했어요."

몇 주 후 서울에서 그 부부를 한 번 더 만나게 되었는데 남편 인상이 참 좋았다. 20대 신혼 시절부터 멋진 노후를 준비하는 부부의 모습은 더없이 행복해 보였다. 세상에서 가장 안전한 투자 상품이며, 시간에 묻을수록 빛나는 것이 땅인 것을 그들은 알고 있었다.

두 번째 신혼부부는 대전에서 왔다. 결혼을 앞둔 30대 예비 부부였다. 참 이상한 것이 땅에 대한 안목은 여성이 더 있는 것 같다. 그 부부의 경우 아내가 상담하러 왔다. 나는 대전에 6년 정도 산 적이 있어 그들이 더없이 반가웠다. 아내와 같은 지역에 근무하는 남편은 교회에서 오랫동안 알고 지낸 사이였다. 결혼을 앞두고 아내는 땅을 사겠다고 남편에게 말했다. 아내의 말에 남편은 이런 반응을 보였단다.

"그렇게 마음에 들지는 않았지만, 너무 무리하지 말고 한번 해 보라고 했어요."

나는 결혼을 앞두고 신혼집, 결혼 준비 등 혼란스러울 때에 왜 땅에 관심을 갖게 되었는지 궁금했다. 내가 물었다.

"어쩌다가 땅에 관심을 갖게 되었습니까?"

"주변에 결혼한 친구들이나 재산이 많은 분들을 보니 대부분 땅을 가지고 있더라고요. 재산을 늘리게 된 배경이 대부분 토지투자의 결과란 사실을 알게 되었어요. 부동산 관련 책을 보다 보니 제4차 국토종합계획이 2020년에 끝난다는 이야기가 있어서 결혼 전에 땅부터 사고 싶었어요."

돈이 있으면 아파트는 언제든지 살 수 있다. 하지만 땅은 돈이 있다고 살 수 있는 것이 아니다. 내가 원하는 땅이 나를 기다려 주지 않기 때문이다. 결혼을 앞두고 소액 지분투자를 시작한 부부에게서 행복한 미래가 엿보였다. 그 아내는 재테크의 여왕이 될 조짐이 보였다. 부동산을 고르는 속도 남자보다 여자가 더 좋은 것 같다. 투자 상담을 하러 오는 사람 대부분이 여성인 이유가 여기에 있다. 미래에 부부의 경제적 독립은 아내가 책임질 것 같았다. 직장생활로 바쁜 남편을 대신해서 아내가 재테크에 나서 준다면 훨씬 빨리 경제적 독립을 이룰 수 있을 것이다.

세 번째 신혼부부는 천안에서 찾아왔다. 이 부부는 웨딩 촬영까지 마치고 신혼집도 준비한 상태였다. 좋은 직장에 다니는 남편은 무척이나 선해 보이는 인상을 가지고 있었다. 대부분 아내가 혼자 상담을 받으러 오는데 이 부부는 함께 와서 더 보기 좋았다. 결혼을 앞둔 남자는 아내에게 모든 것을 다 해 주고 싶어 한다. 스물아홉 살 신부에게 미래의 꿈을 물어 보았더니 40대에 경제적 독립을 꿈꾼다고 했다. 현금 20억에 일하지 않아도 고정 임대료가 나오는 건물주를 꿈꾸고 있었다.

나는 이 부부에게 '1+5 전략'을 추천했다. 일단 토지 계약을 하면서 남편에게 물었다. "명의는 누구 앞으로 할까요?"

요즘 대세는 공동명의다. 그런데 남편은 "그냥 아내 명의로 해 주세요."라고 쿨 하게 말했다. 여성에게는 이런 신랑감이 최고다. 결혼생활 시작부터 미래에 자기 건물을 지을 땅을 마련했으니, 남은 기간 소액 지분투자를 통해 건축비만 마련하면 부부가 원하는 것을 이룰 수 있을 것이다. 이들처럼 신혼 시절 여유 자금이 있으면 20년 뒤 건축할 땅을 미리 매입해 두는 것이 최고의 선택이다. 20년 후 핵심 상업지가 될 땅을 아주 싼 값에 매입하는 효과를 누릴 수 있기 때문이다. 무엇보다 부부가 같은 마음으로 공동 목표를 설정하고 결혼생활을 시작한다는 것이 인상 깊었다.

신혼부부는 영화 속 주인공 같은 삶을 꿈꾼다. 호화로운 호텔 예식, 깨끗하고 넓은 집, 크고 멋진 차를 선호한다. 무리해서 시작한 결혼생활은 몇 달 후부터 밀려드는 고지서를 놓고 싸움으로 번진다. 반면에 현명한 부부는 결혼을 앞두고 은퇴 설계를 시작한다. 재테크, 은퇴 설계 등 모든 것은 시간과의 싸움이다. 남보다 빨리 시작하는 것이 가장 안전한 재테크의 출발이다. 멋진 신혼집보다 행복한 노후를 먼저 생각하자. 혼자서 결정하지 말고, 부부가 함께 고민하자. 그 부부들은 내가 신혼부부에게 꼭 전하고 싶은 메시지를 이미 알고 실천하고 있었다. 그 모습이 너무 아름다웠다. 그들의 다음 목표는 소액 지분투자로 내 땅에 건물을 올릴 건축비를 마련하는 것이다. 결혼생활 시작부터 재테크를 했으니 무리하지 말고 천천히 3년 주기로 하나씩 준비하면 될 것이다. 그것이 부부의 진짜 은퇴를 앞당겨 줄 것이다.

지금 이 순간 결혼을 앞두고 신혼집, 혼수, 예식장, 신혼여행을 계획하는 이들이 있을 것이다. 그 계획에 부부의 은퇴 계획도 함께 넣어 보면 좋겠다. 세 부부는 왜 신혼집보다 땅을 선택했을까? 당장 남의 눈을 의식한 사치보다 실리를 선택한 것이다. 왜 남들처럼 무리해서 멋진 신혼집을 꾸미고 친구들을 초대하고 싶지 않겠는가? 그건 잠시 무대에 오르는 연극이고, 불이 꺼지고 나면 밀려오는 할부 명세서에 숨이 막힐 것을 알기 때문이다.

은퇴를 준비하는 최선의 때는 바로 신혼 시절이다. 그래야 자녀 계획까지 완벽하게 준비할 수 있다. 아무생각 없이 무리하게 결혼 준비를 하면 시작부터 생활비에 쪼들려 거기에서 좀처럼 빠져나오기 어렵게 된다. 자녀까지 생기면 그 상태가 정년까지 이어질 확률이 높아진다. 부부의 행복한 노후를 위한 준비는 신혼 시절부터 시작되어야 한다. 30년 뒤 행복한 노후를 맞이한 세 부부의 모습이 벌써 눈에 선하다. 현명한 그들의 앞날을 미리 축하한다.

# 2

# 전국에서 가장 비싼 땅과 가장 싼 땅

땅값은 도대체 어떤 기준으로 정해지는가? 왜 시골 땅값은 낮은데, 서울 땅값은 높기만 할까? 2019년 새해에 단독주택을 보유한 이들이 크게 한숨을 내쉰 이유는 공시지가 상승 때문이다. 누구는 공시지가가 올라서 좋겠다고 할 것이다. 하지만 그것은 투자자 입장이다. 집 한 채를 거주 목적으로 가진 사람들은 세금 폭탄에 악소리를 지른다. 한 연구소가 발표한 통계에 따르면, 서울의 비싼 단독주택 공시지가가 4배 상승하고 평균적으로 3배 오른다고 한다. 평범한 서민과는 한참 먼 이야기다. 도대체 땅값은 왜 이렇게 올라만 갈까? 또 내가 가진 땅은 언제 저렇게 올라갈까?

2019년 대한민국에서 가장 비싼 땅은 서울 명동의 네이처블릭 부지이다. 그곳은 15년 연속 가장 비싼 땅이다. 평당 6억390만 원으로 2018년 대비 2배 상승했다. 그렇다면 전국에서 가장 싼 땅은 어디일까? 전남 목포시 진도군 조도면 눌옥도리 임야로 평당 210원이다. 왜 이렇게 가격 차이가 나는 것일까? 그 이유를 빨리 안다면 우리도 비싼 땅의 주인이 될 수 있다.

땅은 그 쓰임새에 따라서 용도가 정해져 있다. 일단 우리가 알고 있는 값싼 땅은 등산할 때 만나는 깊은 산중의 임야이다. 또 하나는 농사를 짓는 땅이다. 반면에 비싼 땅은 대부분 상업지다. 명동의 핵심 상권, 서울역과 용산역 등 역세권의 핵심 상업지이다. 그걸 누가 모르는가? 알지만 어떻게 그런 상업지를 살 수 있단 말인가? 평범한 서민은 기가 팍 죽고 만다.

그 해답을 찾기 위해 시간을 거꾸로 돌려보자. 잠시 타임머신을 타고 20년 전으로 돌아가 보자. 20년 전 명동, 서울역, 용산역이 보이는가? 그곳의 허름하고 냄새나는 시설이 보이지 않는가? 물론 그 시절로 돌아간다고 해도 여전히 그곳의 땅은 내가 가진 돈으로 살 수 없다.

그렇다면 수도권을 벗어나 보자. 오로지 수도권 전철만 따라서 20년 전으로 돌아가 보자. 평택, 천안, 춘천, 여주, 병점 이 지역을 타임머신을 타고 돌아가 보라. 어떠한가? 용기가 마구 솟구치지 않는가? 그곳은 모두 부동산 신화를 이루었다. 화성시 병점역 주변 땅은 농지였다. 그런데 그 땅값이 지금 평균 100배 이상 올랐다. 허름하고 쓸모없던 임야, 농사만 짓던 땅이 상업지, 주거지, 역세권으로 변모했다. 1999년 투자 목적으로 평당 25만 원짜리 땅 500평을 1억2,500만 원에 사서 4년 만에 150억 원(평당 3천만 원)을 번 사람이 등장한 곳이 바로 병점역이다. 아마도 역세권으로는 가장 짧은 시간에 최고의 수익률을 올린 사례 중 하나다.

방송인 강용석 씨는 한 방송에서 자신의 부동산 투자를 이렇게 소개했다. 판교 인근에 44평 땅을 2억 원에 매입했는데 현재 그 땅의 시세가 15억 원이 되었다는 것이다. 바로 판교 신도시 개발 계획이 확정되었기 때문이다. 그럼 이제 평범한 우리도 비싼 땅의 주인이 될 희망이 생겼다.

월급을 저축해서는 불가능하지만, 미래에 역세권이 될 곳의 땅을 미리 매입하고 기다리면 된다. 많은 사람들은 10년 이상 기다리는 것을 참지 못한다. 하지만 직장인이 적은 월급으로 역세권 땅의 주인이 되려면 반드시 작은 위험을 감수하고 해당 지역의 땅을 매입하고 기다리는 전략을 세워야 한다. 돈이 많으면 모든 것이 완성된 후에 비싼 값을 치루면 될 것이다. 지금부터 미래 역세권이 될 곳을 찾아서 투자에 나서면 된다. 역세권이 되고, 새로운 도로의 핵심 입지가 될 곳을 찾아 남보다 빨리 선점하고 기다리면 된다. 아직도 우리에게는 기회가 있다. 물론 시간이 많은 건 아니다. 지금 이 순간에도 수많은 투자자들이 그곳을 찾아 헤매고 있다. 누군가는 망설이고 망설이며 시간을 허비한다.

내가 좋아하는 말이 있다. "도전하고, 경험하고, 성공하라." 진정 미래에 부자가 되고 싶다면 재테크 상품으로 토지투자를 하기 바란다. 누군가는 어렵다고 말하고, 누군가는 자금이 없다고 말한다. 부자들도 당신과 똑같은 상황에서 출발했다. 차이가 있다면 그들은 할 수 있다는 용기를 가졌을 뿐이다. 우선 토지투자의 기본을 배워라. 몇 시간만 투자하면 된다. 그다음 신뢰할 만한 전문가를 찾아서 상담하고, 타이밍을 놓치지 말고 선점하면 된다.

비록 지금 평범한 직장인으로 살아가지만 20년 후 부자의 반열에 오른다고 상상해 보자. 공기업, 대기업 할 것 없이 현재 정년이 보장된 직장에 다니고 있다면 지금부터 하는 말을 꼭 명심하라. 첫째, 은퇴할 시점의 내 모습을 그려 보아라. 무엇이 보이는가? 행복한 모습인가? 아니면 새로운 직업을 찾아서 진전히는 모습인가? 둘째, 막 결혼한 신혼부부라면 20년 뒤 아이들 학자금, 결혼 자금을 생각해 보라. 어떠한가? 아이들이 원하는 것을 해 주고 있는가? 아니면 할까 말까 고민하고 있는가? 셋째, 퇴직을 준비하고 있다면 은퇴 후 행복한 노후를 맞이할 준비가 되었는가? 어느 것 하나 완벽하게 준비한 것이 없다면 지금부터 제대로 준비해 보자.

2015년 UN에서 발표한 인생 5단계에 따르면, 17세 이하는 미성년자, 청년은 18~65세, 중년은 66~79세, 노인은 80~99세, 장수 노인은 100세이다. 지금의 20대는 백년보다 훨씬 더 오래 살 것이다. 오래 사는 것보다 중요한 것은 인간으로서 의미 있고 가치 있는 행복을 누리는 것이다. 그러려면 반드시 돈이 필요하다. '젊어 고생은 사서도 한다.'는 옛말이 있다. 아마도 젊은 세대의 생각은 다를 것이다. 기성세대는 그랬는지 모르지만 지금은 아니라고 말한다. '젊어 고생은 늙어서도 고생이다.'라고 말이다. 틀린 말은 아니다. 그래서 주식, 선물 옵션, 카지노 같은 한탕주의 재테크에 시선이 쏠려 있다.

그러나 걱정하지 마라. 세상에서 가장 안전한 투자 상품인 토지를 알고 나면 유레카를 외칠 것이다. 막연한 불안감에서 벗어나 내 미래를 확실히 책임질 재테크 방법, 토지투자를 공부해 보자. 주말 가족과의 여행, 골프 투어도 기왕이면 토지투자란 관점에서 해 보자. 단순히 여행을 하고 골프장 18홀을 도는 것이 아니라 먼 미래에 행복한 노후를 책임지는 토지를 찾는 것이라면 짜릿한 성취감을 느낄 것이다. 어쩌면 당신이 찾은 그 땅이 미래에 가장 비싼 땅이 될지 아무도 모른다. 지금 비록 황량한 그 땅이 미래 역세권, 황금 상업지, 핵심 주거지로 보이지 않을 것이다. 지금의 핵심 상업지, 역세권도 20년 전에는 평범한 논과 밭과 임야였다는 사실을 명심하자.

지금 이 순간에도 공시지가는 계속 오르고 있다. 세상에 처음부터 비싼 땅은 없었다. 가장 먼저 역세권이 될 곳을 찾아 나서자. 지금 즉시 말이다. 그곳이 미래에 지역의 핵심 랜드 마크가 되어서 당신이 보유한 가장 비싼 땅이 될 수 있다. 우리도 한번 내가 사는 지역에서 가장 비싼 땅의 주인이 되어 보자.

# 3
# 4차 산업혁명 시대에 토지가 필요한 이유

사람들이 가끔 이렇게 묻는다. "로봇과 인공지능 시대인 4차 산업혁명 시대에도 토지는 필요한가?" 물론이다. 이를 부정하는 사람이라면 절대 토지투자로 부자가 되기는 어렵다. 지금부터 4차 산업혁명 시대에도 토지가 필요한 이유를 살펴보자.

기업이 고민하는 가장 큰 문제는 두 가지다. 첫째는 인건비이고, 둘째는 물류비이다. 매달 고정적으로 들어가는 인건비 대신 딱 한 번 투자하면 되는 땅값은 다소 비싸도 아무 문제가 되지 않는다. 먼 미래를 바라보면 그 땅값은 기업에 큰 자산이 되기 때문이다. 수원시에 소재한 삼성전자는 약 52만평을 차지하고 있다. 처음 땅을 구입했을 때 가격과 지금의 가격을 비교하면 100배 이상 차이가 나는 걸 알 수 있다. 이렇듯 대기업이 보유한 토지의 시세 차익은 상상을 초월한다. 두 번째 요소인 물류비를 절감할 수 있는 땅이라면 이것도 기업에게 아무 문제가 되지 않는다. 왜 기업은 초기에 실제 필요한 공장 규모보다 10배 이상 되는 땅을 매입할까? 장기적으로 보면 공장 확장에 필요한 땅을 미리 확보하는 것과 땅값 상승이란 두 마리 토끼를 한번에 잡을 수 있기 때문이다.

나는 약 1년간 4차 산업혁명 핵심 플랫폼 기업에 몸담았다. 그곳에서 교육을 담당하고, 고객들에게 플랫폼 비즈니스를 설명하기도 했다. 4차 산업혁명을 간결하게 정리하면 이렇다.

| 구분 | 핵심 사항 | 비고 |
|------|----------|------|
| 1차 산업혁명 | 순수하게 기계로 움직이는 산업 | 증기기관 |
| 2차 산업혁명 | 기계에 전기가 결합된 산업 | 전기기관 |
| 3차 산업혁명 | 전기로 움직이는 기계에 인터넷이 연결된 산업 | 정보화 산업 |
| 4차 산업혁명 | 명확히 정의하기 어렵다.<br>보는 관점에 따라 다양한 해석이 가능하다. | 초연결, 인공지능, 빅데이터, 자율주행 |

어떻게 바라보는가에 따라서 관점이 달라진다. 토지투자 관점에서 4차 산업혁명이 중요한 것은 온라인 시장, 플랫폼 비즈니스가 폭발하듯 증가한다는 사실이다. 따라서 그것을 뒷받침할 거대한 물류기지가 필요하다. 지금 전국에 거대한 물류기지가 만들어지고 있다. 그것만 잘 파악해도 토지투자로 큰 부자가 될 수 있다.

고속도로 근처, 남들이 쳐다보지도 않는 임야가 큰 물류창고로 둔

갑할 여지는 충분히 있다. 쿠팡의 총알 배송에서 가장 필요한 것이 무엇일까? 전국 곳곳에 빅데이터를 활용한 대규모 물류창고를 얼마나 확보할 수 있는가이다. 그것이 배송 시간을 단축하는 핵심이다. 오프라인의 백화점과 대규모 쇼핑몰 매출이 하락하는 이유는 무엇일까? 간편한 온라인 쇼핑이 대세이기 때문이다. 책 한 권을 구입할 때 서점에서 구입하면 정가로 사야 하지만, 온라인을 이용하면 무료 배송에 할인까지 받을 수 있다. 그러니 온라인 쇼핑이 점점 증가할 수밖에 없다.

아직도 4차 산업혁명 시대에는 토지가 필요 없다고 생각하는가? 독일 아디다스 스마트 팩토리 공장에서는 신발이 연 50만 켤레 만들어지지만, 노동자는 단 10명이다. 즉 사람은 필요 없어도 공장을 건축할 땅은 필요하다는 이야기다. 이것은 토지 부자가 되는 데 없어서는 안 될 엄청난 팁이다.

그렇다면 4차 산업혁명 시대에 토지투자로 유망한 지역을 생각해 보자. 한국의 최대 수출국은 중국이다. 중국과 가장 가까운 수출항은 바로 서산과 당진이다. 기업은 물류비를 절감하기 위해서 어떤 선택을 할까? 물류비가 많이 드는 공장을 이전하거나 신규 공장을 건설할 경우 어떤 지역을 선택할까? 뉴스만 검색해 보아도 정보를 많이 얻을 수 있다. 그중에 한 가지는 산업의 클러스터화이다. 특정 산업이 몰리는 지역을 넓게 보자. 이번에 SK하이닉스가 용인시를 선택한 것은 삼성반도체 공장이 평택시에 있기 때문이다. 이천, 청주, 용인을 삼각벨트로 삼아 반도체 클러스터를 만드는 것이다. 그러면 협력회사 간에 시너지가 높아지고, 물류비가 절감된다. 이렇게 4차 산업혁명 수혜를 입을 입지를 찾아 떠나라. 그것도 가능한 빨리 떠나라. 투자자에게 가장 필요한 것은 타이밍이다. 시간은 당신을 기다려주지 않는다. 다만 공정한 기회를 제공할 뿐이다. 4차 산업혁명의 수혜를 가장 많이 누리고 있는 지역을 찾아라. 그것이 당신을 토지부자로 만들어 줄 것이다.

항상 남과 다른 시각을 가지고 바라보는 연습을 해야 한다. 남들이 안 된다고 할 때 '어떻게'를 외쳐라. 당신이 외친 '어떻게'의 숫자만큼 자산이 늘어날 것이다. 남들이 외면하는 곳, 기찻길과 공항 근처는 소음 문제로 땅값이 저렴해 찾는 사람이 없다. 그런데 물류창고 용도로는 최고의 자리다. 주변에 물류창고 임대료로 한 달에 300만 원을 받는 사람이 있다. 그는 웃으면서 그 땅이 자신의 은퇴 준비 가운데 최고 효자 상품이라고 말한다. 남들이 안 된다는 곳에 관심을 가져 보자. 4차 산업혁명 시대에는 토지가 필요 없다고 말하는 사람들에게 감사하자. 그 소중한 기회가 우리에게 왔다. 로봇이 사람을 대신해서 열심히 일해 줄 공장은 토지 위에 건설된다. 그곳은 과연 어디일까? 지금 당장 지도를 펼쳐 보자.

# 4
# 땅은 미래 가치를 사는 것

투자의 기본은 무엇일까? 그건 다름 아니라 현재보다 미래에 더 높은 가격을 받을 수 있다는 기대 심리다. 그런데 투자 상담을 하다 보면 재미있는 현상을 볼 수 있다. 일단 부자가 될 사람은 태도가 다르다. "저는 과거의 가격은 중요하지 않습니다. 다만 5년 후 이 토지의 가격이 어느 정도 오를지 그것만 계산합니다." 반면에 부자가 되지 않을 사람은 이런 말을 한다. "최근 이 지역 거래 시세를 보니 현재 이 땅의 가격이 비싸다고 생각됩니다." 땅은 일단 정해진 가격이 없다. 아파트처럼 같은 단지에 동일한 평수로 가격을 산정하는 것 자체가 말이 안 된다. 땅은 단 한 평도 같은 모양이 없기 때문이다. 땅의 가격은 지주가 정한다. 미래를 보고 충분히 더 오를 것이라 생각하면 매입하고 그렇지 않으면 못 사는 것이다. 항상 부자 마인드가 더 큰 수익을 보장받는다. 아파트 당첨이 안 되면 높은 웃돈을 주고 떴다방에서 분양권을 매입하는 사람이 결코 바보가 아니다. 그들은 오랜 투자 경험으로 그 가치를 안다.

한번은 이런 고객이 있었다. 나는 당진시 송산면에 있는 땅을 소개했다. 주변의 개발 이슈를 보고, 2차선 도로에 접한 계획관리 임야를 추천했는데 너무 마음에 들어 했다. 즉시 계약을 하고 돌아갔다. 그런데 다음날 전화가 와서 취소를 요청했다. 취소는 얼마든지 가능하지만 그 이유가 궁금했다. 그 고객이 주변 시세를 확인한 결과 계약한 땅은 좋은 가격이었다고 했다. 그런데 그 땅 매입 가격을 확인하니 갑자기 너무 비싸 보인다는 것이었다. 나는 즉시 환불 처리를 해 주었다. 토지의 원가를 따지는 것은 투자 마인드가 없는 것이다. 매입 가격 대비 비싸다는 그 말이 참 안타까웠다. 해당 지역은 서해선 인입 철도 사업 지역으로 2019년 예타 면제 사업으로 합덕 → 석문 구간이 확정되었다. 이 소식을 듣고 그 고객이 다시 전화가 왔다. 당연히 그 땅이 남아 있을 리 없었다.

농사짓는 농부의 입장에서 내 자식처럼 키운 배추를 헐값에 팔 수가 없어 밭을 갈아엎는 뉴스를 가끔 접한다. 그런데도 소비자는 서울 가락동 농산물센터에서는 배추 한 포기를 천원에 구입하며 비싸다고는 말하지 않는다. 일선 시장에서 거래되는 평균 가격이라면 가능한 중개인에게 비싼 수수료를 주는 것이 좋은 땅을 소개받는 비결이다. 더욱이 바쁜 당신을 위해 향후 되팔 때까지 관리해 줄 사람이라면 더욱 후한 대우를 해 주는 것이 남는 장사다.

삼성을 흔히 '관리의 삼성'이라고 한다. 2014년 서울의 한전 부지 매각 공고에 삼성과 현대차그룹이 경쟁 입찰에 들어갔다. 당시 삼성은 4조5천억 원을 입찰 금액으로 제시하고, 현대차는 10조5천억 원을 썼다. 대한민국을 대표하는 두 그룹이 공개 입찰에서 자그마치 6조 원이나 차이가 난 것은 상당히 이례적이었다. 나는 당연하게 여겼다. 미래 가치를 바라보는 시각이 다르기 때문이다. 현대차에게는 꼭 필요한 땅이고, 5년 후 또는 10년 후를 보면 그 이상의 가치가 있다고 판단한 것이다. 2018년 그곳의 공시지가는 3조 원을 넘었다. 시장 가격으로 산정하면 엄청난 수익이 발생한 것이다.

부동산 거래 가격을 조사해 보면 단기간에 가장 빠르게 많이 오르고 빈번한 거래가 이루어진 곳은 세종시다. 많은 사람이 비관론과 낙관론을 펼칠 때 땅값은 빠르게 오르기만 했다. 2012년을 기준으로 계획관리 땅이 대부분 5배가 올랐다. 물론 도시지역으로 편입되어 주거지, 상업지가 된 땅은 벼락부자를 만들어 주기도 했다. 토지로 부자가 되길 바란다면 현재의 땅값을 생각하지 마라.

대전에 사는 공무원의 사례도 마찬가지다. 2012년 세종시가 살기 좋다는 이야기를 듣고 대전에서 세종으로 이사를 결심한 뒤 아파트를 보러 갔다. 세종호수공원도 가깝고, 세종도서관도 가까운 단지라 마음에 쏙 들었다. 계약을 하려고 하니 중개업자가 아파트 대신 미래를 내다보고 땅을 매입하는 것이 어떻겠냐고 의견을 물었다. 그러면서 근처의 땅을 추천했다. 그 부부는 땅에 대해 아는 것도 없고 관심도 없었기 때문에 그냥 아파트를 매입했다. 6년이 지난 지금, 아파트는 약 30% 정도 가격이 올랐지만 팔려고 내놓아도 문의조차 없다. 당시 추천 받은 땅은 6배가 올랐다고 한다. 이게 땅이 가진 힘이다.

현재 가격이 조금 비싸고 싼 것이 문제가 아니라, 5년 후 그 땅의 가격이 얼마나 오를지를 상상하라. 만약 기대 가치가 없다면 과감히 포기하고, 새로운 땅을 찾아라. 토지투자의 핵심은 첫째도, 둘째도 미래 가치를 사는 것이다. 그 믿음이 조금은 지루한 투자 시간을 견디게 해 줄 것이다. 1년, 2년 후 내 땅 주변이 변화하는 모습을 즐겁게 바라보면, 그 땅이 당신이 원하는 부자의 길로 안내할 것이다.

투덜대고 불평불만 인생으로는 부자가 되기 어렵다. 같은 땅을 매입했는데 한 사람은 지속적으로 불평만 하고, 다른 사람은 커피 쿠폰을 보내온다. 전화해서 "이게 뭐예요?" 하고 물으면 "그냥 고마워서요." 하고 대답한다. 당연히 이런 분들에겐 더 큰 책임감으로 끝까지 관리를 해 줄 수밖에 없다.

땅의 미래 가치는 사람의 미래 가치와 같다. 옛날 평강공주의 믿음이 큰 사람을 만들어낸 것처럼 땅은 미래 가치를 보는 것이다. 정년은 생각보다 빨리 다가온다. 은퇴 후의 행복한 미래를 그려 보자. 과연 무엇이 그것을 가능하게 만들어 줄지 생각해 보면 땅은 미래의 행복한 은퇴를 준비하는 최고의 선택이다. 타임머신을 타고 20년 후 미래 세계를 다녀올 수 있다면 그 사람은 가장 먼저 토지투자에 나설 것이다. 그것이 가장 큰 수익을 얻게 할 것임을 알기 때문이다. 모든 투자의 핵심은 미래 가치에 달렸다. 그중에서 가장 확실하게 미래 가치를 보장하는 것이 토지투자이다.

# 5
# 시간에 투자해야 하는 이유

하루 평균 두 명 정도 상담 대상자를 만나면서 느낀 것이 있다. 현재 자신은 잊어버리고 모두 환상만 이야기한다는 것이다. 모든 직장인은 부자를 꿈꾼다. 그것도 가능하면 일찍 큰 부자가 되기를 꿈꾼다. 젊은 나이에 진정한 은퇴를 원하기 때문이다. 하지만 막연히 꿈만 꾼다고 부자가 될 수는 없다. 오히려 막연한 환상은 부자를 꿈꾸는 데 방해 요소가 되기도 한다.

상담을 진행하면서 고객들에게 묻는다. "은퇴할 때 어느 정도 자산을 보유하기를 희망하나요?" 대부분 100억 원을 부른다. 100억 원은 그렇게 달성하기 쉬운 금액이 아니다. "그럼 은퇴까지 앞으로 몇 년이 남았나요?" "10년이요." 그럼 3단계로 나누어서 계산을 해 보자. 독자들도 한번 따라 해 보면 좋겠다.

〈투자금 1억 원으로 10년 계산〉

첫째, 은퇴할 연도: 2028년, 목표 금액: 100억 원,

　　　현재 투자 가능한 금액: 1억 원

둘째, 투자 기간 3~5년 : 투자 수익률 3배

셋째, 10년간 투자 기회가 두 번 온다.

　　　: 1억 원×3배＝3억 원, 3억 원×3배＝9억 원

기록해 보는 순간, 자신의 목표가 얼마나 허황된 것인지 깨닫게 된다. 현실성 없이 목표 금액을 높게 잡았다는 사실을 알게 된다. 물론 자금 규모에 따라서 가능할 수도 있다. 만약 지금 투자 금액이 10억 원 준비되어 있다면 토지투자로 10년 뒤 100억 원은 충분히 만들 수 있다. 그런데 투자 금액이 1억 원이라면, 아니 5천만 원이라면 어떻게 될까? 돈이란 정말 정직한 것이고, 토지투자 역시 너무나 정직한 재테크 상품이다. 소액으로 시작하는 사람은 시간에 투자해야 한다. 투자 상담을 하면서 늘 하는 말이다. 천만 원으로 시작하는 사람, 1억 원으로 시작하는 사람, 두 사람 모두 투자 금액은 다르지만 투자 시간은 동일하다.

곧 '투자 금액 + 투자 기간＝투자 수익률'이라는 공식이 된다.

공무원과 대기업 같이 정년이 보장되는 직장에 입사했다면, 즉시 3천만 원을 가지고 소액 지분투자에 나서라. 이때 적은 자본을 대신해 투자 기간을 늘려야 한다. 가령 30대에 3천만 원을 투자한 뒤 20년을 기다리면 6억 원을 충분히 만들 수 있다. 이게 시간을 투

자한 정당한 대가다. 정년을 보장받는 평범한 직장인의 가장 큰 투자 자산이 바로 시간이다.

가장 먼저 시간에 투자한다면 원하는 것을 이룰 수 있을 것이다. 토지투자 관련 책들을 보면 토지투자에 대한 환상을 지나치게 부추긴다. 마치 수천만 명 중에 몇 명 탄생하는 로또의 주인공처럼 말한다. 토지투자는 정직한 재테크 상품이다. 그 기본을 갖추고 투자금이 준비되었다면 전문가의 도움을 받아라. 아주 적은 수수료만 부담하면 된다.

서울에서 10억 원대 아파트를 매입해서 5년에 50% 수익도 기대하기 힘들어진 것이 지금 현실이다. 그런데 토지투자로 5년 만에 안정적으로 2배 수익을 올릴 수 있다면 해야 되지 않을까? 단기 토지투자를 하면 몇 배의 수익이 발생해도 그 수익을 대부분 세금으로 국가에 헌납해야 한다. 또 지나치게 단기 계획으로 접근하면 투자가 아닌 투기가 되기 쉽다. 토지는 장기 보유하면 돈이 되는 가장 안전한 재테크 상품이다.

투자 상담을 하면서 나는 참 많이 겸손해졌다. 일찍 토지투자를 시작하지 못한 것이 많이 아쉬웠다. 또 내가 매입하고 싶은 토지가 눈앞에 있어도 투자금의 한계에 막힐 때, 뻔히 돈이 될 것이 눈에 보이지만 어쩔 수 없이 포기해야 할 때 누구보다 마음이 아프다. 진짜 은퇴의 꿈을 간직하는 것은 당신을 변화시키고 남들과 달리 힘든 일을 겪어낼 에너지가 될 것이다.

평범하게 살면서 진짜 은퇴를 만나기는 어렵다. 남과 다른 인생을 사는 것을 두려워 말자. 중요한 것은 진짜 은퇴에 대한 환상만 가지면 안 된다는 사실이다. 명확한 목표를 세우고, 실현 가능한 계획을 구체적으로 세워야 한다. 막연한 꿈에서 현실 가능한 현재로 돌아와야 한다. 그리고 가장 중요한 시간에 투자하라. 돈으로 살 수 없는 것이 시간이다. 부자들은 시간의 중요성을 알고 있다. 남들이 두려워서 망설일 때 과감히 투자에 나서는 것도 시간 가치를 알기 때문이다. 설령 실패한다 해도 그건 경험이고 또 다시 도전할 시간을 확보할 수 있기 때문이다.

모든 재테크의 가장 큰 변수는 시간 가치다. 그래서 복리의 마법이 탄생한 것이다. 토지라는 재테크 상품에서는 특히 시간 가치가 중요하다. 일찍 시작할수록 안전하고 수익률이 높다. 재테크로 성공한 사람들은 일찍부터 그것을 알고 있다. 따라서 기회만 오면 대출을 활용해서 먼저 투자를 하고 나중에 그것을 갚는다. 대신 시간 가치를 모르는 사람은 대출을 겁내고 저축을 한다. 5년 만기 저축을 들고 부동산을 찾아가면 5년 전 땅값은 이미 서너 배 올라 있다. 그때서야 후회를 한다. 왜 그때 먼저 땅을 매입하지 못했는지.

직장인들에게 부자의 꿈, 진짜 은퇴의 꿈을 이룰 수 있는 최고의 방법은 시간에 투자하는 것이다. 성공한 사람들도 모든 것이 완벽한 순간 투자한 경우가 거의 없다. 자신의 미래 가치를 읽어내는 감각을 믿고 일찍 투자에 나선 결과, 몇 건의 성공이 큰 부자를 만들어 준 것이다. 성공한 사람들은 늘 타이밍을 강조한다. 망설일 시간에 투자에 나서라고 조언한다. 적은 자금이라도 긴 시간을 만나면 큰 투자 자금이 된다.

부자와 가난한 사람 모두에게 공평한 것은 바로 시간이다. 막연히 꿈꾸던 진짜 은퇴의 환상을 현실로 만들어낼 수 있는 것도 시간에 투자한 결과이다. 진짜 은퇴의 꿈을 환상에서 현실로 바꿀 수 있는 방법은 소액으로 시간에 투자하는 것이다.

# 6
# 투자의 3요소를 확인하라

당신이 생각하는 최고의 재테크 상품은 무엇인가? 주식, 수익형 부동산, 공모주 청약 등 각자 자기만의 재테크 철학이 있을 것이다. 꼭 그런 나만의 철학을 가지고 재테크에 임하길 바란다. 중요한 점은 재테크 목적을 분명히 하는 것이다.

재테크에 실패하는 유형을 보면 나만의 투자 철학도, 목적도 없이 남의 말만 믿고 따라 하는 경우다. 한 달 동안 정말 힘들게 일한 대가로 받은, 알토란같은 월급을 투자하는 일이 재테크다. 월급이란 녀석은 인간의 영혼도 가출시킨다고 하지 않던가. 그렇게 힘겹게 번 돈으로 투자하는데 아무런 준비를 하지 않으면 안 된다. 투자의 핵심은 무엇보다 안전한 수익률이다.

그런데 세상에 리스크 없는 수익률은 없다. 그것은 은행의 적금뿐이다. 적금은 물가 상승률을 감안하면 마이너스 수익률, 즉 그냥

# 8
# 재테크로 토지투자를 선택할 이유

재테크를 시작하면서 '내가 희망하는 수익률은 얼마일까?' 한 번쯤 고민한 적이 있는지 묻고 싶다. 사람이란 욕심의 동물이라서 성급하고 참을성이 부족하다. 정선 카지노를 찾는 사람 가운데 대박 환상을 꿈꾸지 않는 사람은 없을 것이다. 대박 환상을 쫓아 그렇게 먼 곳까지 찾아가는 것이다. 그렇다면 그곳에서 어느 정도 수익을 얻으면 만족할까? 모든 것이 그렇지만 원칙이 없으면 결국 망하거나 원위치가 된다. 최소한 내가 투자한 금액의 2배만 된다고 해도 대박이 아닐까? 현재 금리는 2% 수준이다. 2배 수익은 정말 환상적인 수익이다. 하지만 카지노 현장에 있는 사람들에게 물어 보면 그 정도 수익을 원하면 카지노에 오지도 않았다고 할 것이다. 이게 사람의 욕심이다.

투자 상품마다 특성이 있다. 재테크로 토지투자를 선택하는 사 **87**

행은 그 돈으로 높은 금리의 대출 상품을 만들어낸다. 서민을 상대로 말이다. 최악은 내가 저축한 돈을 담보로 대출을 받는데 이자도 지불한다는 것이다. 누구나 한 번쯤 경험했을 것이다. 물론 나에게도 그런 경험이 있다.

일단 세 가지 상품 중 가장 안전한 상품은 토지(땅)이다. 이유는 무엇일까? 지금까지 매년 토지의 공시지가가 하락한 적이 없기 때문이다. 혹자는 부동산(아파트, 상가) 역시 안전한 상품이라고 말한다. 일부 맞을 수 있지만 대부분 과거의 영광에 가깝다. 주변에 상가 가지고 있는 분들을 만나 보면 쉽게 알 수 있다. 그들은 한숨을 내쉬면서 분양 가격이 아니라 손실을 보더라도 매도할 수만 있으면 좋겠다고 말한다.

내 지인 중에도 상가를 분양받고 세입자를 구하지 못해 속앓이하는 분들이 많다. 부동산 핫플레이스 세종시도 상가마다 임대, 매매 광고가 넘쳐난다. 세종시 상가 5년 연속 공실, 반값 경매에도 손님이 없다고 한다. 2019년 2월 법원 경매에 나온 세종시 상가 최초 감정가 17억8,800만 원은 최저 경매가 6억1,328만 원까지 낮아졌다. 아파트 역시 서울을 제외한 지역은 늘어나는 물량 공세로 10년 된 아파트 매매도 쉽지 않다. 인구는 줄어들고 신규 아파트 공급은 늘어나기 때문이다.

셋째, 환금성이다. 환금성이 100% 보장되는 상품은 금융 상품이다. 부동산은 시간이 필요하다. 토지의 가장 큰 약점이 바로 환금성 보장이 잘 안 된다는 것이다. 만약 환금성만 보장되면 누구나 토지

(땅)라는 투자 상품을 선택할 것이다. 하지만 남들이 가지 않는 길이 부자의 길이다. 누구나 쉽게 접근이 가능하다면 수익률이 낮거나 안전성이 떨어진다. 그래서 부동산은 투자자를 부자로 만들어 주고, 토지(땅)는 투자자를 인생 역전의 주인공으로 만들어 준다. 남들이 가는 길을 똑같이 가서는 절대로 인생역전이 되기 어렵다.

앨버트 아인슈타인의 명언에 "한 번도 실수한 적이 없는 사람은, 한 번도 새로운 것에 도전해 본 적이 없는 사람이다." "미친 짓이란? 매번 똑같은 행동을 반복하면서 다른 결과를 기대하는 것이다."가 있다. 우리가 어떤 마음 자세로 투자에 임해야 할지 한번에 정리해 주는 명언이다. 한 번의 투자로 성공을 기대하지 말자. 토지 투자도 여러 곳에 소액 지분투자를 해 놓으면 어느 곳이 먼저 대박을 만들어 줄지 모른다.

한 직장인의 이야기다. 2018년 초에 직장 동료들과 휴게실에서 우연히 토지 이야기를 나누었다. 경기도 동두천시 근교 도로변 땅인데 지주가 돈이 필요해서 농사는 자신이 짓는 조건으로 조금 싸게 땅을 분할해서 판다는 이야기를 듣고 소개를 부탁했다고 한다. 그런데 소개해 달라고 하니까 친구가 망설이면서 자신에게 매입하라고 했다. 1만 평짜리 땅을 정확히 분할해 주는 것도 아니고 공동등기로 매입하는 것이라 괜찮겠느냐고 걱정했다고 한다. 일단 한 번 가서 보기로 했는데, 동두천에서 연천으로 넘어가는 현황 도로가 있는 지목이 전(田)으로 된 땅이었다. 공동등기가 일단 마음에 걸렸지만 평당 가격이 5만 원으로 너무 저렴해서 욕심 없이 선택했다. 나중에 전원주택을 지어도 좋을 것 같아서 6백 평을 3천만 원에 매입했다고 한다. 소개한 친구는 말렸지만 소액이고, 서울에서 먼 거리도 아니니 전원주택을 건축할 생각으로 매입했다고 한다.

그런데 갑자기 남북 화해 무드가 되어 2018년 4월 27일 역사적인 남북 정상회담이 판문점에서 개최되면서 해당 지역 땅값이 배로 올랐다고 한다. 1년도 안 되는 시간에 말이다. 동일한 상황에서 어떤 선택을 하는가에 따라서 엄청난 차이를 가져온다. 누구는 망설이고 누구는 투자에 나선다. 그런데 토지라는 것은 일단 안전성, 수익성이 보장된 상품이다. 중요한 것은 환금성이 보장되는 땅을 선택하는 것이다. 이는 어려운 것도, 대단한 전문 지식이 필요한 것도 아니다. 토지투자의 기본만 공부하면 된다. 중요한 것은 투자에 임하는 자세다.

모두가 망설일 때 과감히 투자에 나서는 용기가 필요하다. 이제 우리는 재테크를 선택하기에 앞서 그 기준 투자의 3요소를 따져 본 뒤, 가장 안전하고 최고의 수익성을 보장하는 상품을 선택하면 된다. 현재 나이를 기준으로 정년을 따져 보고 일찍 은퇴를 준비하면 좋겠다. 준비 없는 미래는 지금과 다르지 않을 것이다. 준비 안 된 은퇴는 복이 될 수 없다. 투자의 3요소인 수익성, 안전성, 환금성을 따져 보고, 정년을 기준으로 투자에 나서라. 어떤 선택을 하는가에 따라 당신의 은퇴는 축복이 될 수 있다.

은퇴를 위해서 어떤 재테크를 선택할 것인가? 사람은 같은 무리에 함께 있을 때 안전하고 편안함을 느낀다. 하지만 그 누구도 안전을 책임지지는 않는다. 정말 투자로 부자가 되고 싶다면 남들이 외면하는 길, 남들이 가지 않는 길을 선택해야 한다. 외롭지만 미래에 충분한 보상이 이루어질 것이다.

누구는 토지라는 재테크 상품을 오랜 시간이 걸린다고 외면한다. 참 감사할 일이다. 그렇게 포기한 사람들 덕분에 진정한 은퇴를 꿈꾸는 사람들에게 더 큰 기회가 돌아간다. 정년을 보장받는 직장인들에게 최고의 재테크 상품은 토지투자일 것이다. 내가 투자한 땅 주변이 상업지로 변화하는 것을 지켜보면서 정년을 기다린다면 그 기다리는 시간은 얼마나 행복할까? 직장과 가정에서 힘들고 짜증날 때마다 내가 사놓은 땅을 한 번씩 방문하면서 희망을 가져 보자. 옛날 어르신들이 한결같이 말씀하셨다. "땅은 절대로 배신하지 않는다." 은퇴를 위해서 선택한 땅 한 필지가 최고의 효자가 될 것이다.

# 7
# 최고의 재테크 상품을 찾아라

부자가 되기 위한 가장 좋은 방법은 무엇일까? 같은 월급을 받으며 직장생활을 했는데 왜 누구는 부자가 되고, 누구는 가난한 사람이 되는가? 결국 자본 문제가 아니라 재테크 방법의 문제다. 위험과 실패를 감수하더라도 부자 목표를 향해서 달려가는 무모함이 어쩌면 부자가 되는 지름길이 될 수 있다. 자본의 한계를 극복하고 가장 높은 수익률에 도전하는 것이다.

그렇다면 어떤 것이 부자가 될 재테크 상품일까? 각자 지금 하고 있는 재테크를 한 번쯤 점검해 보자. 지나치게 안전성을 추구해서 모두 적금에 넣고 있지는 않는가? 만약 그렇다면 즉시 다른 상품을 찾기 바란다. 적금은 결코 재테크 상품이 아니다. 그건 안전한 금고에 보관하는 것일 뿐이다. 누구나 부자가 되고 싶다고 말하지, 가난하게 살고 싶다고 말하는 사람은 없다. 문제는 말과 행동이 다르다는 데 있다. 부자는 손실을 감수하며 투자할 곳을 찾아 나선다. 위험을 감수하더라도 최고의 재테크 상품에 도전한다. 부자들 중에 한 번도 실패하지 않은 사람은 없다. 하지만 가난한 사람들 중에는 한 번도 실패하지 않은 사람이 많다.

공직에 있을 때 일이다. 용산이 한창 개발된다는 이야기가 많이 나올 때, 한 사람은 아파트 살 돈이 없어서 숙대 입구에서 걸어서 10분 거리에 있는 신축 빌라를 3억 원에 구입했다. 많은 사람이 말렸다. 아파트를 사지 왜 돈 안 되는 빌라를 사느냐고 핀잔을 주었다. 하지만 자신이 빌라에 살아 보니 주차가 조금 불편한 것 말고 관리비도 안 들고 좋다고 했다. 오히려 주변 사람들에게 어서 빌라를 사라고 독촉을 했다. 당시 그분을 비웃던 사람들은 아직도 서울에 집 한 칸이 없다. 10년이 지난 지금, 그 빌라는 서울 외곽의 아파트 가격보다 더 비싸다. 가난해도 자신에게 맞는 투자 상품에 투자한 용기를 가진 사람은 결국 부자의 길목에 들어선다. 반면에 그것이 두려워 망설이는 사람은 영원히 그 상태에서 벗어나지 못한다. 항상 이렇게 말한다. "그건 위험해. 기다리면 더 좋은 기회가 올 거야." 꼭 그렇게 되면 좋겠다.

명심하자. 위험하지 않은 투자 상품으로는 가난에서 벗어나기 어렵다. 어떤 재테크를 선택할 것인가에 대한 정답은 없다. 각자의 환경이 다르기 때문이다. 은퇴 목표, 기간, 투자 성향이 다르기 때문이다. 중요한 것은 모든 것을 한번에 이루려는 욕심을 버리는 것이다. 아무리 잘 치는 야구선수라 할지라도 모든 타구를 전부 칠 수는 없다. 여러 번 도전을 하여 기회가 왔을 때 가끔 홈런을 칠 뿐이다. 천하의 추신수 선수도 모든 공을 전부 홈런으로 만들 수 없다. 도전하면서 경험을 쌓아 가는 것이다.

결국 재테크라는 것도 마찬가지다. 성급하게 무작정 투자에 나서기보다 먼저 자신의 상황에 맞는 재테크를 신중히 선택하라. 너무 성급하게 투자할 경우 장기 보유하면 충분히 수익률이 보장되는 것을 알면서 포기하게 된다. 지난 50년간 통계를 살펴보면 쌀값이 50배 오른 데 비해 땅값은 3,030배 올랐다. 정말 어마어마한 수익률이다. 현재 자신이 출근하는 사무실, 자신이 거주하는 아파트 지역의 20년 전 사진을 검색해 보면 체감할 수 있다. 20년 전에는 그야말로 허허벌판이었을 것이다. 1980년대 강남 아파트 가격이 8천만 원이었다. 30, 40대 정규직 직장인의 경우 20년 후 이렇게 될 지역의 땅 몇 필지만 매입해 놓고 은퇴한다면 어떻게 될까? 아마도 은퇴 후 돈 걱정은 없을 것이다.

진정한 은퇴를 위한 필수 조건은 경제적 독립이고, 그것을 이루는 핵심은 최고의 재테크 상품을 선택하는 것이다. 토지투자는 진짜 은퇴를 꿈꾸는 사람들에게 가장 강력한 재테크 상품이 될 것이다.

토지투자를 할 때는 믿을 만한 전문가를 친구로 두면 좋다. 바쁘게 직장생활을 하는 동안 믿을 만한 전문가를 곁에 두면 훨씬 쉽게 토지투자를 할 수 있다. 내가 짧은 기간 수백 명에게 토지투자 상담을 하면서 느낀 것은, 토지투자를 할 때 많은 지식이 필요하지 않다는 것이었다. 중학생이 이해할 수 있을 정도의 지식만 있으면 충분하다. 나는 토지투자 상담을 하면서 한 시간 정도 토지투자의 핵심만 교육해 준다. 그것만으로 토지투자를 충분히 할 수 있다. 중요한 것은 좋은 땅을 찾는 것보다 좋은 땅을 소개하고 관리해 줄 전문가를 만나는 것이다. 제대로 된 전문가는 남보다 빠른 정보로 한 발 빨리 움직이고 안전하게 관리해 줄 것이다. 바쁜 당신을 대신해 줄 전문가를 찾아라.

주변에 전문가를 사칭하는 사람이 많다. 가능한 빨리 종자돈을 준비하고, 진정한 전문가를 찾아 나서라. 모든 것은 당신의 선택에 달렸다. 어떤 재테크로 경제적 독립을 준비할 것인가? 보물 지도를 가진 것은 아무런 소용이 없다. 집을 나와 그 지도를 따라가는 것이 중요하다. 모든 재테크의 시작은 행동하는 실행력에 달렸다. 은퇴 기간을 생각하면서 최고의 재테크 상품을 찾기 바란다.

너무 성급하게 단기간만 바라보지 말자. 매주 도전하는 로또가 나에게 찾아오기는 어렵다. 농부가 봄에 씨앗을 뿌려야 가을에 결실을 본다. 한여름 가뭄과 찌는 듯한 폭염을 견디고, 태풍까지 견디고 나서야 수확의 기쁨을 누릴 수 있다. 그 후에는 풍년으로 인한 가격 하락의 고통도 감수해야 한다. 1년 농사를 짓는데도 이런 희로애락을 겪는다. 그런데 은퇴를 준비하는 긴 시간이 순탄하기를 바란다면 그것이 더 이상한 것이다. 결국 오랜 시간이 걸리고 수많은 어려움이 있어도 마지막에 나를 웃게 해 줄 재테크 상품을 찾자.

한 아이가 태어나 어른이 되는 기간만큼이 은퇴를 준비하는 기간이다. 너무 빨리, 너무 쉽게 하면 자칫 투기가 될 수 있다. 수영을 잘 하기 위해서는 긴 호흡이 필수다. 은퇴 준비를 잘하기 위해서도 긴 호흡으로 접근하고 최고의 수익률을 보장하는 재테크 상품을 선택하자. 지금 당장은 어렵고 힘들 것이다. 하지만 먼 훗날 행복한 은퇴를 상상해 보자. 그것을 향해서 오늘 힘들다면 술 한 잔하고 노래방에서 고래고래 소리도 질러 보자. 그리고 다짐하자. 나는 반드시 행복한 은퇴를 맞이할 것이다. 그리고 최고의 재테크 상품을 찾아서 실행하자. 은퇴라는 긴 시간을 활용할 최고의 재테크 상품을 눈에 불을 켜고 찾아 나서자. 그리하여 반드시 성공하자.

# 8
# 재테크로 토지투자를 선택할 이유

재테크를 시작하면서 '내가 희망하는 수익률은 얼마일까?' 한 번쯤 고민한 적이 있는지 묻고 싶다. 사람이란 욕심의 동물이라서 성급하고 참을성이 부족하다. 정선 카지노를 찾는 사람 가운데 대박 환상을 꿈꾸지 않는 사람은 없을 것이다. 대박 환상을 쫓아 그렇게 먼 곳까지 찾아가는 것이다. 그렇다면 그곳에서 어느 정도 수익을 얻으면 만족할까? 모든 것이 그렇지만 원칙이 없으면 결국 망하거나 원위치가 된다. 최소한 내가 투자한 금액의 2배만 된다고 해도 대박이 아닐까? 현재 금리는 2% 수준이다. 2배 수익은 정말 환상적인 수익이다. 하지만 카지노 현장에 있는 사람들에게 물어 보면 그 정도 수익을 원하면 카지노에 오지도 않았다고 할 것이다. 이게 사람의 욕심이다.

투자 상품마다 특성이 있다. 재테크로 토지투자를 선택하는 사람은 2배의 수익이 기본이 된다. 나도 미국 유학 시절 주말에 가끔 카지노를 다녔다. 카지노는 숙소에서 한 시간 이상 운전을 해야 갈 수 있는 외곽의 인디언 보호구역에 있었다. 그곳을 찾는 이유는 세 가지였다. 첫째, 맛난 음식을 저렴하게 제공하는 식당이 있다. 둘째, 적은 돈으로 환상을 경험할 수 있다. 셋째, 은퇴한 부부들의 행복한 모습을 볼 수 있다. 나는 그곳을 방문할 때 나만의 원칙이 가지고 있었다. 신용카드를 절대 지참하지 않고, 현금 100달러만 가지고 가는 것!

카지노에 가면 먼저 식사를 하고 천천히 카지노를 한 바퀴 돌아본다. 휠체어에 산소마스크를 착용하고 25센트 카지노 기계에서 즐거운 시간을 보내는 고령의 신사들을 보면서 진정한 은퇴 후의 행복이 무엇인지 깨닫게 되었다. 내 눈에 그들은 더없이 행복해 보였다. 모두 승패에 상관없이 삶을 즐기고 있었다. 한쪽에서는 잭팟이 터지고 환호성이 울린다. 번쩍이는 섬광 기계가 돌아가면 자체 경찰이 와서 신분을 확인한다. 곧 그분의 계좌로 현금이 이체된다. 그곳에서 돈을 버는 사람은 잭팟을 터트린 사람이 아니다. 그 돈을 가지고 즉시 그곳을 떠난 사람이다. 그곳에서 계속 카지노를 즐기면 잠시 내 통장 잔고에 숫자가 늘었다 다시 줄어들 뿐이다. 나는 100달러치 즐거움을 채우면 미련 없이 그곳을 떠났다.

카지노에서는 투자 금액에 10배 이상 잭팟이 터져도 이상하지가 않다. 그것은 투자가 아니기 때문이다. 현실에서 주식으로, 수익형 부동산으로 50%의 수익이 발생했을 때 아니 2배의 시세 차익이 발생했을 때 매도를 안 하고 버틸 사람이 얼마나 될까? 대부분 투자에 나서면서 자신의 목표 수익률을 정했을 것이다. 그것을 2배 이상으로 잡는 경우는 거의 없다. 다만 토지라는 상품은 예외로 몇 배의 수익률을 기본으로 잡는다. 즉 토지투자는 작은 수익이 아니라 큰 수익이 기본이다.

거기에는 이유가 있다. 주식의 경우 50%의 수익이 발생했을 경우 즉시 매도해서 현금화할 수 있다. 수익형 부동산의 경우도 2배 수익률이 발생했다는 것은 거래가 활발하나는 의미다. 휜금성이 보장되기 때문에 즉시 현금화할 수 있다. 이런 재테크 상품은 대부분 단기간에 투자가 이루어진다. 소위 말하는 '선수들'이 개입을 하기 때문이다. 투자자에게는 매우 좋은 기회이고 그렇게 될 수 있으면 모든 사람이 선호할 것이다.

하지만 그런 상품의 단점은 손실 위험이 아주 크다는 것이다. 투자는 수익보다 손실 관리를 얼마나 잘 하는가에 따라서 성패가 나뉜다. 여기에 토지투자의 매력이 있다. 첫째, 토지의 공시지가는 매년 국가에서 세금을 산정하는 표준이다. 따라서 국민의 항의를 받으면서까지 매년 공시지가는 상승하지 하락하지 않는다. 둘째, 토지는 가격의 오름 폭이 몇 배씩 상승해도 거래가 쉽게 이루어지지 않는다. 누구는 이를 토지투자의 최대 단점이라 말한다. 그런데 그것이 최대 장점이 되기도 한다. 쉽게 팔 수 없으므로 장기 보유를 하게 되고 그것은 미래에 10배 이상의 수익으로 돌아온다.

토지에 큰 가격 상승을 주는 주기는 보통 5년이다. 따라서 10년 정도 장기 투자에 나서면 다른 재테크 상품보다 월등한 수익률을 보장할 수 있다. 주식처럼 손쉽게 매매가 가능하다면 토지 역시 장기 상품이 되기 어렵고 수익률도 높지 않을 것이다. 그래서 매번 토지투자에서 가장 많은 수익을 가져가는 사람은 원주민이 아니다. 원주민은 정상 가격의 2배를 부르면 바로 매매한다. 그 땅을 소위 서울의 투자자들이 전부 매입한다. 그들은 5년, 10년 장기 투자에 나선다. 원주민이 2배를 받고 판 땅은 기본적으로 10배 이상 상승한다. 그래서 원주민은 속아서 팔았다고 하지만, 사실 당시의 시세를 받은 것이다. 토지는 장기 보유로 큰 수익을 보장하고, 기타 상품은 단기간에 적은 수익을 보장한다. 지난 50년간의 투자 상품 수익률을 살펴보자

2015년 한국은행 자료에 따르면 지난 50년간 한국의 땅값은 평균 3,000배 오른 것으로 나타났다. 한국은행이 16일 발표한 '우리나라의 토지자산 장기시계열 추정' 보고서에 따르면 한국의 명목 토지자산 가격 총액은 1964년 1조9,300억 원에서 2013년 5,848조 원으로 늘어났다. 50년 사이 3,030배가 된 것이다. 토지의 $m^2$당 평균가격은 1964년 19원60전에서 2013년 5만8,325원으로 2,976배가 됐다. 대지 가격은 같은 기간 389원30전에서 89만8,948원으로 2,309배가 됐다. 도로와 다리 등을 비롯한 기타 용지는 34원에서 10만5,762원으로 3,111배까지 뛰었다.

- 출처: 한국경제신문 2015.11.16.

직장생활 동안 무엇을 선택하든 이제 재테크는 필수가 되었다. 중요한 것은 '무엇을 선택할 것인가?'이다. 그 기준을 무엇으로 할 것인가? 이것은 각자 정하면 된다. 재테크 상품으로 토지를 단기 투자로 접근하라는 전문가도 많다. 나는 정년을 보장받는 직장인의 입장에서 은퇴라는 큰 목표를 두고 장기 전략 차원에서 토지투자를 권하고 싶다. 그것이 가장 안전하고 수익률이 높기 때문이다. 현재가 아닌 은퇴라는 미래를 보고 장기투자에 임할 때 토지는 가장 적합한 투자 상품이다.

살다 보면 목돈이 생길 때마다 꼭 돈 쓸 데가 생긴다. 그래서 단기로 벌은 적은 목돈은 수중에 남아 있지 못한다. 토지라는 재테크 상품의 특성은 봄에 씨앗을 뿌리고 가을에 풍성한 수확을 얻을 수 있다는 것이다. 다만 봄에 사막이 아닌 옥토에 씨앗을 뿌려야 한다. 나는 그 길을 돕고 싶다.

토지투자로 단기간에 환상을 꿈꾸지 마라. 수많은 부동산 전문가들이 몇 달, 몇 년 안에 대박 수익을 올린다고 환상을 심어 준다. 로또를 파는 사람, 경마장 마권을 파는 사람 말이 틀린 것이 아니다. 다만 확률이 적을 뿐이다. 토지투자로 3년에 2배 수익은 어려울 수 있지만, 20년에 20배 되는 것은 충분히 가능하다. 정말일까? 걱정이 된다면 지금 세종시에 20년을 바라보고 1억 원만 투자하라. 단 건축 행위가 가능한 토지에 투자하라. 그것이 어렵다면 전문가를 찾아 가면 된다. 적은 수수료를 감당하면 미래 가치가 있는 토지를 만날 수 있다.

지금 이 순간 밀려오는 영수증 처리를 하면서 한숨이 나올 것이다. 하지만 정년을 바라보고 구체적인 계획을 세우고 실천하면 미래는 달라질 것이다. 지금 변화하고 싶은 열망이 없으면 은퇴할 때까지 현 상황에서 절대 벗어날 수 없다. 《부자 아빠 가난한 아빠》가 말한 '새앙쥐 레이스'에서 벗어날 수 없다. 청구서 받는 삶에 한 번 빠지면 결코 거기서 빠져나오기가 쉽지 않다. 40세에 은퇴 시점에 맞춰 매입한 1억 원짜리 땅 한 필지가 60세 은퇴할 때 20억 원이 된다면 남은 직장생활이 힘들지 않을 것이다.

어떤 재테크 상품을 선택할 것인가? 은퇴라는 목표를 향한 재테크 레이스 경주에는 코스마다 수익률이 정해져 있다. 가장 낮은 코스에서는 아무리 달려도 목표를 달성하기 어렵다. 가장 높은 수익률이 정해진 코스를 선택해야 한다. 같은 시간을 투자하면 최고의 성과를 낼 수 있는 길을 선택해야 한다. 이것이 재테크로 토지투자를 선택할 이유가 될 것이다.

# PART 3

# 성공적인 은퇴 전략 세우기 II

# 1
# 은퇴 준비 재테크를 쇼핑하라

당신은 지금 경제적으로 여유가 있는가? 바로 그렇다는 대답이 나오지 않는다면 은퇴 준비에 문제가 있는 것이다. 자신의 경제 상황을 점검해 보기 바란다. 내 상황에 맞는 소비와 투자를 병행하는지 점검할 필요가 있다.

하나투어에 따르면 2019년 설 연휴 기간 외국 여행객이 전년 대비 약 10.5% 증가했다고 한다. 연휴 기간에 외국으로 여행을 떠나는 사람이 점점 증가하고 있다. 황금연휴 기간에 여행 상품을 이용하면 비수기 대비 약 2배 이상 비싼데도 그렇다. 그마저도 하늘에 별 따기 만큼 힘들어 티켓 구하기 전쟁을 치러야 한다.

몇 년 전 추석 연휴에 외국 여행을 다녀왔다. 처음으로 휴식이 필요해서 떠난 여행이지만 가격이 만만치 않았다. 4인 가족 여행객이 많았다. 대부분 나이가 많아 보이지 않았고, 30대 직장인 가족이 많았다. 4인 가족이면 대략 2천만 원 정도가 소요된다. 그 2천만 원을 한 번의 여행으로 소비할 것이 아니라, 20년을 바라보고 땅에 투자하면 어떻게 될까 생각해 보았다. 땅이라면 20년 만에 20배 수익은 충분하다. 그렇다면 4억 원이 된다. 한 아이의 학자금, 결혼 자금이 될 수 있다. 명품 백에 멋진 차를 사고 싶은 욕망은 다 가지고 있다. '한 번뿐인 인생 뭐 있어. 즐기고 보는 거지.' 아직도 많은 사람이 힘들게 번 돈을 쉽게 소비해 버린다. 자산과 부채를 구분하는 법, 재테크의 기본을 배운 적이 없기 때문이다.

군 생활할 때의 일이다. 젊은 친구들이 자동차를 선호하던 시절, 결혼도 안 한 후배가 운전면허를 취득하자마자 자동차를 사고 싶어 했다. 당시에는 자전거로 출퇴근을 하던 시절이었다. 나는 꼭 필요한 게 아니면 나중에 사라고 조언했다. 하지만 꼭 자동차를 사고 싶다고 했다. 서울 장안평 중고자동차 매장에 아는 후배가 있어서 특별히 부탁을 하고 방문을 했다. 담당자는 작고 아담한 프라이드를 추천했다. 3년밖에 안 된 자동차로 관리도 잘해서 깨끗하고 처음 장만하는 자동차로 딱 좋았다. 하지만 젊은 후배는 중고차를 못마땅하게 생각하고 돌아섰다. 그 후 그는 부모님에게 도움을 받았는지 멋진 중형차를 뽑았다. 본인의 선택을 누가 말릴까?

그 후배는 아직까지 집 장만도 못한 채 결혼해서 관사 생활을 하고 있다. 아들 둘이 있는데 초등학교를 다닌다. 다른 동기들은 결혼해서 아끼고 절약한 덕분에 대부분 자기 집을 마련했는데 말이다. 그를 볼 때마다 마음이 아프다. 아이들 학비 부담은 점점 늘어나고

10년 후면 퇴직인데. 미래가 빤하게 보인다. 자녀 대학 학자금, 결혼 자금, 은퇴하고 거주할 집, 모든 것이 만만해 보이지 않는다. 물론 앞으로 남은 10년 동안 어떻게 준비하느냐에 따라 노후가 달라질 것이다. 부모에게 물려받은 재산이 없으면 한 푼이라도 아껴야 한다. 목돈이 어느 정도 모일 때까지 쇼핑을 줄이고 투자에 나서면 좋겠다. 새 차를 타는 즐거움은 한 순간이다. 매달 자동차 할부금, 유지비, 수리비, 보험료가 빠져나간다. 꼭 필요하지 않다면 중형차 한 대 살 돈으로 외곽에 쓸 만한 땅 한 필지를 사놓고 잠시 대중교통을 이용하라. 어찌 아는가? 10년 후 자동차 한 대가 아파트 한 채 가격으로 불어날지.

돈이란 처음에 모으는 것이 어렵지, 어느 정도 준비되고 나면 알아서 불어난다. 그게 돈의 힘이다. 땅이라는 투자 상품도 마찬가지다. 처음에는 움직임이 느려 불안함이 느껴지는 것이 사실이다. 하지만 땅은 한 번 오르기 시작하면 무서운 속도로 탄력이 붙는다. 당신이 매입한 땅 주변에 새로운 건물들이 올라가고, 부동산 중개업자에게서 계속 땅을 팔라는 귀찮은 전화를 받는 즐거운 상상 놀이를 해 보라. 잠시의 즐거움을 선택할 것인가? 아니면 미래의 행복한 노후를 선택할 것인가? 선택은 본인의 의지에 달렸다. 《부자 아빠 가난한 아빠》의 로버트 기요사키는 이렇게 말한다.

"오직 우리 자신만이 자신의 운명을 결정할 수 있다. 돈을 어리석게 쓰는 것은 가난을 선택하는 것이다. 돈을 부채에 써 버리면 중산층에 합류하게 된다. 그것을 정신에 투자해 자산을 취득하는 방법을 배운다면 당신은 부유함뿐만 아니라 목표와 미래까지 결정하는 셈이다. 선택은 당신만의 몫이며, 오직 당신에게 달려 있다. 매일매일, 한 푼 한 푼을 어떻게 쓸지 선택할 때마다 당신은 부자나 중산층, 또는 가난한 이가 되기로 결정하는 것이다."

지금 내가 가난하다면, 최소한 은퇴 후는 돈 걱정 없는 노후를 꿈꾸어 보자. 그것이 자녀를 외국 여행에 데리고 가는 것보다 더 중요한 교육이다. 다행인 것은 현명한 20대가 늘고 있다는 사실이다.

하루는 국제전화를 받았다. 항해사로 배를 몰고 다니는 25세 청년이었다. 한국에는 한 달에 한 번 정도 들어온다고 했다. 미래를 위한 투자를 결혼하기 전부터 시작해야 될 것 같다며 도움을 청했다. 정말 이런 친구를 만나면 무엇이든 도와주고 싶다. 한 달 뒤 인천항에 입항했다며 사무실로 찾아 왔다. 배를 타고 다니니 돈 쓸 일이 없고, 급여가 높아도 신경 안 쓰고 가장 안전하게 투자할 수 있는 것이 땅이라 생각한다며 야무진 꿈을 밝혔다. 내 눈에 그 친구의 행복한 미래가 보였다. 정확한 투자 마인드, 목표 설계, 방법까지 준비되어 있었다. 이 친구의 최종 목표는 50대에 빌딩 5개, 아파트 30가구, 월 5천만 원의 임대 수입이다. 결과를 떠나서 그의 목표가 너무 부러웠다. 누군가는 유흥비를 마련하려고 편의점 아르바이트를 나간다. 당신은 현재 어떤 선택을 하고 있는가? 세상에서 가장 재미있는 일이 돈 쓰는 재미라고 한다. 그 진정한 즐거움이 마르지 않는 소득에서 나올 때까지 잠시만 쇼핑을 멈추고 투자에 나서면 좋겠다.

우리는 20년 가까이 교육을 받으면서 제대로 된 경제 교육, 재테크 교육을 받은 적이 없다. 오직 스펙 쌓는 교육만 받았다. 그래서 재테크에 관한 것은 사회생활을 하면서 보통 어깨 너머로 배운다. 엄청난 돈을 허비하게 만드는 토익 공부 대신 그 돈을 경제 교육에 투자했다면 가난을 벗어나 부자의 길로 들어가는 데 훨씬 도움이 되었을 것이다. 이제는 집에서 자녀에게 경제 교육, 돈 공부 좀 시켰으면 좋겠다. 그것을 제대로 깨우치고 나면 쇼핑 중독에서 벗어나 투자를 생각하지 않을까?

아무리 말려도 안 되는 것이 자식 교육이다. 그건 성인이 되어서도 마찬가지다. 부모에게서 아무런 경제 교육을 받지 못한 자녀가 성인이 되었다고 경제관념을 갑자기 갖추지 않는다. 자녀 교육 중에 꼭 필요한 교육이 경제 교육이라 생각한다. 경제신문을 읽게 하고, 재테크 교육을 시켜라. 명문대학을 나와 평생 가난하게 사는 것보다 대학을 안 나와도 경제적 독립을 이루는 것이 더 좋을 것이다.

내 지인 중에 상담일을 하는 강사님의 자녀는 정말 놀랍다. 요즘 잘 나가는 직업 1위가 바로 유튜버인 건 다들 알 것이다. 그분의 초등학생 자녀는 게임 유튜버로 돈을 벌고 있다. 더 놀라운 것은 자신이 버는 돈으로 삼성전자 주식을 사 모으는 중이란다. 초등학생이 장기적 관점에서 우량주에 투자하고 있다. 그 돈으로 미국 유학 자금까지 스스로 해결하겠다는 이야기를 들으면서 놀랍고 대견했다. 현대의 고 정주영 회장은 초등학교밖에 안 나왔어도 명문대학 유학파들이 서로 현대그룹에 입사하려고 줄을 섰다. 경제관념이 없는 직장인들은 처음부터 신용카드, 무이자 할부, 대출, 마이너스 통장에 대한 개념이 없다. 그것을 그냥 ATM 기계처럼 언제든지 현금이 나오는 마법 시스템으로 생각한다. 그러면 은퇴 순간까지 매달 할부금 영수증을 처리하다 끝나는 인생이 된다. 사회생활을 시작하는 순간부터 미래를 향한 재테크에 신경 써야 한다. 진정한 쇼핑의 즐거움은 내 돈이 아니라, 투자로 벌어들인 수익으로 해결하자. 얼마나 당당한 일인가?

주식투자를 하는 사람들은 오전 시황이 좋으면 동료에게 맛난 점심을 한턱 쏘곤 한다. 물론 오후 주식 시황이 안 좋아 이중으로 배가 아팠던 기억이 있을 것이다. 젊은 시절 타인을 의식하는 삶에서 벗어나 행복한 노후를 미리 준비하라. 멋진 은퇴를 생각한다면 잠시의 유혹에서 벗어날 수 있다.

사치는 마약과 같다. 돈이 없어도 꼭 백화점만 고집하는 사람이 있다. 시간은 없고 돈이 많은 사람이라면 백화점을 추천한다. 짧은 쇼핑으로 자신의 시간을 절약할 수 있기 때문이다. 문제는 시간이 남아돌고 돈이 없는 사람들이다. 진정한 행복을 원한다면 소비를 위한 쇼핑과 이별하자. 그것이 최선의 방법이다. 유혹을 참기 위한 마시멜로 시험 결과를 모두 알고 있지 않는가? 잠시 사치의 유혹, 타인의 시선에서 벗어나 보자. 잠시 멈추어 자신의 미래가 어디로 가고 있는지 확인해 보자. 은퇴를 준비하는 최고의 방법은 소비가 아니라 재테크를 쇼핑하는 것이다. 지금부터 장바구니에 최고로 멋진 재테크 아이템을 가득 담아 보자.

# 2
# 은퇴를 위한 재테크 판을 바꾸자

자본주의 세상의 영원한 숙제가 바로 재테크다. 그런데 왜 학교에서는 재테크 교육을 해 주지 않는 것일까? 거대한 자본가들이 만든 교육은 절대로 그들을 따라 하지 못하게 만든다. 자신들이 만든 거대한 성이 무너질지 모르기 때문이다. 모든 교육은 좋은 대학, 좋은 직장에서 평생 부자들을 위한 직장인이 되도록 가르친다. 그렇게 정교하게 만들어진 시스템을 학교에서 교육한다. 교육자들 역시 그 시스템 안에서 평생 살아온 사람이다. 그러니 당연히 자식에게 그 교육 시스템을 강요한다. 그러면서 자식들이 자기보다 더 낫게 살기를 바란다. 이 얼마나 심각한 모순인가?

왜 대기업 오너 자식들은 선진국에서 유학을 할까? 단순히 돈이 많아서일까? 절대로 아니다. 우리와 다른 교육 시스템 때문이다. 1960년대 부모 세대는 제대로 교육을 못 받아서 그렇다고 치자. 지금 부모들은 자식들에게 자기와 같이 살라고 강요하고 있다. 더 이상 좋은 대학, 좋은 직장은 없다. 다만 평생 남을 위해 일하길 원하는 직업교육이 있을 뿐이다.

거대 중국에서는 일주일에 유니콘 기업이 두 개씩 설립되고 있다. 유니콘 기업은 기업 가치 10억 달러(1조2천억 원) 이상의 기업을 말한다. 그들이 좋은 대학, 좋은 직장에 취직해서 유니콘 기업을 만든 것이 아니다. 힘들어도 도전하도록 만든 사회 시스템 덕분이다. 지금 우리 교육 시스템은 유니콘 기업이 아니라 직장인으로 은퇴 후의 삶을 걱정하며 정년을 맞이하게 만든다.

지금 우리 스스로 변해야 한다. 대학 공부가 아니라 스스로 자신의 미래를 개척할 부자로 가는 길로 바꾸어야 한다. 부자들이 만든 시스템에서 벗어나 새로운 길을 선택한 청년들이 일주일에 두 개씩 유니콘 기업을 만들어내는 세상이다. 우리도 할 수 있다. 최소한 유니콘 기업은 아니어도, 은퇴 후의 삶은 바꿀 수 있다. 그러기 위해서 재테크 판을 새롭게 바꿀 필요가 있다.

우스갯소리로 대한민국 퇴직자의 종착지는 '치킨집'이라는 말이 있다. 이를 언제까지 당연하게 받아들여야 할까? 사람들이 당연하게 진입하는 곳에는 항상 경쟁이 치열하다. 홍대에 카페와 치킨 집은 500개가 넘는다. 누군가는 창업, 누군가는 폐업을 반복한다. 은퇴자의 폐업은 단순한 문제가 아니다. 직장에서 받은 마지막 퇴직금을 날리는 것이다. 남아 있는 돈, 젊음까지 폐기처분하는 것이다. 무엇이 잘못된 것일까? 평생 한 직장에서 죽도록 일하고, 퇴직해서 한 푼이라도 더 벌어 보겠다고 다시 자영업을 시작한 것이 무슨 잘못이기에 폐업을 당하는 것일까? 이제라도 진정한 은퇴로 가는 길, 행복한 노후를 준비하는 방법을 과감히 바꾸어 보자.

일본 혼다의 소이치로 회장은 이렇게 말했다. "실패를 두려워하지 말고, 아무것도 하지 않는 것을 두려워하라." 불안하고 위험한 것은 폐업이란 종착지를 알면서도 남들을 따라가는 무모함이다. 이제 폐업을 향해 달리는 기차에서 탈출하라. 과감히 달리는 기차에서 탈출한 여러분을 축하한다. 이제 시작이다. 중요한 것은 재테크 판을 바꾸는 노력을 남보다 일찍 시작하라는 것이다.

평범한 직장인의 재테크는 페라리를 몰고 다니는 부자가 아니다. 은퇴 후 경제적 독립을 원하는 것이다. 재테크 판을 바꾸라는 의미는 직장인, 은퇴자 모두에게 해당된다. 1990년대, 2000년대의 패러다임은 끝났다. 부자들은 항상 최고의 조언자 그룹을 두고 움직인다. 그런데 평범한 직장인들은 이 순간에도 과거의 재테크에 머물러 있다. 그러면서 부자들을 상대로 돈을 벌려고 한다. 첨단과학 기법으로 무장하고 모든 정보를 가지고 있는 그들을 이기려고 하지 말자. 기존의 습관을 버리고 부자들을 연구하고 따라가면 된다.

과거 직장인들이 편하게 접근했던 아파트, 오피스텔의 경우 갭 투자 몰락으로 힘들어하는 사람들이 한둘이 아니다. 20년 전 최고의 수익률을 준 것은 아파트였다. 지금 아파트에 투자해서 과거처럼 몇 배 수익을 기대하기는 어렵다. 지인 중에도 2000년 초반 아파트 투자로 재미를 본 경험으로 서울 재개발조합원 입주권에 투자했다 사업 진척이 늦어지면서 10년 넘게 마음 고생하는 것을 보았다. 과거 벤처 바람이 불 때 코스닥에 투자한 사람들은 어떤 종목인지도 모르고 벤처 이름만 들어가도 '묻지 마' 식으로 투자를 했다. 물론 그 광풍은 1년도 넘기지 못했다. 최근에도 주식, 선물, 옵션, 사설 경마, 카지노, 로또, 아파트 갭 투자로 직장생활에 지장을 받는 사람이 늘고 있다. 재테크로 큰 손실을 보고 부부싸움을 하는 경우도 많다.

마지막 남은 종자돈을 들고 내게 투자 상담을 받으러 오는 부부는 금실이 좋은 경우다. 모든 재테크를 마다하고 착실히 은행 저축으로 종자돈을 모은 슬픈 이야기도 있다. 어떤 사람은 10년간 열심히 저축해서 1억 원을 간신히 마련한 뒤 자신만만하게 부동산 중개업소를 찾았다가 문전박대를 당했다고 한다. 1억 원으로는 10평짜리 오피스텔도 매입할 수 없기 때문이다. 자신이 한 달에 100만 원을 저축할 당시, 10만 원도 저축할 형편이 못 되던 사람들은 10년 전 은행 대출로 매입한 아파트와 땅값이 천정부지로 올라 열심히 저축한 자신보다 훨씬 부자가 된 것을 보고 열심히 저축한 자신이 얼마나 억울한지 잠이 안 왔다고 한다.

이제 정말 재테크 판을 바꾸어야 한다. 그것도 가능한 빨리 바꾸어야 한다. 직장생활, 결혼생활 초기에 바로 시작하자. 은퇴가 얼마 남지 않았다면 더욱 빨리 시작하자. 어차피 100세 시대이다. 우리가 꿈꾸는 것은 진짜 은퇴다. 평범한 직장생활로 단기간에 부자가 되기는 어렵다. 우리가 재테크 판을 바꾸려는 이유는 기존 방식으로는 결국 가짜 은퇴가 되어 새로운 시간 노동자가 되기 때문이다. 재테크 판을 바꾸기 위해 딱 세 가지만 실천하자.

첫째, 재테크(돈 공부) 기본을 공부하자.

둘째, 남보다 빨리 재테크를 시작하자.

셋째, 남이 가지 않은 길을 가자.

과거의 재테크는 주식, 아파트, 펀드, 상가 등 대부분 단기 투자 상품으로 지금보다 수익률이 매우 높았다. 그러나 지금은 정반대다. 투자의 3요소, '수익성, 안전성, 환금성'이 보장되는 새로운 재테크 상품으로 판을 바꾸자. 가장 필요한 것은 최적의 재테크 교육이다. 국영수가 아니라 제대로 된 재테크 교육을 받아야 한다. 그동안 친구 따라 강남 갔다면 이제부터는 제대로 공부해서 나 홀로 강남에 갈 수 있어야 한다. 진짜 은퇴로 가는 최고의 재테크는 '토지투자'다. 이것은 역사와 통계 자료가 증명해 주고 있다. 한국은행, 통계청 자료에 따르면 1964년부터 2016년 사이 토지 상승률은 3,617배였다.

사례 하나를 보자. 평택의 택시기사가 승객과 토지투자 이야기를 나누다 투자하게 된 경우다. 2012년 총선이 끝나고 너도나도 정치 이야기를 할 때 택시기사는 승객에게 농담처럼 "뭐 좋은 재테크 상품 없을까요?" 하고 물었다. 그러자 승객이 그냥 욕심 없이 "지제역 앞에 있는 땅이나 사놓으세요. 현재 평당 200~300만 원 하니까 소액이라도 투자해 놓으면 좋을 겁니다." 며칠 후 그 택시

기사는 5천만 원으로 지제역 근처 땅에 소액 지분투자를 했다. 현재 지제역사 주변 시세는 평당 1~2천만 원이다. 손님의 이야기를 듣고 실천한 택시기사는 성공적인 투자를 한 것이다. 남들이 외면하는 토지투자로 10년도 안 되어 10배의 수익을 본 것이다.

직장인들의 재테크 판을 바꾸어야 하는 궁극적 이유는, 30년이란 세월을 한 직장에서 쉬지 않고 일한 것에 대한 보상을 제대로 받기 위해서다. 5일 근무, 2일 휴식을 30년간 반복했다. 누구를 위해서였을까? 물론 가족을 위해서다. 1년에 딱 한 번 히계휴가를 제외하고 30년간 직장인으로 살았다. 그리고 60세 은퇴를 했다. 그런데 다시 시간 노동자로 살아야 한다면 너무 잔인한 것이 아닐까? 누구보다 성실하게 30년간 일한 모든 은퇴자들이 제대로 된 보상을 받게 해 주고 싶다. 60세 은퇴 후에는 부부가 손을 잡고 행복한 노후를 즐기게 해 주고 싶다.

그런데 과거의 재테크 방식을 가지고는 불가능하다. 은행 금리, 수익형 부동산, 자영업 등으로는 진짜 은퇴를 보장할 수 없다. 은퇴 후 매달 생활비가 발생하는 시스템을 준비해야 한다. 어려운 것이 아니라 어떤 재테크를 선택하는가에 달렸다. 수백 명 투자 상담을 하면서 직장인들의 한숨을 좀 더 듣지 못한 것이 후회되었다. 하지만 아무리 좋은 교육과 강의를 들어도 실천하지 않으면 전부 시간 낭비다. 소수만 실천에 옮길 뿐이다. 덕분에 그들은 남과 다른 삶을 맞이하는 행운을 얻는다. 정년퇴직을 진짜 은퇴로 만나고 싶다면, 남과 다른 재테크를 선택하라. 평범한 재테크를 따라 하면서 은퇴 후 남과 다른 삶을 기대하면 안 된다. 당신이 선택한 재테크 결과가 은퇴 후 삶을 결정할 것이다. 선택은 당신의 몫이다.

내가 재테크 판을 바꾸자고 강하게 주장하는 것은 지금 상황이 과거와 다르기 때문이다. 1990년대는 저축이 곧 재테크였다. 10%가 넘는 고금리 시대였다. 지금으로는 감히 상상할 수 없는 높은 금리였다. 저축으로 원금을 2배로 만드는 공식인 '72법칙'을 알아보자. 가령 연 6% 복리 수익률로 원금이 2배가 되는 기간은 72÷6(%)이므로 12년이 소요된다. 현재 시중금리 72÷1.5(%)를 적용하면 원금이 2배로 되는 데 48년이 걸린다. 따라서 정년까지 남은 시간을 계산해서 최선의 재테크를 선택해야 한다. 연봉을 내가 결정할 수는 없지만, 나만의 재테크 상품은 내가 결정할 수 있다.

투자 기간에 따른 최고의 수익성, 안전성을 고려해서 선택하라. 자동차와 비행기는 무엇을 선택하는가에 따라서 이미 도착 시간이 결정된다. 재테크 역시 마찬가지다. 안전한 적금을 선택하고 노후 준비를 마쳤다고 할 수 없다. 자신의 정년 기간을 계산해서 작은 위험을 감수하더라도 완벽한 노후 준비가 될 새로운 방법을 찾아야 한다. 이것을 미루면 결국 은퇴 후 행복은 기대하기 어렵다. 기나긴 직장생활 중에 행복한 퇴직의 순간을 얼마나 기다렸던가? 그것을 위해 새로운 재테크 판을 바꾸어 보자.

# 3
# 입사 동기생들과 투자 공동체를 만들어라

　사회생활을 하면서 수없이 많은 사적 모임을 만나게 된다. 지금 당신에게 가장 소중한 모임은 무엇인가? 나도 여러 모임에 참여하고, 내가 직접 운영하는 모임도 있다. 그런데 대부분 첫 사회생활을 하면서 함께 인연이 된 모임이 가장 끈끈하게 오래도록 유지되는 것 같다. 그 인연이 바로 입사 동기이다. 군대로 치면 입대 동기생이다. 무슨 일이 생기면 묻지도 따지지도 않고 동기 편을 들게 된다. 만약 형제보다 친한 동기들과 투자 공동체를 만든다면 어떻게 될까? 나중에 결혼을 하고도 평생 가족 같은 관계를 유지할 수 있을 것이다.

　부자들이 다양한 인맥을 가지고 있는 것을 보면 새삼 놀라게 된다. 강철왕 앤드류 카네기의 묘비명이 떠오른다. "자기보다 우수한 사람을 자기 곁에 모을 줄 알았던 사람 여기 잠들다." 결국 혼자 힘에는 한계가 있다. 투자도 마찬가지다. 정말 부자가 아닌 다음에는 혼자서 투자금을 전부 마련하는 것이 어렵다. 토지투자도 마찬가지다. 정말 좋은 입지 조건을 가진 땅을 찾았는데 자금이 부족해서 포기하는 경우가 많다. 분명히 돈이 되는 지역이라면 대출 부족, 자금 부족으로 포기하지 말고 동기생끼리 투자 공동체를 만들어 보자.

최근 소액 지분투자가 대세를 이루고 있다. 그런데 전혀 모르는 사람들과 지분투자를 하는 것보다 평생 함께할 사람들과 투자 공동체를 형성한다면, 중간에 살짝 누군가 흔들려도 함께 그것을 헤쳐 나갈 수 있다. 입사 동기생과 함께 투자에 나서길 추천한다. 그렇게 성공한 사례를 만나 보자.

충남 계룡시는 전국에서 가장 적은 인구로 시가 만들어진 군인 특화 도시다. 그곳에 삼군 본부가 있어서 군인들의 도시라 부른다. 그곳에서 함께 근무하던 동기생들과 주말농장으로 사용할 땅을 공동으로 매입했다. 계룡시 엄사면 유동리에 지목이 전으로 된 170평을 평당 8만 원(총금액 13,600,000원)에 동기생 세 명이 공동으로 투자했다. 주말이 되면 가족이 모여서 상추, 고추, 오이, 호박을 서로 나누어 먹는 재미가 쏠쏠했다. 7년 세월이 흘렀는데 부동산에서 팔라는 연락이 와서 가격을 물어 보니, 평당 41만 원을 제시했다. 7년간 열심히 주말농장으로 이용했기에 동기생들과 정든 땅을 팔고 싶지 않다고 했다. 7년간 땅값은 5배가 올랐다. 역시 같은 목적, 같은 목표, 같은 방향을 바라보는 사람들에게 땅은 배신

하지 않았다. 주말농장으로 신선한 채소를 공급받으면서 더불어 엄청난 땅값 상승까지 안겨 주었다. 덕분에 세 가정은 더욱 친밀한 사이가 되었다. 인근 논산시가 국방산업 특화단지로 개발된다고 하니 향후 땅값은 점점 더 오를 것이다.

이렇게 동기생들과 투자 공동체를 만들면 서로에게 큰 힘이 된다. 부담 없이 투자한 적은 금액이 큰 종자돈으로 불어날 것이다. 아직도 정년퇴직이 10년 이상 남아 있다고 한다. 그분들이 정년퇴직을 할 때쯤이면 논산시 국방산업 특화난지가 완성될 것이다. 향후에도 10배 이상 가격이 상승하리라 예상된다. 정년퇴직 시 안정된 군인 연금으로 생활하고 부담 없이 투자한 소액 지분투자가 큰 목돈으로 또 하나의 행복한 은퇴 자금이 되어 줄 것이다. 이것이 욕심 없이 생활하면서 소액 지분투자가 돈이 되는 토지투자의 매력이다.

소액으로 장기 투자에 나설 때 동기생들의 힘은 참으로 위대하다. 만약 전혀 모르는 사람들과 함께 지분투자에 나서면 조금 올랐을 때 누군가는 팔자고 하여 어쩔 수 없이 매도해야 하는 경우가 많다. 지금은 같은 취미를 가진 동우회 사람들끼리 공동 투자를 하는 경우도 종종 만난다. 술 마시고 놀러 다니는 모임도 좋지만 미래를 위한 투자 공동체를 만들어 나가는 것이 진정한 인맥 레버리지를 구축하는 방법이다. 빨리 가려면 혼자 가고, 멀리 가려면 함께 가라고 했다. 힘든 시절을 함께 보낸 동기생들끼리 행복한 은퇴 준비를 함께한다면 더없이 좋을 것이다.

토지투자는 위 사례처럼 장기 투자의 관점에서 접근하면 가장 안전한 재테크 수단이다. 무엇을 하든 혼자가 아닌 팀으로 공동체를 만들어라. 서로의 에너지로 함께 만들어 가는 재테크는 직장인들의 또 다른 매력이다. 자금 여유가 있을 때는 단독 투자, 자금에 여유가 없을 때는 공동 투자. 무엇을 선택하든 은퇴를 위한 최고의 선택이 될 것이다. 미래를 함께 만들어 가는 공동체는 무엇을 해도 잘된다. 아이들이 자라는 모습을 함께 바라보듯이, 공동체의 힘으로 진짜 은퇴를 위한 멋진 미래를 함께 만들어 간다면 세상에서 가장 멋진 은퇴 준비가 될 것이다.

# 4
# 직장인의 재테크 '선투자 후저축'

초저금리 시대를 맞이하여 과거처럼 저축을 재테크 수단으로 생각하는 사람은 없다. 저축은 현금을 안전하게 보관해 주는 금고일 뿐이다. IMF 시절에는 20%의 높은 금리를 받을 수 있었다. 정말 꿈같던 시절, 부자들에게 돈이 돈을 벌어 주던 최고의 호황기였다. 지금은 일본을 비롯한 유럽에서 은행에 저축을 할 때 마이너스 금리를 제시한다. 은행이 안전하게 현금을 보관해 주니 금리가 아닌 보관료를 지불하라는 것이다. 평범한 직장인들에게 노후를 대비한 재테크 없이 현재의 경제적 어려움을 해결할 방법은 없다. 하지만 저축은 답이 아니다.

급격하게 월급이 오르는 것도 아니고, 언제 퇴사 통보를 받을지 모르는 상태에서 직장인들은 열심히 재테크 모임, 독서 모임, 주식 모임, 로또 모임 등 수많은 재테크 관련 모임을 찾아 나서고 있다.

그런데 항상 원금 손실이라는 불안감이 가득하다. 정말 로또 말고는 답이 없다고 말하는 청년을 많이 만난다. 그럼 현재 부자들은 어떻게 부자가 되었을까? 그들의 방법을 따라 하자.

최근 공무원인 지인을 만났다. 가까이 있지만 1년 이상 얼굴 본 지가 오래된 친구다. 지방에 근무하다 서울로 발령받은 지 얼마 안 된 친구였다. 보기보다 얼굴이 좋아 보여서 무슨 좋은 일 있느냐고 물었더니, 그동안 참 자신이 바보처럼 살았다고 대답했다. 서울에 근무하라고 하면 전세가 비싸서 못 간다고 포기했었는데 왜 그랬는지 후회된다고 했다. 지방에 근무할 때 동료들과 하는 이야기는 뻔했다. 캠핑, 운동, 등산이 이야기 소재의 전부였다. 서울에서는 부동산과 재테크 이야기만 해서 별천지 같고, 배울 것이 너무 많다는 것이다. 더불어 가족도 좋아하고 진작 서울로 못 온 것이 후회된다고 했다.

내가 재테크 좀 하느냐고 물었더니 아파트 갭 투자로 1억 원 정도 벌었단다. 재건축 아파트도 보고 있는데 자신이 10년간 저축한 것보다 서울 와서 재테크로 번 수익이 더 많다는 것이다. 올해부터는 아파트가 아닌 토지 쪽으로 다들 관심을 보여서 자신도 토지투자 공부를 시작했다고 했다. '말은 태어나면 제주도로 보내고, 사람은 서울로 보내라.'는 옛말이 맞는 것 같았다. 투자에 전혀 관심이 없던 친구의 변화가 놀라웠다. 투자 자금은 어떻게 마련했냐고 물었더니 역시나 부자들이 사용하는 방법대로 은행 대출을 이용했다는 것이다. 지방에 있을 때는 대출 금리가 높다고 주변에서 다들 말렸는데, 서울에 오니 정반대로 은행 대출을 최대로 받아 투자에 나서고 있다는 것이다. 그 친구가 서울 와서 정말 많이 변했다는 생각이 들었다.

정년을 보장받는 직장인들에게 최고의 기회는 바로 '선투자 후저축'이다. 친구는 이런 최고의 방법을 몸소 실천하고 있었다. 공무원 신분이라 대출받기도 유리하고 금리도 그리 높지 않기 때문에 대출을 받아서 투자하고 이자만 내는 방식으로 재테크를 하고 있다는 것이다. 지방에 있을 때는 대출 이자를 겁냈지만 서울에서는 그렇게 말하는 사람이 한 명도 없다는 것이다.

지금 이 순간도 부자들은 은행 돈을 이용해서 새로운 투자에 나서고, 새로운 사업을 만들어 나간다. 최고의 레버리지는 내 돈이 아닌 타인의 자산을 이용하는 것이다. 5년간 은행에 저축해서 아파트와 땅을 매입하려고 하면, 일반적으로 아파트는 20~30%, 땅은 2~3배 가격이 상승한다. 저축으로 목돈을 만들어 부동산을 매입하는 것이 아니라, 먼저 은행 대출로 부동산을 매입하는 선투자, 그 이자를 갚는 후저축 방식이 최고로 안전한 방법이다. 누구는 이것을 두려워한다. 은퇴를 준비하는 사람들이 가장 두려워할 것은 아무것도 시도하지 않고 시간을 보내는 것이다. 아무것도 준비하지 않고 변화를 기대하는 것만큼 어리석은 것은 없다.

여기서 한 가지 명심할 것이 있다. 대출을 활용해 투자에 나설 때 절대로 무모한 도전을 하면 안 된다. 투자와 투기는 다르다. 대출로 마련한 투자금을 불타면 없어지는 곳에 투자하지 마라. 한순간에 투자가 투기로 바뀌면 안 된다. 토지는 그런 위험을 피할 수 있다. 중년의 직장인들이 꿈꾸는 것은 딱 하나다. 직장생활 마치기 전에 자녀들 대학 마치고 결혼식까지 올리는 것이다. 그런데 더 중요한 것이 남았다. 바로 부부의 은퇴 자금을 준비하는 것이다. 만족할 만큼 월급을 받는 직장인이 얼마나 될까? 특히나 공무원 월급은 늘 부족하다. 웬만한 기업에서 모두 지원하는 대학 학자금도 전부 대출금이다. 퇴직할 때까지 전부 상환하지 못하면 퇴직금에서 일시 상환을 해야 한다. 은퇴할 때 그것 때문에 스트레스 받는 동료를 많이 보았다. 결국 적은 월급으로 은퇴까지 최고의 레버리지를 활용해서 재테크를 준비하지 않으면 안 된다. 그것은 바로 안정된 직장에서 대출을 활용한 '선투자 후저축' 방식이다.

누구는 직장 때문에 대출도 안 된다고 하는데, 직장 덕분에 저금리로 대출을 받을 수 있다는 것은 행운이다. 20대에 결혼한 지인 아들의 경우도 마찬가지다. 20대 후반에 일찍 결혼을 했지만 모아 놓은 돈이 있을 리 없었다. 결국 그들도 선투자 후저축 방식을 선택했다. 첫 투자라 무리 없이 5천만 원을 대출할 수 있었다. 신혼이라 아직 자녀가 없다. 투자 기간도 충분하다. 미래를 보고 먼 안목으로 투자를 했다. 당진의 비도시지역 중 미래 가치가 충분한 지역의 건축 가능한 계획관리 땅을 선택했다. 5년 후 2~3배 수익이 목표다. 그럼 다시 원금 5천만 원을 갚고, 나머지 1억 원으로 10년 이상을 바라보며 재투자할 예정이다. 그래도 정년까지 20년 이상이 남는다. 따라서 은퇴 시점이 되면 20억 원은 충분히 가능하다.

정년이 보장되는 직장인들의 최고 선택이 바로 선투자 후저축 방식이다. 이렇게 딱 세 번만 하길 추천한다. 그러면 미래의 자녀 교육비, 결혼 자금까지 한 번에 해결된다. 그리고 남은 직장생활 열심히 해서 자신의 몸값을 올리고 대출금을 갚아 나가면 된다. 저금리 시대 저축으로 목돈을 만들겠다는 것은 은행을 위한 일이지, 결코 자신을 위하는 일이 아니다. 특히나 재테크로 땅을 선택하는 이유는 하락하지 않는 안전성 때문이다. 재테크의 가장 큰 리스크가 원금 손실이다. 땅의 공시지가는 하락하지 않는다. 이떤 재테크를 선택할 것인가? 이것은 각자의 몫이다. 무엇을 선택하느냐에 따라 미래의 결과는 엄청 달라질 것이다.

서민들의 대출이 막히고 어려울수록 그 투자 기회는 부자들에게 돌아간다. 그들은 현금이라는 최고의 무기를 가지고 있기 때문이다. 나만의 최고 레버리지가 무엇인지 점검해 보기 바란다. 그중에 대출이 가능하다면 최고의 방법은 선투자 후저축 방식일 것이다. 각자에게 맞는 최고의 레버지리를 선택하기 바란다.

# 5
# 미래를 향해 던져라

　지금 아무것도 실행하지 않으면 미래에 어떤 변화도 이루어지지 않는다. 다가오는 미래의 자녀 학자금, 결혼 준비금, 은퇴, 노후 생활비 등을 해결하기 위해 당신은 무엇을 준비하고 있는가? '가난해도 부자의 편에 서라.'고 말하지 않는가? 지금 해야 할 것은 단 한 가지, 막연한 미래를 향해서 자신이 준비한 것을 던지는 것이다. 내가 오늘 던진 머니트리 씨앗이 먼 미래 나를 향해 큰 열매를 맺고 기다릴 것이다. 두려워할 시간도 아깝다.

　가난한 사람들, 실패한 사람들은 불평불만의 언어를 입에 달고 산다. 하지만 경험자들은 늘 성공의 언어를 사용한다. "왜 안 되지, 어떻게 하면 다음번에 잘 될까? 무엇이 문제였을까? 좀 더 좋은 방법이 없을까? 다른 방법이 있을 거야. 해 보자. 할 수 있어. 기회는 많아. 성공이 우릴 기다리잖아. 또 해 보자. 도전!" 인간의 언어는 가장 무섭고 정교한 도구다. 당신이 사용하는 언어가 당신의 미래를 만든다. "지금 우리는 돈이 없어. 안 되면 어쩌지? 꼭 부자가 되어야 해? 그냥 이대로 살면 안 될까? 다 이렇게 살잖아. 그냥 좀 편하게 살자." 이런 말은 지금 즉시 멈추자. 오늘 이 순간 당신의 빛나는 미래를 위해 던지는 작은 하나의 행동이 큰 성공을 만들 것이다.

최대한 많은 것을 던져라. 미래에 그것들이 당신의 은퇴 시점에 거대한 화학반응을 일으킬 것이다. 당신이 상상한 것보다 훨씬 큰 성공을 가져다줄 것이다. 중요한 것은 내가 지금 무엇을 준비하고 던질까 하는 것이다. 지금 미래를 향해 던지는 1천만 원, 3천만 원, 1억 원이란 돈이 20년이란 시간 동안 수없이 많은 화학반응을 일으키며 성장할 것이다. 당신의 빛나는 은퇴 시점에 만나는 머니트리에 수많은 황금 사과가 달릴 것이다. 중요한 것은 내가 지금 매일 외치고 준비하고 던져야 하는 것이다.

오늘 내가 무엇을 던질 것인가, 이것을 늘 연구하라. 미래를 향해 아무것도 던지지 않으면 아무 일도 일어나지 않는다. 지금 내가 준비하고 던지는 작은 것들이 어떤 것을 만들지는 아무도 모른다. 학창 시절 아무것도 몰랐지만, 과학 선생님의 지시에 따라 한 화학 실험의 결과를 기억할 것이다. 우리가 모르는 수많은 물질이 만나서 만들어낸 그 놀라운 경험 말이다. 지금 우리가 땅을 향해서 던지는 작은 일들이 20년이란 시간을 만나면 어떤 놀라운 결과를 만들어낼지 모른다. 중요한 것은 지금보다 나은 내일, 행복한 미래, 성공적 은퇴를 보장할 것이란 사실이다.

그동안 상담한 몇 백 명의 고객을 돌아보면 그들의 미래 머니트리가 내 눈에 보인다. 지금 약간의 여유를 누리면서 부동산 정보 쇼핑만 하고 아무것도 하지 않던 고객, 아무것도 없지만 대출 이자를 계산기로 두드리며 실행하던 고객, 자녀들을 위해 고민 없이 미래를 향해서 종자돈을 던진 고객, 실패의 경험을 딛고 일어나 새로운 미래를 향해 용기를 갖고 종자돈을 던진 고객. 스스로 선택하고 미래를 향해 던진 그 작은 종자돈이 은퇴 시점에 거대한 머니트리로 반드시 돌아올 것이다. 시간은 누구에게나 공평하다. 돈의 크기와 무관하다. 재테크에서 모든 사람이 강조하는 복리는 시간의 작품이다. 당신이 던지는 종자돈이란 씨앗도 시간에 달렸다.

마지막 조언을 보낸다. "미래를 향해서 절대로 던지면 안 되는 것을 생각하라. 그것은 부메랑처럼 돌아올 것이다." 부자가 되고 싶어도 도둑질을 하면 안 되고, 마약을 거래하면 안 된다. 그렇게 던지는 씨앗은 미래의 내 머니트리를 한 번에 망칠 것이다. 성공한 사람들이 뉴스에 나오는 것은 빠른 성공을 위해 절대 던지면 안 되는 것을 던진 결과다. 주변에 그런 사람들을 보면 많이 안타깝다. 오늘 내가 미래를 향해서 던질 것은 투자 공부를 하는 것, 투자 관련 뉴스를 검색하는 것, 부동산 강의를 듣는 것이다. 주말에 토지투자 여행을 떠나는 것, 전문가에게 투자 상담을 받는 것, 투자 목표를 점검하는 일은 미래를 위한 가장 바람직한 행동이다. 아침 명상, 독서도 미래를 향해 매일 던질 바람직한 일이다.

너무 서두르지 말고 차분히 하나씩 미래를 향해 던지며 나아가

라. 아무것도 안 하고 꿈만 꾸는 것은 시간을 낭비하는 것이다. 1억 원의 목표를 세웠다면 매달 1백만 원을 목표로 시작하라. 주간 단위 25만 원, 매일 3만 원씩만 수입을 올릴 수 있으면 가능하다. 큰 목표를 어렵게 생각하지 말고, 내가 할 것을 정하고 꾸준히 달성하면 된다. 그게 미래를 준비하는 가장 효과적인 방법이다. 낮잠 자기, 오늘 할 일 미루기, 불평불만하기, SNS로 수다 떨기, 하루 일정 대충하기는 절대 금물이다. 내가 어떤 것을 준비하고 던졌는지 그것의 결과를 미래에 만날 것이다.

미래를 향해서 무엇을 던질 것인가? 선택은 당신의 몫이다. 세상 어떤 사람의 꿈도 한 번에 쉽게 이루어진 적은 없다. 포기하고 싶은 수많은 순간을 넘기고, 전혀 새로운 방법으로 도전하며, 자신과 타협하지 않은 결과다. 꿈과 목표를 이루는 데는 반드시 시간이 걸린다. 꿈으로 가는 길에 만나는 수많은 실패는 경험이란 에너지가 된다. 내 꿈의 목표를 향해 더 많이 경험하는 것을 주저하지 말자. 당신의 생각을 계속 행동으로 옮겨라. 어느 순간 주변 사람들이 당신이 경험하고 실행에 옮긴 것에 관해 조언을 구할 것이다. 내 인생의 목표, 꿈, 성공은 그렇게 완성된다.

당신과 함께 가장 많은 시간을 보내는 사람은 바로 당신 자신이다. 늘 자신과 대화를 나누면서 미래를 향해서 무엇을 던질지, 무엇을 던지면 안 되는지 고민하라. 내가 이 책을 쓴 이유는 딱 한 가지다. 30년이란 세월을 성실히 근무한 직장인들의 노후가 꼭 행복하길 바라는 마음에서다. 그것을 이루는 데 작은 도움이 되길 바란다. **129**

# 6
# 은퇴 후 인생을 미리 설계해야 할 이유

은퇴 준비에 가장 필요한 것이 무엇일까? 대부분 '돈'이라고 말한다. 틀린 것은 아니지만 정답도 아니다. '그레이트 그레이'이란 단어는 퇴직 후에도 활발하게 소비 활동과 취미 생활을 이어 가는 이들을 말한다. 〈매경이코노미〉가 은퇴 전문가들과 함께 '그레이트 그레이'가 되기 위한 체크 리스트로 만든 6개 항목은 '경제적 여유(돈), 건강, 매너, 인간관계, 세상에 대한 관점, 전문 분야'였다. 돈을 가장 먼저 언급하는 것은 돈이 기본이란 뜻이다. 그레이트 그레이가 되고 싶어도 경제적 문제가 해결되지 않으면 다른 것은 생각할 여유가 없을 것이다.

세상은 이미 100세 시대를 넘어 120세를 말하고 있다. 60세 정년 퇴직은 어쩌면 인생의 절반을 넘어선 것일 수 있다. 은퇴 준비에 관해 검색을 해 보면 경제 부분에 초점을 맞춘다는 것을 알 수 있다.

부부에게 필요한 은퇴 자금, 평생 현역으로 살아가는 법 등이 전부다. 하지만 이제는 은퇴 후 삶도 균형을 맞추어 준비해 보자. 경제적 문제는 선택의 여지가 없이 무조건 준비해야 하는 것이다. 가끔 후배들을 불러서 소주 한 잔 나눌 수 있는 여유는 있어야 한다. 과거에 출장길에 혼자 저녁식사를 하러 삼겹살집에 간 적이 있었다. 60대에 은퇴한 어르신 네 분이 술 한 잔 하고 있었는데 술값이 부족한 모습이었다. 나는 돌아가신 부모님 생각이 나서 주인을 불러 그분들에게 삼겹살과 소주를 넉넉히 드리라고 부탁하고 조용히 계산을 하고 나왔다. 은퇴 후 술 한 잔 할 여유는 기본이다.

30년 동안 경제적 문제를 해결하고 은퇴한 사람들의 또 다른 문제는 시간 관리, 삶의 의미를 찾는 일이다. 그러기 위해서는 건강이 중요하다. 그것도 은퇴하고 갑자기 준비하는 것이 아니라, 직장생활 동안 꾸준히 준비해야 한다. 골프, 수영, 등산, 배드민턴, 댄스 등 건강을 위해 현역 시절부터 충분히 준비해 놓아야 건강하게 은퇴 생활을 즐길 수 있다. 나는 새벽 수영을 다녔다. 새벽 6시 한겨울 추위에도 한 시간 정도 수영하고 출근하면 기분이 참 좋았다. 최근 시니어들의 아르헨티나 탱고 동우회 야외행사를 본 적이 있다. 야외무대에서 아름다운 음악에 맞추어 은은한 조명을 받으며 절제된 춤사위를 보였는데 너무나 아름다웠다. 현역 시절 스포츠 동우회 활동을 하면서 인간관계를 쌓아 가는 것도 매우 중요한 은퇴 준비다.

은퇴 후에도 매너와 전문 지식을 유지하면 할 일은 정말 많다.

더욱이 경제적 문제를 해결한 상태이기 때문에 돈 욕심을 부릴 이유도 없다. 지금은 시니어 산업이 가장 큰 호황기를 맞이하고 있다. 은퇴 후 무엇을 할 것인지 사전에 준비하면 오히려 현역 시절보다 더 여유롭고 행복한 시간을 보낼 수 있다. 지금은 시니어들이 패션모델, 유튜버, 요리사 등 아주 다양한 분야에서 새로운 삶을 개척해 나가고 있다. 준비된 시니어들에게 은퇴는 선물이다. 직장인으로 열심히 살아온 것에 대한 진정한 선물이 은퇴다.

다음은 평생 현역으로 살아갈 것처럼 일하다 어느 순간 퇴직한 사람의 이야기다. 그는 어느 날 갑자기 정년퇴직 통보를 받았다. 인간관계, 취미 생활, 재테크 등을 모르고 살다가 갑자기 은퇴를 하고 보니 세상이 무섭고 두려웠다. 무엇을 어떻게 해야 할지, 어디로 가야 할지 몰라서 집안에만 있었다. 그러다 아내의 눈치를 받기 시작하면서 집 근처 50플러스센터에 공부를 하러 다녔다. 그곳에서 재테크 공부를 하면서 아파트 갭 투자를 알게 되었고, 주변 사람들 추천으로 처음으로 아파트 갭 투자를 했다. 그리고 수익이 발생하는 신세계를 경험하게 되었다. 그 후 경기도까지 아파트 갭 투자 범위를 넓혔다. 그런데 갑자기 대출 규제, 부동산 규제 정책이 나오기 시작하면서 전세금이 하락하고 세입자를 구하기 어렵게 되었다. 급기야 세입자의 전세금을 마련하기 위해 자신이 살던 서울 아파트를 전세로 놓고 자신은 월세로 옮기게 되었다. 준비 안 된 은퇴로 주변인들의 말만 믿고 투자에 나선 결과다. 특별히 잘못한 것도 없는데 정년퇴직 후 준비 안 된 재테크를 하다 월세살이를 하게 된 것이다. 왜 은퇴를 위해 준비가 필요한지 이제 알 것이다.

행복한 은퇴에는 반드시 준비가 필요하다. 은퇴 후 내가 무엇을 할지 최소한 5년 정도는 고민해 보기 바란다. 그레이트 그레이가 되기 위한 6개 항목, 돈, 건강, 매너, 인간관계, 세상에 대한 관점, 전문 분야는 수평으로 준비해야 한다. 한 가지씩 나누어서 준비하는 것이 아니라, 직장생활을 하면서 조금씩 수평으로 준비하면 된다. 그레이트 그레이의 삶을 위해서 꼭 은퇴 후 인생을 미리 준비하기 바란다. 은퇴는 준비한 사람들이 누릴 수 있는 최고의 선물이다. 자녀들에게 공부하라고 잔소리한 것처럼 은퇴 준비 제대로 하라고 자신에게 잔소리하자. '오늘 하루 은퇴를 위해서 어떤 준비를 했어?' 이 말을 매일 외치는 잔소리쟁이가 되자.

# 7
## 취미 생활로 은퇴를 준비하자

당신은 어떤 고민을 해결하고자 이 책을 선택했는가? 나도 가끔 책을 선택할 때 이런 질문을 한다. 직장인, 자영업자, 모든 노동자의 고민은 한결같이 간단하다. 쉽게 말하면 먹고사는 문제를 해결하고 싶어 한다. 안전하고 지속가능하게 말이다. 당신은 은퇴 후 불안한 노후 문제를 해결하는 데 도움이 되겠다는 기대감으로 이 책을 선택했을 것이다.

'은퇴하고 돈 걱정 없는 노후를 어떻게 하면 준비할 수 있을까?' 나는 33년 공직 생활 동안 나 자신에게 이 질문을 수없이 했다. 그러다 어느 순간 결단을 내리고 명예퇴직을 선택했다. 완벽히 준비한 것은 아니지만 평소 내가 좋아하는 분야를 5년간 준비한 후 도전한 것이다. 더 늦기 전에 자신을 시험해 보고 싶었다. 자신이 좋아하는 분야를 은퇴로 연결해 보라. 그것이 직장인들이 매일 고민하는 아래의 세 가지를 해결하는 방법이 될 수 있을 것이다.

첫째, 왜 직장을 그만두지 못할까?

한마디로 소득이 끊기는 걱정 때문이다. 수많은 갑질 속에서 꿋꿋이 버티는 이유는 안정된 소득이 발생하는 시스템이 없기 때문이다. 내가 일하지 않아도 소득이 발생하는 시스템이 있으면 얼마나 좋을까? 그것도 은퇴 후까지. 아무것도 준비 안 된 상태로 퇴직을 당하지 않기 위해 몸부림을 친다. 그것이 기업의 강제 구조조정에 항의하고 파업하는 이유다. 국가도 내 미래를 책임지지 않고, 나도 내 미래를 책임질 준비가 안 되었다. 나와 가족의 생활을 책임질 준비가 안 된 두려움은 상상보다 크다. 그러므로 용기를 갖고 새로운 세상에 도전하고 경험하면 좋겠다.

첫 직장에 입사하는 순간, 취준생에서 퇴준생이 된다는 말은 그냥 생긴 것이 아니다. 지금처럼 빠르게 변화하는 세상에서는 더욱 그렇다. 그렇다면 어떤 준비를 해야 그것이 가능할까? 진정 로또밖에 없는 것일까? 먹고사는 문제, 어찌 보면 참 간단한데 너무나 어려운 숙제 같다. 모든 직장인이 가슴에 품고 다니는 사직서를 언제 용감하게 던질 수 있을까?

둘째, 왜 은퇴 후에도 일을 하려고 할까? 우선 생활비에 대한 걱정이다. 막상 은퇴했으나 달라진 것은 오직 하나, 직장이 없어졌다는 사실뿐이다. 매달 날아오는 각종 고지서는 변함이 없다. 무엇으로 그것을 감당할지 밤잠을 설치고 고민한다. 대리기사, 아르바이트, 택배 일을 하러 새벽같이 집을 나선다. 그런데 소득은 현역 시절의 절반도 안 된다. 그것도 나이를 줄여 가면서 부탁해야만 겨우 일할 수 있다. 준비 안 된 은퇴의 현실이다. 은퇴 후 돈 걱정 없이 부부만의 행복한 시간을 보내길 모든 직장인이 꿈꾼다. 하지만 현실의 은퇴는 정반대다. 먹고사는 문제를 해결할 시스템을 어떻게 준비해야 할까?

셋째, 어떻게 경제적 독립을 이룰 수 있을까? 경제적 독립을 위한 시스템은 쉽게 만들어지지 않는다. 치열한 자기희생을 통한 용기가 있어야 한다. 주변의 직장 동료들과는 다른 삶을 선택해야 한다. 대중을 따라가면 편안함을 느끼지만 나 홀로 길을 떠나면 두렵다. 직장동료들과 어울려 똑같이 운동하고 회식하면서 고민 없이 보내는 시간은 편하고 즐겁다. 그러나 경제적 독립은 절대 그렇게 해서는 이룰 수 없다.

직장인들이 고민하는 이 세 가지의 공통점은 매월 적정 생활비 걱정이다. 당신이 이 걱정을 빨리 친구로 만들 수 있다면 고민을 해결하고 행복한 은퇴를 맞이할 수 있을 것이다. 자신의 취미를 이용해서 그것을 해결한 사람이 있다.

낚시를 좋아하던 사람의 이야기다. 그는 가족의 만류를 뿌리치고 주말이 되면 낚시를 다니던 낚시광이었다. 서울에서 멀지 않은 서해로 지인들과 함께 낚시를 다녔다. 그런데 어느 날부터 가족이 함께 가자고 해서 캠핑을 겸해 서해안으로 낚시를 다니기 시작했다. 그러다 우연히 삼길포항을 방문하게 되었다. 당시 삼길포항 근처에는 가족 단위 낚시꾼이 모여서 캠핑을 많이 했다. 아내가 그 모습을 보더니 나중에 전원주택을 짓고 살면 좋겠다고 했다. "당신 좋아하는 낚시도 원 없이 하고, 가까이 사는 친정 식구들에게 자주 놀러 오라고 하면 좋겠어. 아담한 커피숍을 하나 차리고도 싶고." 그래서 주변 땅을 알아보았다. 우연히 근처 화곡리에 매물로 나온 임야 160평을 고민하다가 평당 170만 원에 매입했다. 노후에 전원주택을 짓고 작은 커피숍을 하기에 딱 좋았다. 가격이 생각보다 비싸겁이 났지만 용기를 냈다. 처음에 땅을 매입하고는 잘못하지 않았는지 많이 불안했다고 한다.

이제 그는 삼길포항 쪽으로만 낚시를 다닌다. 주변의 썰렁했던 주차장이 정비되고, 그동안 선상에서 회를 떠먹던 낭만을 대신하여 수산센터가 개장했다. 주말이 되면 사람이 엄청 몰린다고 한다. 서해대교를 따라 새롭게 개통한 38번 국도를 이용하면 20분 정도 걸려 접근성도 좋아졌다. 3년이 지난 지금 매입한 땅값이 2배 정도가 올랐다. 정년퇴직까지는 아직도 10년이 남아 있다. 요즘 그의 아내는 그곳에 멋진 카페를 짓고 운영할 준비를 하고 있다. 바리스타가 될 공부를 하면서, 집 근처 커피숍에서 아르바이트를 하며 즐거운 시간을 보내고 있다.

이처럼 퇴직에 대한 두려움을 극복할 길은 많다. 중요한 것은 내가 어떻게 접근할 것인가이다. 낚시광의 경우 가장 안전한 토지를 활용해서 자신의 취미를 접목했다. 땅값은 매년 오르고 낚시 인구는 점점 늘고 있다. 그는 컨테이너 두 동을 연결해 낚시 전문점을 낼 생각이다. 지금은 사람들의 관심에 따라 취미가 많이 달라졌다. **137**

미국의 경우 젊은 세대가 골프를 좋아하지 않아서 골프장이 문을 닫고 있다. 자신의 취미를 활용해 은퇴를 준비할 경우, 미래를 예측하는 능력도 필요하다. 취미 생활로 은퇴 후 생활비를 해결하고 멋진 인생을 즐길 수 있다면 최고의 행복이 될 것이다. 나도 직장 생활 동안 그런 준비를 했다. 덕분에 은퇴 후 내가 좋아하는 일을 하고 있다. 누구나 할 수 있다. 더욱이 부부가 머리를 맞대고 노력한다면 더 좋다.

직장을 그만두는 것은 모두의 일이고 그 시간은 생각보다 빨리 다가온다. 문제는 어떤 준비를 하며 시간을 보내고 있는가이다. 이것이 문제의 핵심이다. 준비하라, 그것도 가능하면 빨리 시작하라. 퇴직에 대한 두려움은 모두 비슷하다. 그것을 준비하는 사람과 방관하는 사람의 차이가 있을 뿐이다. 준비한 사람은 위의 낚시꾼 부부처럼 행복해지고, 방관자는 여전히 두려움에 떤다. 남들은 일자리가 줄어든다고 하지만 누구는 새로운 일자리를 만들어낸다. 이제 당신 차례다. 어렵게 생각하지 말고 내가 가장 좋아하는 것으로 시작하기 바란다.

국민소득 3만 불 시대다. 3만 불 시대에 맞는 새로운 분야를 개척해 보자. 먹고사는 문제를 떠나 여행, 레저, 취미 생활이 새로운 소득원이 되고 있다. 작은 것부터 내가 잘할 수 있는 분야를 찾아보자. 작은 땅에 컨테이너 하나로 시작할 수 있는 일도 많다. 막연히 은퇴가 두렵다면 이제 자신이 좋아하는 취미와 접목해 보자.

# 8
## 경제적 독립, 땅 한 필지면 충분하다

나는 처음부터 단기간에 대박을 꿈꾸는 사람들을 위해 책을 쓰고 싶지 않았다. 대신 평생 한 직장에서 최선을 다해 열심히 근무하고 정년퇴직을 맞이하는 평범한 직장인들의 행복한 은퇴를 준비하는 데 도움이 되고 싶었다. 직장인들이 꿈꾸는 삶은 동일하다. 지금은 비록 힘들어도 은퇴 후는 여유롭게 살기를 꿈꾼다. 그런데 은퇴를 앞둔 선배들의 한숨 소리를 들으면서 내 미래도 그들과 같아지지 않을까 두려워한다. 그들과 함께 해결책을 찾고 싶었다. '나는 최소한 선배들처럼 되고 싶지 않다. 그런데 방법을 몰라 답답하다.' 이런 사람들에게 가장 현실적인 대안을 알려주고 싶었다. 가장 안전한 재테크 토지투자의 비밀을 알려주고 싶었다.

투자 이야기만 나오면 한숨 소리와 함께 투자할 돈이 없다고 말한다. 그들은 무엇을 하든 안 되는 이유부터 찾는 사람이다. 반면에 돈이 없어도 투자를 꿈꾸는 사람은 그 방법을 묻는다. 바로 성공을 기대하는 사람의 마인드다. 부정적 생각을 하는 사람은 재테크로 성공한 사람을 의심 가득한 눈동자로 바라본다. '직장생활은 열심히 안 하고 엄한 짓만 했으니 그렇지. 정상적으로 열심히 근무한 사람에게 재테크할 시간이 있어?' 반면에 가난에서 벗어나고 싶은 사람은 어떻게 하면 그렇게 할 수 있는지 방법을 묻는다. 그 비율이 10%를 넘지 않는다.

많은 사람이 신세 한탄을 하면서 포장마차 문을 열고 들어간다. 지금 당신은 어느 쪽인가? 적은 돈으로, 무일푼으로 어떻게 직장인이 토지투자로 성공했는지 궁금한가? 아니면 나하고 상관없다고 생각하는가? 아주 작은 차이가 큰 결과를 만들어낸다. 단기간에 대박을 터뜨리겠다는 환상을 버리고, 소액 지분투자부터 시작하면 된다. 토지투자의 핵심은 시간을 내 편으로 만드는 시간 투자이다.

대전에서 근무하는 공무원 이야기다. 2010년은 대전에 있던 충남도청이 내포 신도시로 이전하여 모든 공무원이 어수선하던 시절이었다. 그는 주말에 가족과 그곳으로 온천여행을 떠났다가 우연히 괜찮은 땅을 하나 발견했다. 도청이 이전할 곳에서 그렇게 멀지 않은 지역이었다. 예산군 삽교읍 신리에 계획관리 지목이 전으로 된 땅이었다. 크기도 370평으로 적당했다. 부족한 자금은 대출로 충당했다. 정년이 20년 정도 남았고, 도청을 옮기면 이사할 생각으로 매입했다. 매입 당시 평당 40만 원 정도였는데 8년이 지난 지금 평당 200만 원으로 5배가 올랐다. 지인의 친구는 2002년 경기도 시흥시에 28평 아파트를 매입했는데, 16년이 지난 지금 3배 올랐다. 지방의 땅은 8년 만에 5배가 오르고, 경기도 아파트는 16년 만에 3배가 올랐다. 아주 큰 수익률 차이다.

어떤 재테크 상품을 선택할 것인가? 그 공무원은 정년퇴직까지 땅을 팔 계획이 없다고 한다. 정년퇴직을 할 때면 최소 평당 800만 원은 충분히 가능하다고 본다. 그때는 안정된 공무원 연금을 수령할 것이고, 1억5천만 원을 투자한 땅값은 대략 30억 원이 될 것이다. 당시 그의 지인들은 시골 땅을 뭐 하러 사느냐며 말렸다고 한다. 투자를 말렸던 지인들의 재산은 별반 달라진 것이 없다. 하지만 큰 욕심 없이 정년을 바라보고 장기 투자에 나선 결과는 행복한 노후, 경제적 독립을 책임지는 최고의 자산이 된 것이다. 이것이 바로 내가 원하는 것이다.

토지라는 투자 상품이 좋은 것은 하락의 위험이 없다는 것이다. 따라서 정년이 보장되는 직장인에게 가장 안정된 재테크 수단이다. 시간이 길면 길수록 더 안정적인 투자 상품이다. 10년, 20년 후 정년퇴직을 바라보며 투자하기를 추천한다. 최소 10배의 수익은 기본이다. 망설이지 말고 지금 바로 시작하자. 일찍 투자에 나설수록 안전하고 높은 수익률을 보장하는 것이 토지투자다. 인생 역전을 가능하게 해 주는 것은 땅밖에 없다.

장기 투자를 하고 싶어도 안정된 직장이 없어서 불가능하다고 말한다. 그런 상담을 할 때 가장 마음이 아프다. 힘든 40, 50대를 보내고 은퇴한 부부들이 행복한 노후를 보내기를 진심으로 바란다.

지금 비록 힘들어도 미리 사놓은 땅 한 필지가 노후를 든든하게 책임진다는 믿음이 생기면 훨씬 더 신바람 나게 일할 수 있을 것이다. 지금 즉시 토지투자라는 재테크 씨앗을 뿌려라. 당신이 걱정하지 않아도 시간이란 영양분이 그 씨앗을 잘 키워 줄 것이다.

토지투자의 관심을 조금 넓게 멀리 바라보았으면 한다. 대한민국 어디든 토지는 돈이 된다. 투자 관점에서 자기 지역만 고집하지 말고 정년을 바라보면서 투자 기간을 길게 잡으면 더 많은 기회를 만날 수 있다. 지금 이 순간을 즐기고 싶은 것은 누구나 똑같다. 남의 시선을 의식하면서 사치하는 삶은 노후를 보장해 주지 않는다. 젊은 시절 알뜰하게 저축해서 토지투자에 뿌린 씨앗은 시간이 지나면서 무럭무럭 자랄 것이다. 당신이 기대하는 것 이상으로 큰 결실을 맺을 것이다.

여기에 마지막으로 필요한 것이 용기다. 막상 땅을 사러 현장에 가 보면 황량하기 그지없다. 그러나 지금이 아닌 은퇴 시점을 그려 보면 된다. 10년, 20년 후에 그곳에 4층짜리 근린상가 하나만 지으면 된다. 그곳에서 나오는 임대 수입이 부부의 행복한 노후를 보장할 것이다. 직장인들이 땅 한 필지로 경제적 독립을 이루어 진짜 은퇴의 행복을 누리길 희망해 본다. 은퇴 목표를 세우고 도전하면 누구나 가능하다. 역사는 도전하는 사람들의 기록이다.

# 9
# 세 명의 퇴직자 이야기

평생 근무할 것 같던 직장에서 인사 담당자가 찾아와 명예퇴직을 종용한다면 어떤 생각이 들 것인가? 야속한 생각보다 어떻게든 버틸 생각을 할 것이다. 최근에 회사에서 이런 일들을 직접 목격한 뒤 자기에게도 그 시간이 다가오는 것 같다고 생각하는 친구를 만났다. 잘 나가는 대기업에 다니고 있어 다른 친구들이 몹시 부러워한 친구다. 그런데 최근에 내가 가장 부럽다고 말했다. 외국 출장을 나가면 일보다 그 나라의 특산품을 본다고 한다. 수입해서 새로운 사업을 해 볼까 하는 구상을 하는 것이다. 퇴근길에 마주치는 김밥집, 피자집, 치킨집, 커피숍이 자꾸 눈에 들어온다고 한다. 퇴직 후 무엇을 해야 할지 막막하다는 이야기였다.

명예퇴직을 하면 회사에서 받은 돈이 대략 4억 원이다. 만약 명퇴금을 받고 은퇴한다면 그 자금을 어떻게 관리할지 신중히 계획을 세워놓아야 한다. 준비한 계획이 없으면 다른 사람이 그 퇴직금을 관리하게 될 것이다. 친구는 몇 년 사이 회사에서 퇴직한 세 명의 선배들 이야기를 들으며 무엇을 해야 할지 고민했다.

첫 번째 퇴직자는 고민 끝에 오피스텔을 매입해서 월세를 받기로 하고 안양역 근처에 오피스텔 두 채를 매입했다. 매달 월세를 135만 원 받는데 내부 시설이 고장 날 때마다 돈이 들어간다. 불경기 탓인지 자주 세입자가 바뀌어 부동산 수수료만 나가는 것 같아서 팔려고 내놓았는데 찾는 사람이 없어 후회한다고 했다.

두 번째 퇴직자는 구로디지털단지역 근처에서 커피숍을 시작했다고 한다. 유동 인구가 많고 장사가 잘 되는 가게라 높은 권리금을 주고 인수했다. 6개월간의 매출은 너무 좋았다. 그런데 잘되면 경쟁자가 나타나기 마련이다. 그의 가게에서는 커피가 3,000원인데, 바로 앞에 생긴 테이크아웃 커피점에서는 900원이었다. 결국 매출이 뚝 떨어졌다. 앞 가게에 가서 항의할 수도 없고, 그렇다고 커피숍을 접으면 높게 준 권리금만 날아가고, 이러지도 저러지도 못하고 있다고 한다. 평생 근무하고 퇴직하면서 받은 퇴직금인데 한순간에 날리게 된 경우다. 자영업이 퇴직자의 무덤이 된 셈이다.

세 번째 퇴직자는 강원도 오대산 근처 토지를 매입했다고 한다. 평상시 등산을 좋아해서 전국의 명산을 찾아다녔는데, 오대산에 갔다가 평창 동계올림픽 준비로 한창인 진부에 적당한 땅이 나왔다고 해서 현장을 방문했다고 한다. 바로 앞에 큰 강이 흐르고 새로 개통할 KTX 진부역이 그리 멀지 않은 곳에 있었다. 그 땅은 농사짓는 밭이었다. 퇴직금을 그냥 가지고 있으면 금방 사라질 것 같았다. 나중에 농막 하나 짓고 별장처럼 써도 좋을 것 같아서 120평을 평당 180만 원, 총 2억1,600만 원에 매입했다.

그런데 평창 동계올림픽을 앞두고 갑자기 투자자가 몰렸다. 자꾸만 땅을 팔라는 전화가 와서 시세를 물으니 평당 320만 원이라고 했다. 그곳에 살 생각이 있었던 것은 아니라서 2년도 안 돼 평당 320만 원에 팔았다. 퇴직한 선배들 중에 가장 성공한 재테크 사례라고 회식 때면 사람들이 부러워하고 있다는 것이다.

정년퇴직을 하고 받는 퇴직금을 호시탐탐 노리는 사람들이 정말 많다. 소중한 퇴직금을 지키기 위해서는 나만의 전략이 있어야 한다. 세 사람의 경우 누구에게도 퇴직금을 활용할 은퇴 전략이 없었다. 남들 따라 막연히 투자에 나섰다가 소중한 퇴직금을 한 번에 날리거나 묵혀 버리는 경우는 너무나 많다. 은퇴 전에 미리 퇴직금 활용 계획을 세워야 한다. 신기하게 목돈이 생기면 큰돈이 들어갈 일이 마구 생긴다. 내 소중한 퇴직금을 보호할 준비를 사전에 꼭 하기 바란다. 50대 중반에 퇴직하면 투자할 마지막 기회라 생각하고 신중하기 바란다.

친구는 세 번째 선배처럼 자신에게 맞는 땅을 추천해 달라고 했다. 물론 소중한 친구이고, 누구보다 열심히 살아온 친구이기에 투자 기간에 맞는 땅을 추천했다. 투자에 앞서 가장 중요한 것은 투자 목적, 기간, 기대 수익을 정하는 것이다. 그것에 따라서 투자 지역이 달라진다. 땅은 안전하고 높은 수익률을 보장한다. 절대 퇴직금을 손해 볼 일은 없다. 하지만 때때로 급하게 돈이 필요한 경우 환금성이 문제가 된다. 그것에 대비해서 긴급한 경우 대출이 가능한 땅으로 추천했다.

사람들이 염려하는 것은 급하게 현금이 필요한데 땅도 대출이 되느냐이다. 물론이다. 시골의 농사짓는 땅 중에서 대출 없는 땅은 거의 없다. 내 소중한 퇴직금을 안전하게 지켜주면서 높은 기대 수익과 긴급할 경우 대출까지 보장받는 땅을 만나면 된다. 퇴직금을 투자하는 경우 절대로 대박을 꿈꾸지 마라. 대신 쪽박을 피하면 된다. 항상 쉽고 편하고 접근 가능한 것은 누구나 도전한다. 치킨집과 피자집 사장이 자주 바뀌는 이유가 무엇인가? 다들 똑같은 생각을 하기 때문이다. 토지는 생각하지 않던 상품이다. 그래서 욕심 없이 접근하면 오히려 쉽게 팔리지 않기 때문에 더욱 안전하고, 시간이 지나면 수익성은 높아진다.

내 퇴직금을 노리는 사람은 많다. 자식, 친구, 사업가 모두에게 말하라. "내 퇴직금 땅에 묻었어." 그 한마디가 가장 안전하게 퇴직금을 보호하는 길이다. 몇 년이 지나면 가장 행복한 진짜 은퇴자가 되어 있을 것이다.

한 사람의 인생을 다 바치고 은퇴하면서 받은 퇴직금은 인생의 마지막 목돈이다. 사전에 철저히 검증된 가장 안전한 곳에 투자하라. 퇴직금을 잘못 관리해서 황혼 이혼의 사유가 된 경우가 많다. 자식도, 친구도, 가족도 넘보지 못하는 것을 선택하기 바란다. 모든 사람이 다 하는 것은 꼭 피하기 바란다.

# PART 4

—

# 진짜 은퇴를 위한
# 실행 전략

# 1
# 토지거래 어디서 할까?

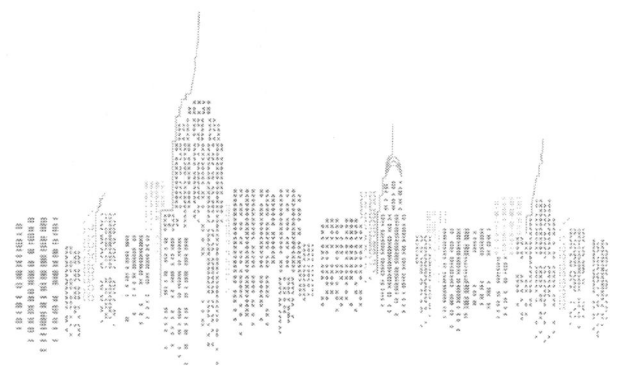

처음으로 토지를 접하는 사람은 어디서 땅을 사는지 궁금하다. 정부에서 허가를 받은 법인부동산을 이용하면 된다. 그런데 법인부동산을 운영하는 사람들이 제일 듣기 싫은 말이 바로 '기획부동산' 소리다. 네트워크마케팅 일을 하는 사람들을 싸잡아 다단계로 오해하는 것과 비슷한 경우다. 기획부동산의 사전적 의미는 이렇다. "부동산을 이용해 마치 경제적인 이득을 많이 얻을 수 있을 것처럼 조작하여 투자자들로부터 부당한 이득을 얻는 행위를 하는 중개업자나 업체". 그럼 왜 기획부동산이 생겨나고 이것에 속는 이유와 이런 기획부동산의 유혹에서 벗어나 좋은 법인부동산을 만날것인지 생각해 보자. 일단 세상에 모든 땅은 돈이 된다. 중요한 것은 그것이 지금이냐, 아니면 오랜 시간이 걸리는가 하는 문제다. 여기에 함정이 있다. 일단 개인들이 투자에 나서면 지나친 대박 환상을 바란다.

땅이라는 속성을 이해하지 못하고, 무조건 단기간에 몇 배의 수익을 얻을수 있다는 말에 현혹되기 때문이다. 땅으로 단기간에 몇 배의 수익을 볼수도 있다. 우연히 매입한 내 땅 주변이 역세권 개발, 대규모 택지개발, 공항 발표 등의 이슈가 생긴다면 당연히 그 땅의 가격은 폭등할 수밖에 없다. 이런 환상을 갖게 하고, 개발자체가 불가능한 땅을 비싼 가격에 매매하는 경우가 대부분 기획부동산의 전형적인 방법이다. 하지만 세상에는 좋은 법인부동산이 더 많다. 때로는 목적에 맞지않는 투자를 하려고하면 밀리는 경우도 있다.

나도 파주 지역에 좋은 땅이 있다고 전화를 받은 적이 있다. 남·북 화해무드로 접경지역에 대규모 투자가 이루어질 예정이라고 했다. 나는 차분히 용도지역, 지목을 물었다. 그냥 임야라고만 설명했다. 그럼 혹시 맹지는 아닌가 물었더니, 대규모 개발이 이루어질 곳이라 그런 것은 신경쓰지말고, 평당 4만원정도 하니 100평만 지분으로 참여하라고 했다. 그럼 100평을 분할해서 지분등기를 해주냐고 물었더니 공동등기라고 했다. "저는 공동등기는 관심 없습니다." 하고 정중히 거절했다. 일단 모르는 전화를 받고 투자에 나서는 것은 신중하기 바란다.

또한 공동등기는 재산권을 행사하는데 매우 불리하다. 가령 1,000평 땅을 10명이 공동으로 매입한 경우, 공동등기는 10명이 공동으로 재산권을 행사한다. 누군가 급하게 돈이 필요해서 매도를 원할 경우 10명의 동의를 받아야 가능하다. 지분참여시는 반드시 개별등기(공유지분등기)를 추천한다. 10명 각자 자신의 지분만큼 등기를 소유하기 때문에 타인의 동의없이 내 권리 행사가 가능하다. 그럼 평범한 우리가 어떻게 해야 안전하게 토지투자를 할 수 있을까?

기획부동산으로부터 나를 지키는 세 가지 방법을 알아보자.

첫째. 건축행위가 불가능한 땅(맹지)은 쳐다보지 말자.

둘째. 300평이 넘는 큰 땅에 공동등기를 하지 말자.

셋째. 개발제한구역(그린벨트)은 쳐다보지 말자.

투자에 정답은 없지만 이렇게 세 가지 정도만 지켜도 충분히 토지투자의 위험을 줄일수 있다. 그런데 알면서도 이런 지역에 투자하는 분들도 있다. 이분들은 가격이 저렴하기 때문에 투자한다고 말한다. 그리고 정말 그린벨트가 풀린다면 대박이 아니냐고 오히려고 되묻는 경우도 있다. 물론이다. 시세보다 지나치게 높게 산 경우가 아니라면 장기투자 관점에서 나쁘지 않다. 모든 투자에는 항상 리스크가 따른다. 그런데 내가 모두 알고있는 정보는 리스크가 아닌 것이다. 실제 투자상담을 받으러 오신 고객중에 이런 분이 계셨다. 경기도 일산의 그린벨트 지역의 대규모 땅에 지분으로 참여한 경우였다. 이분은 모든 설명을 듣고 적정가격에 매입했기 때문에 자식들에게 물려줄 생각이라고 했다. 이렇게 자신이 모든 것을 알고 투자시점을 생각한 경우, 환금성을 따지지 않기 때문에 속은 것이 아니라 장기투자가 되는 것이다. 이런 투자방식은 어느 정도 자금 여력만 된다면 충분히 해볼만하다. 정부의 신도시 발표같은 호재가 욕심을 버리고 투자한 사람들에게 가장 큰 수익을 안겨주기도 한다. 토지투자의 단점은 대부분 환금성을 따지는 순간에 발생한다. 처음부터 건축행위가 불가능한 땅을 비싼 가격에 매입하고, 되팔려고 해도 되팔수 없는 경우가 대부분이다. 결국 토지투자는 나만의 투자원칙을 세우고, 단기간에 대박 환상을 버리면 된다. 땅은 세상에서 가장 정직한 투자상품이다. 내가 그것을 어떤 관점에서 바라보고, 어떻게 활용할 것인가 이것이 관건이다. 기획부동산이라는 말이 세상에서 사라졌으면 좋겠다. 토지투자에 필요한 기본적인 교육만 받으면 누구나 좋은 법인부동산을 만나서 안전한 토지투자에 나설수 있다. 전 국민이 안전하게 토지투자에 나설 그날을 기대해 본다.

모든 것은 내가 알고 선택하는가 모르고 선택하는가에 달렸다. 산행을 좋아하시는 분들도 처음 가는 초행 산길은 불안하다. 더욱이 정상으로 가는 등산로도 모른다면 더욱 더 불안할 것이다. 모든 투자의 기본은 똑같다. 내가 투자에 임하는 원칙을 세우고, 거기에 맞는 투자만 하면 된다. 산행을 떠나기 전에 목적지를 정하고 세부계획을 세우고 나면 안심이 되는것과 같다. 모든 투자에 나설 때도 이처럼 나만의 투자원칙을 먼저 세우고 거기에 맞는 투자를 하면 된다. 투자상담을 하면서 본인만의 투자원칙을 물어보면 대부분 좋은 땅이라고 말한다. 토지투자를 제대로 하길 원한다면 그것보다 구체적인 본인의 투자원칙을 꼭 정하기 바란다. 세상에 좋고 나쁜 땅은 없다. 내가 선택한 결과가 다를 뿐이다.

**공유지분등기:** 하나의 필지를 원하는 평수만큼 각자 개별적으로 등기를 발급받고 재산권 행사도 개인적으로 자유롭게 가능한 경우를 말한다. 소액으로 투자를 하고자 하는 사람들이 많이 취하는 형식이다. 단점은 개인적으로 건축 행위는 불가능하다. 대부분 건축가에게 되파는 형식, 또는 토지보상을 받고 넘기는 경우가 가장 많다.

**공동등기:** 하나의 필지를 여러 명이 공동으로 소유권을 행사하는 경우다. 이 경우는 등기권리증이 한 개란 사실이 중요하다. 따라서 개인적인 재산권 행위는 불가하고, 모든 지분자의 동의를 얻어야 재산권 행사가 가능하다.

따라서 소액 지분투자를 할 경우에는 개인적 재산권 행사가 가능한 공유지분등기를 추천한다.

# 2
# 토지 지목을 이해하자

지목이란, 토지의 주된 용도에 따라 토지의 종류를 구분하여 지적공부(地籍公簿)에 등록한 것을 말한다. 지목의 구분과 지적도 및 임야도(지적도면)에 등록할 때 표기하는 부호는 28가지다.

대한민국의 모든 토지는 '1필지 1지목' 원칙에 따른다. 1필지가 둘 이상의 용도로 활용되는 경우에는 주된 용도에 따라 지목을 설정하고 토지가 일시적인 또는 임시적인 용도로 사용될 때에는 지목을 변경하지 아니한다. 토지투자에 나서는 사람들에게 지목은 반드시 알아야 하는 기본 상식이다. 그렇다고 너무 어렵지도 않다. 내가 매입할 토지의 지목에 따라서 토지 이용 목적이 달라지고 가격이 달라진다. 내가 매입할 땅의 지목을 확인하는 것이 토지투자의 첫걸음이다. "이번에 어떤 땅 샀어?" 물으면, 대부분 "전, 답, 잡종지, 대지."라는 답을 들었을 것이다. 그게 바로 지목을 말하는 것이다. 이러한 지목은 내가 매입할 토지의 '토지이용규제 정보서비스'를 열람하면 바로 확인할 수 있다.

3-2 지목이해

| 지목 | 임야 | | | 면적 | 17,157 ㎡ |

- 출처: 「공간정보의 구축 및 관리 등에 관한 법률 시행령」 제58조(지목의 구분)
법 제67조 제1항〔시행 2018.4.25.〕〔대통령령 제28832호, 2018.4.24. 일부 개정〕

〈28개 지목 설명〉

전부 이해하려고 하지 말고, 자신이 매입할 토지를 기준으로 하나씩 참조하면 된다. 마지막에 정리해 놓은 도표를 잘 보이는 곳에 붙여 놓고 참조하면 좋겠다.

1. 전: 물을 상시적으로 이용하지 않고 곡물, 원예작물(과수류는 제외한다), 약초, 뽕나무, 닥나무, 묘목, 관상수 등의 식물을 주로 재배하는 토지와 식용(食用)으로 죽순을 재배하는 토지

2. 답: 물을 상시적으로 직접 이용하여 벼, 연(蓮), 미나리, 왕골

등의 식물을 주로 재배하는 토지

3. 과수원: 사과, 배, 밤, 호두, 귤나무 등 과수류를 집단적으로 재배하는 토지와 이에 접속된 저장고 등 부속시설물의 부지. 다만, 주거용 건축물의 부지는 "대"로 한다.

4. 목장 용지: 다음 각 목의 토지. 다만, 주거용 건축물의 부지는 "대"로 한다.

가. 축산업 및 낙농업을 하기 위하여 초지를 조성한 토지

나. 「축산법」 제2조 제1호에 따른 가축을 사육하는 축사 등의 부지

다. 가목 및 나목의 토지와 접속된 부속시설물의 부지

5. 임야: 산림 및 원야(原野)를 이루고 있는 수림지(樹林地), 죽림지, 암석지, 자갈땅, 모래땅, 습지, 황무지 등의 토지

6. 광천지: 지하에서 온수, 약수, 석유류 등이 용출되는 용출구(湧出口)와 그 유지(維持)에 사용되는 부지. 다만, 온수, 약수, 석유류 등을 일정한 장소로 운송하는 송수관, 송유관 및 저장 시설의 부지는 제외한다.

7. 염전: 바닷물을 끌어들여 소금을 채취하기 위하여 조성된 토지와 이에 접속된 제염장(製鹽場) 등 부속시설물의 부지. 다만, 천일제염 방식으로 하지 아니하고 동력으로 바닷물을 끌어들여 소금을 제조하는 공장시설물의 부지는 제외한다.

8. 대

가. 영구적 건축물 중 주거, 사무실, 점포와 박물관, 극장, 미술관

등 문화시설과 이에 접속된 정원 및 부속시설물의 부지

나. 「국토의 계획 및 이용에 관한 법률」 등 관계 법령에 따른 택지조성공사가 준공된 토지

9. 공장용지

가. 제조업을 하고 있는 공장시설물의 부지

나. 「산업집적활성화 및 공장설립에 관한 법률」 등 관계 법령에 따른 공장부지 조성공사가 준공된 토지

다. 가목 및 나목의 토지와 같은 구역에 있는 의료시설 등 부속시설물의 부지

10. 학교용지: 학교의 교사(校舍)와 이에 접속된 체육장 등 부속시설물의 부지

11. 주차장: 자동차 등의 주차에 필요한 독립적인 시설을 갖춘 부지와 주차전용 건축물 및 이에 접속된 부속시설물의 부지. 다만, 다음 각 목의 어느 하나에 해당하는 시설의 부지는 제외한다.

가. 「주차장법」 제2조 제1호 가목 및 다목에 따른 노상주차장 및 부설주차장(「주차장법」 제19조 제4항에 따라 시설물의 부지 인근에 설치된 부설주차장은 제외한다)

나. 자동차 등의 판매 목적으로 설치된 물류장 및 야외전시장

12. 주유소 용지: 다음 각 목의 토지. 다만, 자동차, 선박, 기차 등의 제작 또는 정비공장 안에 설치된 급유, 송유시설 등의 부지는 제외한다.

가. 석유, 석유제품 또는 액화석유가스 등의 판매를 위하여 일정

한 설비를 갖춘 시설물의 부지

나. 저유소(貯油所) 및 원유저장소의 부지와 이에 접속된 부속시설물의 부지

13. **창고용지**: 물건 등을 보관하거나 저장하기 위하여 독립적으로 설치된 보관시설물의 부지와 이에 접속된 부속시설물의 부지

14. **도로**: 다음 각 목의 토지. 다만, 아파트·공장 등 단일 용도의 일정한 단지 안에 설치된 통로 등은 제외한다.

가. 일반 공중(公衆)의 교통 운수를 위하여 보행이나 차량운행에 필요한 일정한 설비 또는 형태를 갖추어 이용되는 토지

나. 「도로법」 등 관계 법령에 따라 도로로 개설된 토지

다. 고속도로의 휴게소 부지

라. 2필지 이상에 진입하는 통로로 이용되는 토지

15. **철도용지**: 교통 운수를 위하여 일정한 궤도 등의 설비와 형태를 갖추어 이용되는 토지와 이에 접속된 역사(驛舍), 차고, 발전시설 및 공작창(工作廠) 등 부속시설물의 부지

16. **제방**: 조수, 자연유수(自然流水), 모래, 바람 등을 막기 위하여 설치된 방조제, 방수제, 방사제, 방파제 등의 부지

17. **하천**: 자연의 유수(流水)가 있거나 있을 것으로 예상되는 토지

18. **구거**: 용수(用水) 또는 배수(排水)를 위하여 일정한 형태를 갖춘 인공적인 수로, 둑 및 그 부속시설물의 부지와 자연의 유수(流水)가 있거나 있을 것으로 예상되는 소규모 수로부지

19. **유지**(溜池): 물이 고이거나 상시적으로 물을 저장하고 있는

댐, 저수지, 소류지(沼溜地), 호수, 연못 등의 토지와 연, 왕골 등이 자생하는 배수가 잘 되지 아니하는 토지

20. 양어장: 육상에 인공으로 조성된 수산생물의 번식 또는 양식을 위한 시설을 갖춘 부지와 이에 접속된 부속시설물의 부지

21. 수도용지: 물을 정수하여 공급하기 위한 취수, 저수, 도수(導水), 정수, 송수 및 배수 시설의 부지 및 이에 접속된 부속시설물의 부지

22. 공원: 일반 공중의 보건, 휴양 및 정서생활에 이용하기 위한 시설을 갖춘 토지로서 「국토의 계획 및 이용에 관한 법률」에 따라 공원 또는 녹지로 결정·고시된 토지

23. 체육용지: 국민의 건강증진 등을 위한 체육활동에 적합한 시설과 형태를 갖춘 종합운동장, 실내체육관, 야구장, 골프장, 스키장, 승마장, 경륜장 등 체육시설의 토지와 이에 접속된 부속시설물의 부지. 다만, 체육시설로서의 영속성과 독립성이 미흡한 정구장, 골프연습장, 실내수영장 및 체육도장, 유수(流水)를 이용한 요트장 및 카누장, 산림 안의 야영장 등의 토지는 제외한다.

24. 유원지: 일반 공중의 위락, 휴양 등에 적합한 시설물을 종합적으로 갖춘 수영장, 유선장(遊船場), 낚시터, 어린이놀이터, 동물원, 식물원, 민속촌, 경마장 등의 토지와 이에 접속된 부속시설물의 부지. 다만, 이들 시설과의 거리 등으로 보아 독립적인 것으로 인정되는 숙식시설 및 유기장(遊技場)의 부지와 하천·구거 또는 유지[공유(公有)인 것으로 한정한다]로 분류되는 것은 제

외한다.

25. 종교용지 : 일반 공중의 종교의식을 위하여 예배, 법요, 설교, 제사 등을 하기 위한 교회, 사찰, 향교 등 건축물의 부지와 이에 접속된 부속시설물의 부지

26. 사적지 : 문화재로 지정된 역사적인 유적·고적·기념물 등을 보존하기 위하여 구획된 토지. 다만, 학교용지, 공원, 종교용지 등 다른 지목으로 된 토지에 있는 유적, 고적, 기념물 등을 보호하기 위하여 구획된 토지는 제외한다.

27. 묘지 : 사람의 시체나 유골이 매장된 토지, 「도시공원 및 녹지 등에 관한 법률」에 따른 묘지공원으로 결정, 고시된 토지 및 「장사 등에 관한 법률」 제2조 제9호에 따른 봉안시설과 이에 접속된 부속시설물의 부지. 다만, 묘지의 관리를 위한 건축물의 부지는 "대"로 한다.

28. 잡종지 : 다음 각 목의 토지. 다만, 원상회복을 조건으로 돌을 캐내는 곳 또는 흙을 파내는 곳으로 허가된 토지는 제외한다.
가. 갈대밭, 실외에 물건을 쌓아두는 곳, 돌을 캐내는 곳, 흙을 파내는 곳, 야외시장, 비행장, 공동우물
나. 영구적 건축물 중 변전소, 송신소, 수신소, 송유시설, 도축장, 자동차운전학원, 쓰레기 및 오물처리장 등의 부지
다. 다른 지목에 속하지 않는 토지

※공간정보관리법 시행령(지목표기 방법)

| 지목 | 부호 | 지목 | 부호 |
|---|---|---|---|
| 전 | 전 | 철도용지 | 철 |
| 답 | 답 | 제방 | 제 |
| 과수원 | 과 | 하천 | 천 |
| 목장용지 | 목 | 구거 | 구 |
| 임야 | 임 | 유지 | 유 |
| 광천지 | 광 | 양어장 | 양 |
| 염전 | 염 | 수도용지 | 수 |
| 공장용지 | 장 | 체육용지 | 체 |
| 학교용지 | 학 | 유원지 | 원 |
| 주차장 | 차 | 종교용지 | 종 |
| 주유소 용지 | 주 | 사적지 | 사 |
| 창고용지 | 창 | 묘지 | 묘 |
| 도로 | 도 | 잡종지 | 잡 |

# 3
# 토지 거래 절차를 알자

아파트 거래는 자주 있는 일이지만, 토지 거래는 주변에서 자주 볼 수가 없다. 어떤 분은 토지 등기권리증이 어떻게 생겼는지 궁금해한다. 대부분 상담을 하다 보면 아파트, 오피스텔 같은 부동산 거래는 몇 번 했는데 토지 거래는 처음이라 절차를 궁금해한다. 통상적인 면에서는 수익형 부동산 거래와 비슷하다. 고객의 입장에서 아파트 거래를 할 때도 여러 공인 중개소를 돌면서 매물을 확인하는 것처럼 토지 거래도 마찬가지다. 인터넷 검색, 지인 추천 등 여러 가지 경로를 통해서 상담을 받으러 온다. 상담에서 계약, 등기 발급까지 과정을 살펴보자.

### 첫째, 투자 상담

모든 것은 시작이 가장 중요하다. 이 단계에서 물건지에 대한 전반적인 설명을 듣는다. 여기서 가장 중요한 것은 해당 물건지의 미래 가치를 알아보는 것이다. 중요한 것은 사전 지식이 있어야 한다. 모든 투자 상담은 환상을 심어 주려고 한다. 아파트 분양사무소를 방문했을 때 기억을 떠올려 보라. 내가 궁금한 지역 분석, 지역 이슈, 입지, 미래 가치 등 전반적인 질문을 준비하고 방문하기 바란다. 그렇지 않으면 "무조건 믿고 맡겨라. 우리가 전문가다." 이렇게 말하는 것에 넘어가게 된다. 최소한 도시기본계획을 바탕으로 해당 지역의 이슈를 분석하고, 미래 환금성을 보장받을 시점까지 계산해야 한다.

토지는 주식, 아파트와 달리 항상 장기 관점에서 충분히 검증해야 한다. 그래서 투자 상담 시 반드시 물어 보는 것이 투자 기간이다. 누구는 3년, 5년, 10년 각자 환금성을 생각하는 시점이 다르기 때문이다. 이 단계의 핵심은 궁금한 것을 미리 정리해서 방문하는 것이다. 그래야 충분한 상담을 받을 수 있다. 결국 아는 만큼 보이는 법이다. 내 소중한 종자돈을 투자하는 시작은 투자 상담에서 비롯된다는 사실을 명심하자.

## 둘째, 계약 단계

계약서를 작성하기 전에 두 가지 서류를 확인하라.

① 토지이용규제 정보서비스(http://www.luris.go.kr)는 무료사이트로, 누구나 이곳에서 해당 물건지에 관한 각종 규제 사항을 확인할 수 있다.

② 가장 중요한 토지의 등기부등본을 반드시 확인해라. 대법원 인터넷등기소(http://www.iros.go.kr)에서 누구나 열람할 수 있다. 소유주가 누구인지, 등기부상 갑구, 을구에 근저당 부분은 없는지 반드시 확인하자. 등기부등본을 확인하지 않고 계약을 한 경우 문제가 발생할 확률이 높다. 나도 지나치게 싼 물건이 있어서 등기부등본을 확인하고 경악한 적이 여러 번 있다. 권리를 주장할 수 없도록 근저당이 이중으로 설정되어 있었다. 자세한 사용법은 '부록'에 따라 할 수 있도록 길라잡이를 만들었으니 가상의 땅으로 꼭 연습해 보기 바란다.

계약서 작성 후 계약금 10%, 신분증 사본, 등본 등이 필요하다. 계약서 작성시 더 필요한 사항은 특약사항에 기록해 둔다. 계약서에 기록되지 않은 구두 내용은 증명하기 곤란하다. 계약서를 2부 작성해서 매도자와 매수자가 각 1부씩 보관한다.

셋째, 잔금 납부

잔금 납부 기한은 계약한 날부터 일주일이다. 좀 더 시간이 필요한 경우 계약서 작성할 때 잔금 날짜를 상의해서 결정하면 된다. 모든 계약금, 잔금 납부는 반드시 법인 부동산의 법인계좌로 입금해야 한다. 간혹 부동산 중개인의 개인계좌로 입금을 유도하는 경우가 있는데, 절대 하면 안 된다. 모든 거래는 투명하게 법인계좌로 입금해야 한다는 사실을 반드시 명심하자. 개인계좌로 입금 후 발생하는 문제에 대해서 법인은 책임지지 않는다. 원칙적으로 개인

통장으로 입금을 요구하는 것 자체가 문제다. 인간관계에서 발생하는 많은 문제는 사람이 아닌 돈거래의 문제다. 그러니 모든 계약 관련 금액은 법인계좌로 입금하는 것이 원칙이다.

### 넷째, 취등록세 납부

잔금을 입금하면 총 매입 금액을 기준으로 법무사가 취등록세를 산정하는데, 기본적으로 5.5% 이내에서 모든 것이 마무리된다. 이는 등기 발급에 필요한 법무사 비용, 등기 비용, 세금이 모두 포함된 금액이다. 법무사마다 조금씩 다를 수 있지만 기본적으로 매입 가격의 5.5%, 가령 1억 원 땅이라면 550만 원 안팎이 나온다고 보면 된다. 취등록세 관련 비용은 법무사 계좌로 바로 입금하면 된다.

### 다섯째, 등기 발급 신청

법무사에서 해당 지자체로 등기촉탁을 보낸다. 여기서 등기 발급 기간은 지자체 사정에 따라서 다르다. 가장 바쁜 곳이 서산, 당진, 세종이다. 한가한 지자체의 경우는 일주일 정도 소요되고, 바쁜 지자체의 경우는 한 달 정도 소요되는 곳도 있다. 오래 걸리는 지역이 계약자 입장에서는 답답하겠지만 그만큼 민원이 폭주하는 개발 이슈가 많은 지역이란 뜻이다. 해당 지자체에 등기촉탁 접수가 되면 해당 지자체에서 실거래가 신고 문자를 보낸다. 그 후 그냥 마음 편하게 기다리면 된다. 단 임야가 아닌 전·답을 매입하는 경우는 농지취득자격증 증서를 먼저 발급 받은 후 등기촉탁을 하게 되는데 이것도 법무사가 대행하기 때문에 개인이 걱정할 사항은 아니다. 전·답은 농사짓는 땅이기 때문에 이런 규제 사항이 있으니 참고로 알아두면 된다.

가끔 상담을 하다 보면 잔금 납부하고 몇 년째 등기를 받지 못했다는 사람들을 만난다. 이것은 계약 단계에서 잘못된 경우가 대부분이다. 계약서를 작성하면서 조금이라도 마음에 걸리는 것이 있다면 반드시 특약 사항에 기록해 두자. 가끔 이렇게 말하는 고객도 있었다. "신문 기사에 대기업 및 다국적 투자기업들 입주기 확정되었다고 하는데 그들이 언제 입주한다고 기록해 주면 안 되나요?" 어떻게 생각하는가? 기업들의 입주 시기는 아무도 모른다. 이런 말도 안 되는 요구가 아닌 이상, 계약 시 분쟁의 소지가 될 만한 것은 모두 기록해 두라는 말이다.

계약하고 가장 불안을 느끼는 시기는, 잔금 납부 후 등기 발급까지다. 이 불안을 해소하는 방법은 신뢰할 전문가를 찾아서 계약하고, 계약 전 모든 서류를 제대로 확인하고, 불안한 사항은 특약에 기록하는 것이다. 너무 걱정하지 마라. 정말 양심적으로 법인 부동산을 운영하는 사람이 대부분이다. 그들을 알아보는 안목을 키우면 된다. 잠깐 설명했지만 꼭 토지 거래 절차를 명심하고 토지투자에 임하기 바란다. 사람은 아는 척하는 만큼 대접을 받는다.

# 4
# 단계별로 접근하는 토지투자 전략

부자가 되려고 꿈꾸는 사람들에게는 저마다 선호하는 재테크 상품이 있다. 이렇게 꿈이 있는 젊은 친구들을 만나면 무조건 칭찬해주고 싶다. 하지만 대부분이 그런 쓸데없는 생각을 할 시간이 없다고 말한다. 젊은 친구들이 꿈이 없다는 것이 안타깝다. 생각하라, 그러면 부자가 될 것이다. 이것은 사실이다. 사냥을 나가는 포수가, 시위를 당기는 궁수가 목표물이 없으면 어떻게 될 것인가? 꿈꾸지 않는 일, 생각하지 않는 일은 절대 일어나지 않는다.

한 강의장에서 조연심 대표의 강의를 들을 때 이야기다. 갑자기 강의 중에 이런 미션을 던졌다. "이 강의실에서 빨간색 물건 열 개를 가장 빨리 찾으시오." 전혀 관심 없던 빨간색이 갑자기 눈에 확 들어왔다. 심지어 여성 수강생의 립스틱 색깔까지 보였다. 이건 평소 관심을 갖지 않으면 절대 보이지 않는다는 메시지를 주기 위해서 한 미션이다. 당신이 꿈꾸지 않는 일, 목표하지 않는 일은 절대 이루어지지 않는다. 그래서 연초가 되면 목표를 세우고, 버킷리스트를 작성하고 연말이 되면 그것을 점검해 본다. 물론 이것도 소수의 사람만이 실행하고 있을 것이다. 나는 연초의 목표를 적어 코팅한 후 수첩에 넣고 다닌 적이 있었다.

부자라는 목표를 가진 사람들은 어떤 재테크 전략을 가지고 있을까? 사업가를 제외하고 평범한 직장인이 꿈꾸는 부자라는 목표는 대략 현금 10억 원이 아닐까? 국내에서 현금 자산 10억 원 이상인 사람이 대략 28만 명인데, 그들의 평균 금융자산은 23억 원 정도라고 한다. 그럼 평범한 직장인이 어떤 재테크를 해야 은퇴까지 자신의 목표를 달성할 수 있을까? 아이가 태어나 걷기까지 단계가 있는 것처럼 재테크 역시 단계를 거치는 것이 안전하다. 무조건 로또, 주식, 카지노, 경마에 올인 하면 안 된다. 최소한 교육, 실전, 경험을 쌓으면서 단계적으로 접근해야 한다. 특히나 토지투자를 선택한 경우는 반드시 단계를 거치길 추천한다.

내가 대전에서 근무하던 시절 이야기다. 대학 후배 중에 부모님이 돌아가시면서 물려준 땅을 가진 이가 있었다. 지금은 세종특별자치시가 들어섰지만 2000년 초반의 연기군은 그냥 시골이었다. 대전에서 생활하던 후배는 가끔 고향을 방문해서 다른 사람에게 경작을 준 자기 땅을 돌아보곤 했다. 후배는 미혼인 채로 대전에서 작은 사업을 하고 있었다. 그런데 2002년 노무현 대통령 후보가 행정수도 공약을 발표하면서 갑자기 땅을 팔라는 전화를 받기 시작했다. 아무도 찾지 않던 땅이고, 본인이 농사지을 마음도 없었기에 마음이 흔들렸다. 누구는 부모님이 물려주신 땅은 파는 게 아니라고 말렸다. 부동산에서는 시세보다 2배를 준다는 사람이 있을 때 파는 것이 좋다고 하루에 몇 번씩 전화를 해 댔다. 땅에 대해 크게 욕심이 없던 후배는 그 땅을 미련 없이 평당 5만 원에 팔았다. 돌아가신 부모님께 죄송한 마음이 들었지만, 어차피 시골에 살 마음이 없었기에 여동생에게 조금 나누어 주고 본인 사업 자금으로 사용했다. 2002년 5만 원에 판 그 땅은 지금 300만 원을 주고도 사기 어려운 땅이 되었다. 16년 만에 60배가 넘게 올랐다. 후배는 하던 사업이 잘 안 되어 사업자금도 모두 날렸다. 가끔 만나면 정말 후회가 막심하다고 말한다. 나는 그냥 말없이 소주잔을 부딪쳐 줄 뿐이다.

'땅은 함부로 파는 것이 아니다.'라고 말한다. 더욱이 자신이 벌어서 매입한 땅이 아니라 부모님에게서 물려받는 경우는 더욱 그렇다. 반면 함께 근무하던 후배는 2007년 행정중심복합도시 건설 착공이 시작되자, 세종시 땅을 보러 다녔다. 당시에 나도 세종시를 자주 갔다. 아파트와 정부청사 건물이 지어지던 황량한 모습이 전부였다. 텅 빈 세종시 호수공원을 한 바퀴 돌고 오는 나들이였다. 그러던 어느 날 후배는 지인의 추천으로 세종시에 땅을 매입했다고 자랑했다. 세종시 금남면에 있는 땅 600평을 평당 30만 원에 1억8천만 원을 주고 매입했다는 것이다. 나는 당시만 해도 땅에 관심이 없었다. 오직 아파트에만 관심이 있었다. 그 후배는 그 땅을 2010년에 평당 68만 원에 되팔았다. 3년이 안 되는 사이 2배가 넘는 수익률 본 것이다. 그 일을 통해 주변에 어떤 재테크 인맥이 있는가가 정말 중요하다는 것을 알게 되었다.

후배는 그 돈을 다시 세종시 연기면에 투자했다. 총 3억 원을 투자했는데 세금 납부로 부족한 금액은 일부 대출로 충당했다. 8년이 지난 현재 그 땅의 가격은 15억 원이 넘어간다고 한다. 물론 은퇴할 때까지 보유할 마음으로 매입한 땅이라 가끔 팔라는 전화를 받으면 시세만 확인하고 있다. 5년 후 정년퇴직하고 처분할 생각이란다. 평범한 직장인이 한국 부자들의 기준 10억 원을 쉽게 이룬 것이다. 무엇보다 내가 강조하고 싶은 것은 1억8천만 원이란 원금이 완벽히 보장되면서 단계적으로 목표를 이루었다는 것이다. 누군가는 이렇게 말한다. "직장인에게 현금 1억8천만 원이 어디 있느냐?" 맞다. 그러나 은행은 언제나 준비된 사람에게 기회를 제공한다. 정년 보장이 된 직장에 있다는 것은 복이다. 대출도 가능하고, 부족하면 소액 지분투자자를 공동으로 만들 수도 있다. 중요한 것은 내가 원하는 목표를 세우고 도전하는 것이다.

두 사람의 사례에서 무엇을 배울 수 있을까? 땅은 가장 안전하고 확실한 투자 상품이란 것이다. 더욱이 안정된 직장에 다니는 이들은 한 번에 무리하지 말고 단계를 밟아서 준비하기 바란다. 평범한 직장인이 꿈꾸는 10억 부자의 목표는 현실이 될 수 있다. 차이는 딱하나다. 누구는 늘 망설이며 부정적인 이야기만 한다. 대신 성공한 사람은 말없이 실행에 옮긴다.

내가 제일 후회하는 것은 한 번도 이런 투자 교육을 받은 적이 없다는 사실과 강력하게 조언해 주는 멘토가 없었다는 사실이다. 매월 급여를 받아서 똑같이 생활하다 정년퇴직을 맞이하면 남는 것, 준비된 것은 아무것도 없다. 그런 준비 안 된 은퇴자를 나는 너무 많이 봐 왔다. 남보다 일찍 안전하게 단계별로 당신의 꿈, 부자의 목표를 준비하기 바란다. 준비하는 당신에게 복된 은퇴가 선물처럼 기다릴 것이다.

천리 길도 한 걸음부터다. 일단 은퇴 계획을 세우고 작은 도전부터 실천하자. 무리하지 말고 기초 공부를 하면서 투자 공동체를 만들어 보자. 진짜 은퇴의 삶을 위하여 단계별로 도전해 보자. 성공이란 누군가가 실천한 결과다. 모르면 두드리자. 은퇴가 있는 나만의 삶을 위하여 힘차게 도전해 보자.

# 5
# 토지를 선택하는 세 가지 기준

토지투자에 나서는 이유는 각자 다를 것이다. 같은 것이 있다면 최고의 수익률을 보장받고 싶은 마음이다. 토지투자를 할 때 반드시 확인해야 할 것이 있다. 제한된 자금으로 선택해야 하니 딱 세 가지만 점검해 보자.

### 첫째, 지역 선택

어떤 목적으로 땅을 매입하려고 하는가? 가장 중요한 질문이다. 귀농해서 농사짓거나, 전원주택을 짓거나, 부모님께 집 한 채 멋지게 선물하고 싶은 것은 제외하자. 철저히 투자자 입장에서 생각해 보자. 많은 이가 지역을 선택할 때 자신이 잘 아는 지역, 수도권 지역, 이렇게 특정한 지역을 고집한다. 그래서 나는 이렇게 묻는다.

"땅을 왜 매입하려고 하세요?" 투자자 입장에서 몇 년 후 환금성을 보장 받고 싶다는 것을 명확히 해야 한다. 그러므로 무조건 수도권, 내가 아는 지역이 아니라 돈 되는 지역을 선택해야 한다. 적은 돈으로 수도권을 공략하기 힘들다면 지방을 선택해야 한다. 고집을 피울 이유가 없다. 상담 고객 중에 여전히 평택, 세종시 땅만 찾는 분이 있다. 투자자 입장에서 지역을 선택할 때 가장 중요한 것은 빠른 환금성, 높은 기대 수익률이다. 내가 서울에 거주한다고 서울만 고집할 것이 아니라, 지방이라도 돈 되는 지역을 선택해야 한다.

지역 선택보다 더 중요한 것이 있다면 투자 기간이다. 5년 이상 장기 투자 관점에서 바라보면 어떤 지역이든 개발 가능성이 높은 땅을 낮은 가격에 매입하는 것이 중요하다. 그런데 5년 이내로 잡는다면 도시지역을 선택하는 것이 좋다. 땅은 아파트와 다르다. 즉시 환금성이 보장되는 것이 아닌 만큼 사전에 투자 기간을 정하고, 그것에 맞는 지역을 선택해야 한다. 명심할 것은 내가 좋아하는 지역이 아니라 돈 되는 지역을 선택하는 것이다.

## 둘째, 입지

사람마다 좋아하는 것이 다르다. 땅도 어떤 입지인가에 따라 가격이 크게 다르다. 누구는 강을, 누구는 저수지를, 누구는 산을 좋아한다. 각자의 취향에 따라서 땅을 선택하지만, 핵심은 투자자 관점에서 바라봐야 하는 것이다. 내가 좋아하는 입지가 아니라 모든 사람이 좋아하는 입지를 선택해야 환금성을 보장받기 유리하다. 내가 좋아하는 땅은 전원주택 부지 고를 때만 생각하자. 건축가 입장에서 입지를 바라보고, 사업가 입장에서 이 땅에 건축해서 무엇을 할 것인지 고민해 보자. 내가 좋아하는 곳이 아니라 또 다른 투자자가 좋아하는 입지를 선택해야 환금성이 보장된다.

건축가, 투자자 두 사람이 매력적으로 느끼는 입지를 선정해야한다. 두 사람이 미래에 당신 땅을 선택해야 환금성을 보장받기 때문이다. 투자의 기본은 내 마음을 비우고, 철저히 타인의 시각으로 바라보아야 한다는 점이다. 모든 사람이 탐내는 입지는 역세권, 사거리, 타운하우스, 전망이 좋은 곳, 도로 옆, 호숫가다. 문제는 그런 곳은 너무 비싸다는 것이다. 좋은 입지는 비싸도 환금성을 보장받기 쉽고, 미래에 좋아질 입지는 낮은 가격에 장기 투자 관점으로 좋은 것이다. 입지의 핵심은 철저히 건축가, 투자자가 만족하는 곳을 선택하면 실패 확률이 적다.

한 상담 고객의 이야기다. 그분은 두 개의 임야를 추천받았다. 계획관리, 생산관리 임야다. 대개 계획관리를 선택하는데, 그분은 생산관리 지역을 골랐다. 2차선 도로에 붙은 계획관리 임야, 생산관리 임야였다. 분석해 보니 먼 미래를 보았을 때, 계획관리 땅은 평범한 비도시지역이지만, 생산관리 지역은 앞으로 170m 폭의 멋진 강이 내려다보이는 최고의 전망을 갖춘 입지였다. 현장을 방문해 보니 2차선 도로에 붙은 임야가 썩 매력적으로 보이지 않았다. 그래서 차를 가지고 주변을 한 바퀴 돌아보았다. 넓은 강, 다리를 건너는데 지역 주민들이 낚시를 하고 있었다. 물은 맑고 깨끗했다. 다리를 건너서 물건지 임야를 바라보니 정말 멋진 뷰를 자랑하고 있 **173**

었다. 역시나 땅은 어떤 위치에서 보는가에 따라서 달라질 수 있구나 한 수 배운 순간이었다. 멋진 카페, 레스토랑, 갤러리를 하기에 좋은 입지 조건을 가지고 있었다.

결국 땅을 선택할 때는 철저히 투자자 입장에서 환금성을 보장받기 좋은 땅을 선택해야 한다. 계획관리보다 건폐율 면에서 불리하지만 좋은 입지의 땅은 환금성을 보장받기 쉽다. 모든 건축가, 투자자가 탐내는 입지를 선택하는 것이 투자의 핵심이다. 그곳을 선택한 고객의 입가에 미소가 번졌다. 몇 년 후 2차선 도로가 6차선으로 확장된다고 하니 땅값 오르는 일만 남았다.

### 셋째, 용도지역

모든 땅에는 용도가 정해져 있다. 용도는 한마디로 토지에 붙여놓은 계급장이다. 물론 이것이 변경되기도 한다. 중요한 것은 현재의 용도지역을 정확히 알고 땅을 매입해야 하는 것이다. 투자자 관점에서 용도지역이 중요한 것은 건축할 때 건폐율, 용적률이 다르기 때문이다. 가령 같은 땅 100평을 매입했는데 계획관리 지역은 건폐율이 40%, 즉 바닥 면적 40평을 건축할 수 있지만, 생산관리와 보전관리 지역은 똑같은 땅이지만 건폐율이 20%, 즉 바닥 면적 20평만 건축이 가능하다. 초보 투자자 입장에서 '모르면 계획관리 땅만 매입하라.'고 하는 이유가 여기에 있다. 비도시지역에서 계획관리 지역이 가장 비싼 몸값을 자랑하는 이유다.

평범한 사람들 눈에는 똑같은 땅일지 모르지만 용도지역에 따라서 5배 이상 가격 차이가 난다. 농업진흥구역의 농림지 땅은 농사를 짓기 위한 땅으로 개발 행위가 어렵지만, 도로를 끼고 있는 계획관리 임야는 대부분 건축 행위가 가능한 땅이다. 더욱이 건폐율, 용적률이 높기 때문에 환금성을 보장받기 대단히 유리하다. 토지투자에서 용도지역이 중요한 것은 환금성, 수익성과 직결되기 때문이다.

정리해 보자. 용도지역을 이렇게 강조하는 것은 용도지역이, 해당 토지에 건축할 수 있는 건물의 용도와 크기를 결정하기 때문이다. 용도지역을 모르고 토지투자에 나서는 것은 정말 위험한 일이다. 최소한 용도지역만은 꼭 공부하기 바란다.

사례를 하나 살펴보자. 다음의 사진은 농사짓는 땅으로 보인다. 하지만 지적도로 용도지역을 보면 농림지역, 생산관리지역으로 나뉘어 있다. 한쪽은 개발제한 사항이 가득한 농림지역, 반대쪽은 개발이 가능한 생산관리지역이다. 땅의 계급장이 다른 만큼 가격이 크게 차이가 난다. 따라서 현재의 땅 모양이 아니라 지적도상 용도지역을 구분할 줄 아는 것이 토지투자의 기본이다.

〈동일 땅 위성사진〉　　　〈동일 땅 다른 용도지역〉

〈용도지역〉

용도지역이란, 토지의 이용 및 건축물의 용도, 건폐율, 용적률, 높이 등을 제한함으로써 토지를 경제적·효율적으로 이용하고 공공복리의 증진을 도모하기 위해 서로 중복되지 아니하게 도시, 군 관리계획으로 결정하는 지역을 말한다.

– 국토의 계획이용에 관한 법률 제2조 15항

대한민국의 모든 땅은 도시지역, 비도시지역으로 구분한다. 도시지역은 주거지, 상업지, 공업지, 녹지 네 가지로 구분하며 비도시지역은 관리지역, 농림지역, 자연환경보전지역 세 가지로 구분한다. 자신이 매입할 땅의 용도지역은 토지이용규제 정보서비스를 통해서 무료로 열람할 수 있다

## 〈21개 용도지역과 건폐율, 용적률〉

| 용도지역 | | | | 지정사유 | 건폐율 (%) | 용적률 (%) |
|---|---|---|---|---|---|---|
| 도시지역 | 주거지역 | 전용주거 | ①제1종 | 단독주택 중심 양호한 주거환경 | 50 | 100 |
| | | | ②제2종 | 타운하우스, 고급주택지 적합 | 50 | 150 |
| | | 일반주거 | ③제1종 | 다세대, 상가주택 저층 주거환경 조성 | 60 | 200 |
| | | | ④제2종 | 다세대, 상가주택 중층 주거환경 조성 | 60 | 250 |
| | | | ⑤제3종 | 다세대, 상가주택 중고층 주거환경 조성 | 50 | 300 |
| | | ⑥준주거지역 | | 상업지와 가깝고, 원룸, 투룸 용지에 적합 | 70 | 500 |
| | 상업지역 | ⑦중심상업지역 | | 명동, 강남 같은 대도심의 상업지구 | 90 | 1500 |
| | | ⑧일반상업지역 | | 대중교통이 양호한 일반·상업지구 | 80 | 1300 |
| | | ⑨유통상업지역 | | 홈플러스 같은 대형 유통시설로 사용 | 80 | 1100 |
| | | ⑩근린상업지역 | | 택지개발지구 상가용 땅 | 70 | 900 |
| | 공업지역 | ⑪전용공업지역 | | 대규모 산업 밀집지역 울산, 여수공업지역 | 70 | 300 |
| | | ⑫일반공업지역 | | 공장 밀집지역으로 창고, 공장 용지로 적합 | 70 | 350 |
| | | ⑬준공업지역 | | 공업, 상업, 주거 업무 기능의 보완지역 | 70 | 400 |
| | 녹지지역 | ⑭자연녹지지역 | | 도시녹지공간으로 추가 도시개발 시 필요한 구역으로 투자 가치 높은 지역 | 20 | 100 |
| | | ⑮생산녹지지역 | | 과거 농업지역으로 주거지로 변경 가능성이 높은 지역 | 20 | 100 |
| | | ⑯보전녹지지역 | | 도시의 환경보전 목적으로 개발이 어렵다. | 20 | 80 |
| 비도시지역 | 관리지역 | ⑰계획관리지역 | | 도시지역 편입이 예상되는 지역으로 창고, 주거, 음식점 등 활용도가 높다. | 40 | 100 |
| | | ⑱생산관리지역 | | 경사가 적은 농지 형태가 많아 단독주택 용지로 적합한 경우가 많다 | 20 | 80 |
| | | ⑲보전관리지역 | | 자연환경보전 가능성이 높고, 산지관리법 규제가 많은 경우 개발이 제한된다. | 20 | 80 |
| | | ⑳농림지역 | | 농업을 진흥하고 산림을 보전하기 위한 지역으로 농사지을 용도가 아니면 투자 금지 | 20 | 80 |
| | | ㉑자연환경보전지역 | | 보전이 필요한 땅으로, 자식에게 물려줄 마음이 아니라면 투자 금지 | 20 | 80 |

# 6
# 국토종합계획에 주목하자

　외국에 여행을 가면, 대한민국이 얼마나 살기 좋은 나라인지 알게 된다. 그야말로 산 좋고 물 좋은, 사계절이 뚜렷한 나라가 그렇게 많지 않다. 이런 아름다운 국토를 후손에게 잘 물려주기 위해서, 정부는 효율적으로 개발 운영할 책임을 지니고 있다. 그 핵심을 담고 있는 것이 '국토종합계획'이다. 누구나 국토교통부 홈페이지를 방문하면 열람이 가능하다. 그 배경은 다음과 같다.

　국토는 국민의 삶의 터전이며 국민의 생명과 재산을 보호하며 생존 및 경제발전에 필요한 각종 물자를 제공해주는 자원의 보고이다. 또한 국토는 우리 자손에게 물려줄 우리 국민의 유일무이한 자산이다. 이러한 국토는 일제의 식민지적 수탈과 한국전쟁 그리고 산업화 과정에서 크게 왜곡되고 파괴되었다.

1960년대 이후 시작된 본격적인 경제개발정책으로 유례없는 고도성장을 이룩하였으나 단기간에 이룩된 압축 성장으로 인해 수도권의 과밀화, 지역 간 불균형, 기반시설부족, 환경오염 등으로 우리 국토는 심한 몸살을 앓게 되었다.

이러한 외곡된 국토환경은 우리의 지속적인 경제성장 잠재력을 붕괴시키고 더 나가서는 우리 국민의 생존 기반마저 위협받는 지경에 이르렀다. 따라서 이러한 위기 속에서 아름나운 우리 국토의 자연여건과 잠재력을 체계적이고 조직적으로 관리 유지함으로써 지속적으로 경제발전을 이룩하고 쾌적한 주거환경을 제공할 수 있는 맑고 깨끗하며 건강한 국토를 만들어 가지 않으면 안 되게 되었다.

이러한 배경 하에서 우리 국토의 자연여건을 최대한 활용하면서 안정적이며 지속 가능한 경제발전을 이룩하고자 체계적이며 조직적으로 활용하고자 우리 국토에 관한 종합적인 개발계획을 수립하게 되었다.

－ 국토교통부

근거
〈헌법〉 제120조 제2항 〈국토건설종합계획법〉 제2조(1963)

## 〈국토종합계획 차수별 주요내용〉

| 차수별(계획기간) | 주요내용 |
| --- | --- |
| 1차 (1972~1981) | 고도경제성장을 위한 기반시설 조성을 목표로 수도권과 동남해안 공업벨트 중심의 거점개발을 추진 |
| 2차 (1982~1991) | 인구분산의 지방정착과 생활환경 개선을 목표로 수도권 집중억제와 권역개발을 추진 |
| 3차 (1992~2001) | 국민복지 향상과 환경보전을 목표로 서해안 산업지대와 지방도시 육성을 통한 지방분산형 국토개발 추진 |
| 4차 (2001~2020) | 국토균형발전, 동북아중심국가 도약을 위한 연안축, 동서내륙축 구축 →개방형 통합국토 구축 |
| 4차 수정 (2006~2020) | 약동하는 통합국토 실현을 위한 개방형 국토발전축(π) 및 다핵연계형 국토구조(7+1) 제시 |
| 4차 수정 (2011~2020) | 대한민국의 새로운 도약을 위한 글로벌 녹색국토 실현 → 개방형 국토축과 광역연계형 녹색국토 추진 |

6·25 전쟁 후 대한민국의 산업화는 급속한 공업화의 길을 걸었다. 수출만이 우리의 가난을 벗어나게 해 줄 유일한 길이었다. 내가 기억하는 1980년대 구로공단, 가리봉동 지역의 하천에는 늘 검은 오폐수가 흘렀고 악취가 진동했다. 수출 중심의 경공업 덕분에 가난에서 벗어났지만, 전국의 국토는 개발 후유증으로 몸살을 앓았다. 당시에는 경부축이라 부르는 경부고속도로를 따라서 토지투자를 한 사람들이 큰 부자가 되었다. 당시 토지투자로 가장 큰 돈을 번 직업이 무엇이었는지 아는가? 바로 항공기 조종사이다. 그들은

늘 하늘 높은 곳에서 대한민국의 국토가 개발되는 현장을 보았다. 그래서 도로와 철도가 연결되는 지점을 먼저 선점했다.

국토종합개발계획을 자세히 보면 1차에서 3차까지는 10년 단위 개발계획이다. 4차부터는 20년 단위 계획으로 개발이라는 단어가 사라졌다. 이것은 무엇을 말하는가? 2000년 전까지는 경부선 중심의 환태평양 경제권으로 미국과 일본이 수출의 중심이었다면, 4차 국토종합계획의 핵심은 개발이 아니라 철저히 계획된 산업으로 서해안 신산업벨트가 중심이란 뜻이다. 2000년 11월 서해대교의 개통은 한국 경제의 핵심 수출시장이 서해안 중심으로 바뀌어 새로운 환황해경제가 시작됨을 알리는 계기였다. 바야흐로 중국, 인도 등 거대 슈퍼 아시아를 향한 수출 전진기지가 새롭게 탄생한 것이다. 황해경제 자유구역은 토지투자를 하는 사람들에게 큰 기회를 제공했다. 하지만 이것 때문에 토지투자에 대한 아픈 기억을 갖게 되기도 했다. 아무것도 준비 안 된 사람들에게 투기 세력이 황해경제 자유구역 바람을 일으키고 사라졌다.

여기서 중요한 점을 짚어 보자. 제4차 국토종합계획(2001~2020)은 그동안의 난개발을 멈추고 국토를 효율적으로 이용하기 위해 종합계획으로 방향을 틀었다는 사실이다. 20년 계획으로 만들어졌으며 그 계획의 완성이 2년도 안 남았다. 대한민국 20년 국토종합계획의 마무리 단계라는 것은 투자를 해야 할 우리에게 엄청난 기회를 제공한다. 첫째, 사업의 마무리 단계로 토지투자 최대 단점인 환금성을 보장받기 유리한 시점이다. 둘째, 정부의 대규모 SOC(사 **181**

회간접자본) 사업의 마무리 단계로 지자체의 집중 개발이 시작되는 시점이다. 셋째, 해당 지역에 대기업이 직접 개발을 시작하는 시점이다. 지금부터 국토종합계획을 펼쳐놓고 투자 지역의 핵심 이슈를 찾아내야 한다. 이는 투자의 방향을 알려주는 황금 나침반과 같다. 항해를 떠나는 배에 꼭 필요한 것이 나침반과 해도다. 토지 투자를 떠나는 우리에게 반드시 필요한 첫 번째 보물 지도가 바로 국토종합계획이다.

아래의 그림을 보면 DMZ 안보관광 뉴스가 검색된다. 바로 4차 국토종합계획 가운데 수도권에 반영된 사업이다. 이것을 '선계획 후개발'이라고 한다. 국토종합계획의 핵심 권역은 총 7개 권역이다. 수도권, 충청권, 호남권, 대경권, 동남권, 강원권, 제주권이다. 자신이 투자할 지역의 핵심 이슈와 지역을 꼭 확인하기 바란다. 수도권만 가볍게 살펴보면 다음과 같다.

수도권의 비전: 수도권을 동아시아 중심대도시권으로 육성

## 기본 목표

◆ 글로벌경쟁력 강화를 위한 지식경제체제 형성
◆ 동아시아 관문 역할을 위한 국제 교통물류 인프라 구축
◆ 녹색성장 선행모델과 문화관광 브랜드 구축을 통한 삶의 질 확보
◆ 자율적인 광역성장관리체제 구축 및 권역간 연계협력 강화

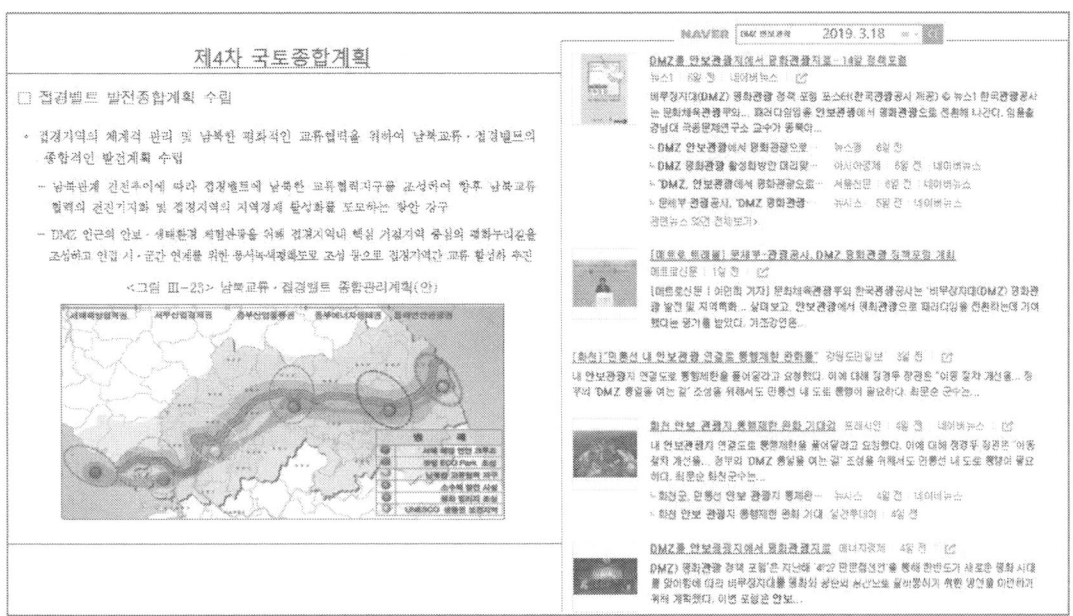

　　자신이 투자할 권역의 핵심을 파악하면서 뉴스를 검색해 보면 현재 추진상황을 알 수 있다. 내가 어떤 지역을 어떤 타이밍에 들어갈지 큰 그림을 그려라. 그러면 도시기본계획에서 쉽게 원하는 정보를 찾을 수 있을 것이다. 토지투자의 기본은 도로망, 철도망이다. 그 기본이 2020년 기준으로 이렇게 만들어져 있다. 지금 뉴스에서 거론되는 각종 GTX망부터 대부분 사전에 계획된 것이 하나씩 이루어져 가는 것이란 사실을 꼭 명심하자. 정부의 정책은 철저히 사전에 계획되고, 다양한 검증 절차를 거쳐 완성되기 때문에 정권이 바뀌어도 큰 틀은 잘 변하지 않는다. 오히려 작은 흔들림이 있을 때가 바로 최고의 투자 타이밍이다. 세종특별자치시를 기억하면 된다. 정권이 바뀌면서 말도 많고 탈도 많았지만 정부의 큰 그림을 믿고 투자한 사람이 최고의 수익률을 보장받았다. 토지투자를 시작하는 사람들의 기본은 국토종합계획을 이해하는 것이다.

2019년 11월에 제5차 국토종합계획(2021~2040)이 발표될 예정이다. 대한민국 미래 20년을 어떻게 그려낼지 기대가 된다. 그것을 참조해 투자 방향을 잡으면 된다. 토지는 단기 재테크 상품이 아니다. 내가 강조하는 것은 정년이 보장된 직장인들의 경우 국가의 미래 전략을 보면서 장기적 관점에서 토지투자로 은퇴 설계를 준비하면 가장 확실하고 안전하다는 것이다. 어떤 분은 미래에 땅이 안 팔리면 어떡하느냐고 질문한다. 미래에 그분에게 되팔고 싶은 땅이 있으면 좋겠다.

인터넷으로 제5차 국토종합계획 참고자료를 검색해 보기 바란다. 누구나 인터넷으로 열람 가능한 자료이다. 2040년 인구감소지역, 무거주지역을 참조하면 도움이 될 것이다. 인구가 몰리고 새롭게 도시가 형성되는 지역을 국토종합계획에서 참조하라. 국토종합계획을 투자의 관점에서 정리하면, 제4차 국토종합계획(2001~2020)의 핵심 지역을 확인하면 된다. 이제 국가가 만들어준 인프라를 활용해서 지자체와 대기업이 세부 개발을 시작할 것이다. 해당지역은 가장 빠른 환금성을 보장해 줄 것이다. 곧 은퇴 시점이 얼마 남지 않은 직장인들에게 도움이 될 것이다. 대신 15~20년 정도 투자 여유가 있는 직장인은 11월에 발표되는 제5차 국토종합계획(2021~2040)을 참조해서 투자에 임하면 좋겠다.

토지투자의 성공은 남보다 빠른 정보로 해당 지역을 선점하는 것이다. 어떻게 해야 좋은 학점을 맞는지 모르는 학생은 없다. 중요한 것은 아는 것을 실천하는 것이다. 수익률은 장기 투자가 단기 투자보다 높다. 주식투자의 경우도 등락을 따라 단기 매매를 한 경우보다 장기 투자 수익률이 훨씬 높다. 토지투자 역시 단기 투자에 나서면 세금으로 국가에 충성하는 것이다. 이 책에서 계속 주장하는 것은 정년퇴직한 모든 직장인의 노후가 행복했으면 좋겠다는 것이다. 그래서 은퇴 전략으로 장기적 관점의 토지투자를 추천하는 것이다. '더 빨리, 더 안전하게, 더 행복해지기' 바란다. 명심하자. 행동으로 옮기지 않는 지식은 죽은 지식이란 사실을.

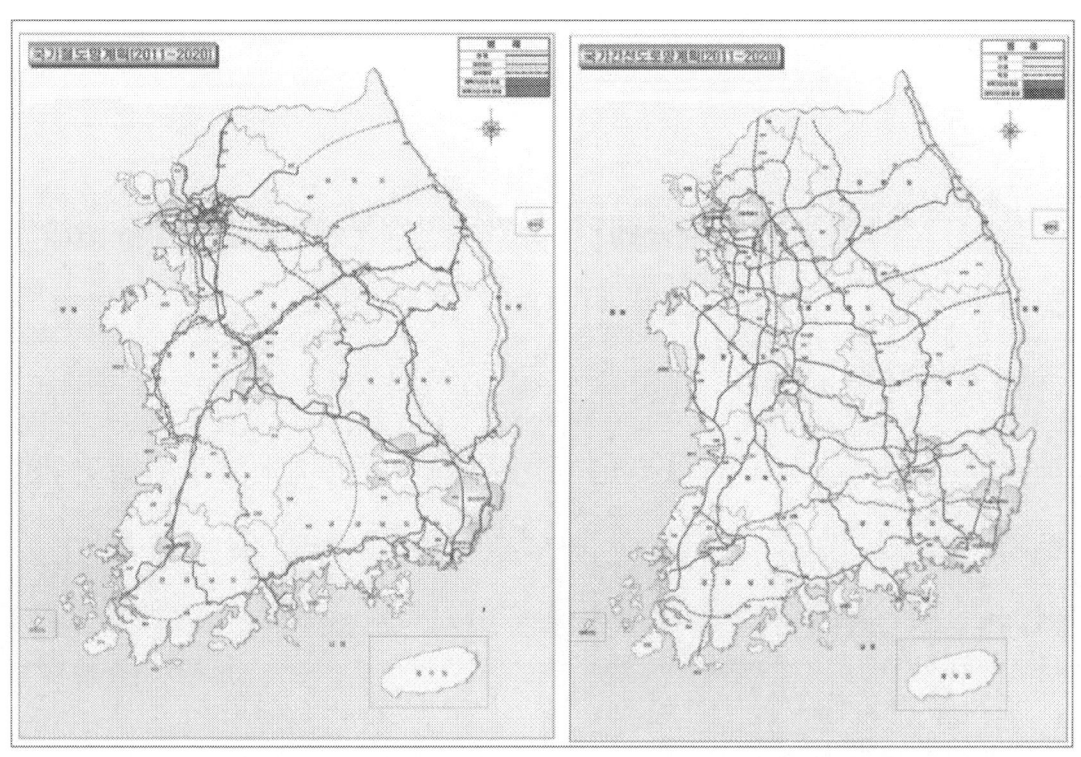

# 7
## 첫 토지투자는 안전하게 시작하라

토지투자는 어떻게 시작해야 할까? 첫째도 둘째도 무조건 안전하게 시작해야 한다. 우리가 어려서 경험한 안 좋은 기억은 트라우마로 오랫동안 남는다. 특히 성인이 되어서 겪은 투자 실패는 쳐다보기도 싫다. 투자와 투기는 엄연히 다르다. 아직까지 사람들은 땅, 토지투자 그러면 기획부동산을 연상한다. 그동안 얼마나 많이 그런 고통을 겪었으면 그런 이야기를 할까?

토지투자와 투기는 어떻게 구분할 수 있을까? 정확히 알고 하면 투자, 아니면 투기라 할 수 있다. 내 지인도 아주 오래 전에 지금 황금 땅으로 변모한 평택 브레인시티 지역에 토지투자를 공동으로 참여했다. 아는 지인들끼리 공동투자, 공동등기 형태로 투자에 참여했다. 물론 해당 지역 토지를 많이 알지는 못해도 함께 참여한 지인들이 신뢰할 만한 사람들이었다. 문제는 공동등기를 했고, 그것을 한 사람이 관리했다는 것이다. 관리를 맡은 사람이 욕심을 부려서 땅을 담보로 대출을 받아 다른 곳에 투자했다가 잘못되는 바람에 모든 사람이 채무를 지게 되었다. 그 관리인이 나쁜 선택을 한 것이다. 관리인이 대출을 받고 세상을 떠났으니 투자자들은 투자금을 전부 날리게 되었다.

대부분 가족 모르게 투자한 경우가 많다. 그러다 보니 가족에게 말도 못하고 마음고생이 이만저만이 아니었다. 그것이 원인이 되었는지 수술할 정도로 건강이 나빠졌었다. 건강을 회복하고 일어서는 데 꼬박 10년이란 세월이 흘렀다. 주변에서 누가 토지투자 이야기만 꺼내도 그때 생각이 난다고 한다. 투기로 시작한 것은 아니지만, 토지투자에 대한 기본 원칙을 세우지 못해 일어난 결과다. 토지투자의 기본을 제대로 공부했다면 얼마나 좋았을까. 그러므로 첫 토지투자는 무조건 안전하게 시작해야 한다.

또 다른 지인은 전형적인 기획부동산에 속았다. 2000년 초반에 황해경제 자유구역 바람이 거세게 부동산 시장을 강타했다. 그때 아무것도 모르고 그냥 투자하면 돈이 된다는 말에 절대농지를 매입했다. 석문국가산업단지 바로 옆에 있는 절대농지를 평당 20만 원을 주고 샀다. 18년이 지난 지금도 찾는 사람이 없다. 일단 투기 세력은 어떤 대형 이슈가 생기면 싼 땅, 모양이 좋은 땅으로 유혹한다. 처음부터 투기할 마음이 없으면 속을 일도 없다. 물론 기본 지식이 없다면 그것도 모른다. 기본적으로 농업진흥구역은 농사를 짓기 위한 땅이다. 그런데 미래 가능성을 보고, 싸고 모양이 좋다고 유혹했을 것이다. 석문국가산업단지 인근 절대농지는 참 보기도 좋고 모양도 예쁘다.

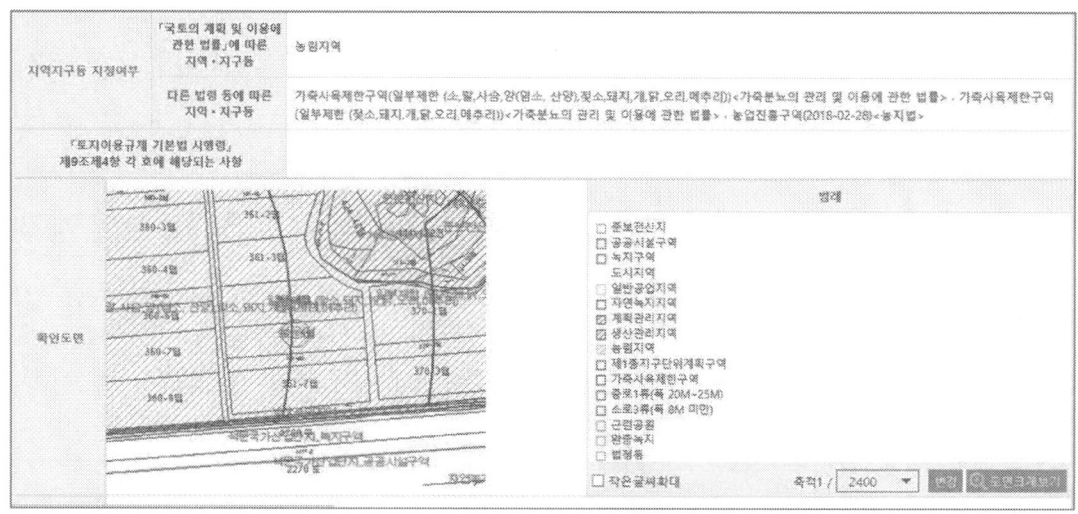

아마도 국가산업단지가 빠르게 분양되고 나면 주변이 대규모 상업지로 개발될 가능성을 기대했을 것이다. 지금 이 순간에도 절대농지를 사면 안 되느냐고 묻는 분이 많다. 정답은 없다. 세상에 모든 땅은 돈이 되기 때문이다. 문제는 환금성이 떨어진다는 것이다. 설마 절대농지를 사서 자식들에게 농사지으라고 투자하지는 않을 것이다. 그렇다면 혹시나 하는 마음보다 건축 행위가 가능한 땅을 처음부터 매입하면 된다. 절대농지 투자의 경우 하나같이 신설 역세권 이슈를 말한다. 그 절대농지가 정말 역세권으로 편입된다면 무조건 사야 한다. 그런데 안 되면 어찌할 것인가? 따라서 첫 토지투자는 안전하게 하길 바란다. 그 핵심은 환금성이다. 경험이 쌓이고, 자본금이 많아지면 그때는 한번쯤 모험성 투자를 해도 좋다. 그러나 첫 토지투자를 성공해야 지속적으로 할 수 있다.

토지를 모르는 사람들도 계획관리 땅만 찾는다. 어디서 들었는지 모르지만 계획관리 땅이 좋다고 했단다. 반은 맞고, 반은 틀린 말이다. 건축 행위가 가능한지 확인해야 한다. 가능하면 토지투자의 기본 공부를 하길 바란다. 어려운 것도 아니고, 오래 걸리는 것도 아니다. 몇 시간이면 충분하다. 우리가 어려서 잠시 배운 자전거 타는 법을 지금껏 잘 활용하고 있는 것과 같다. 그리고 직장생활 시작과 동시에 안전한 토지투자로 종자돈을 불려 나가라. 그래야 그것으로 미래를 향한 장기 전략을 펼칠 수 있다.

토지투자는 장기 상품이다. 단기간에 승부를 보려고 하면 잘못될 확률이 높다. 건축 행위를 직접 하는 개발업자가 아닌 일반인이 토지투자로 단기간에 고수익을 기대하기는 쉽지 않다. 정리하자면 직장인들에게 가장 안전하고 수익률이 높은 투자 상품은 토지투자다. 그것을 장기 전략으로 가져가기 위해서 첫 소액 지분투자를 무조건 안전하게 시작해서 빠르게 환금성을 보장받아라. 그리고 그 종자돈을 은퇴 시점에 맞추어 장기 투자로 전환해라.

첫 토지투자의 성공이 행복한 은퇴를 준비하는 밑거름이 될 것이다. 첫 토지투자를 성공하는 법은 간단하다. 대박 욕심을 버리고 안전한 곳을 선택하면 된다. 세상에 투자 기회는 많다. 모든 것을 한 번에 끝내려는 욕심을 내려놓고, 환금성 보장을 최우선으로 첫 토지투자를 선택하기 바란다.

# 8
# 인구 증가 지역을 눈여겨보라

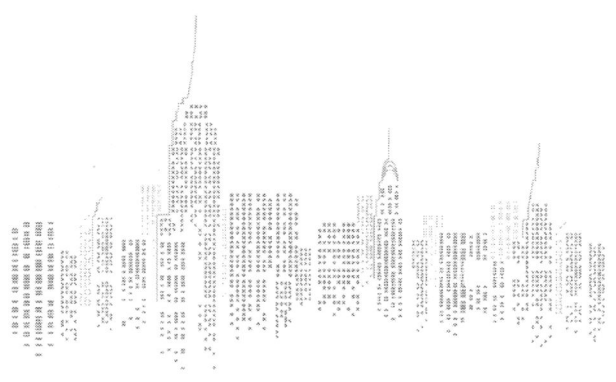

　통계청 발표에 따르면 2019년 한국의 인구 수는 5,181만 1,167명으로 G20 국가 중 12위라고 한다. 중요한 것은 출생률이 세계에서 가장 낮은 국가, 즉 인구가 향후 지속적으로 감소할 것이란 사실이다. 모든 투자의 기준에서 인구수가 중요한 이유는 바로 수요와 공급 때문이다. 당연히 인구가 집중되는 지역은 투자 가치가 높을 것이고, 인구가 줄어드는 곳은 투자 가치가 낮을 것이다. 토지투자는 단기간에 시세 차익을 올리는 것보다 장기적으로 봐야 더 높은 수익성을 보장한다. 따라서 인구가 줄어드는 곳을 피하고, 미래 인구가 늘어나는 곳을 선택하는 것이 중요한 투자 포인트다.

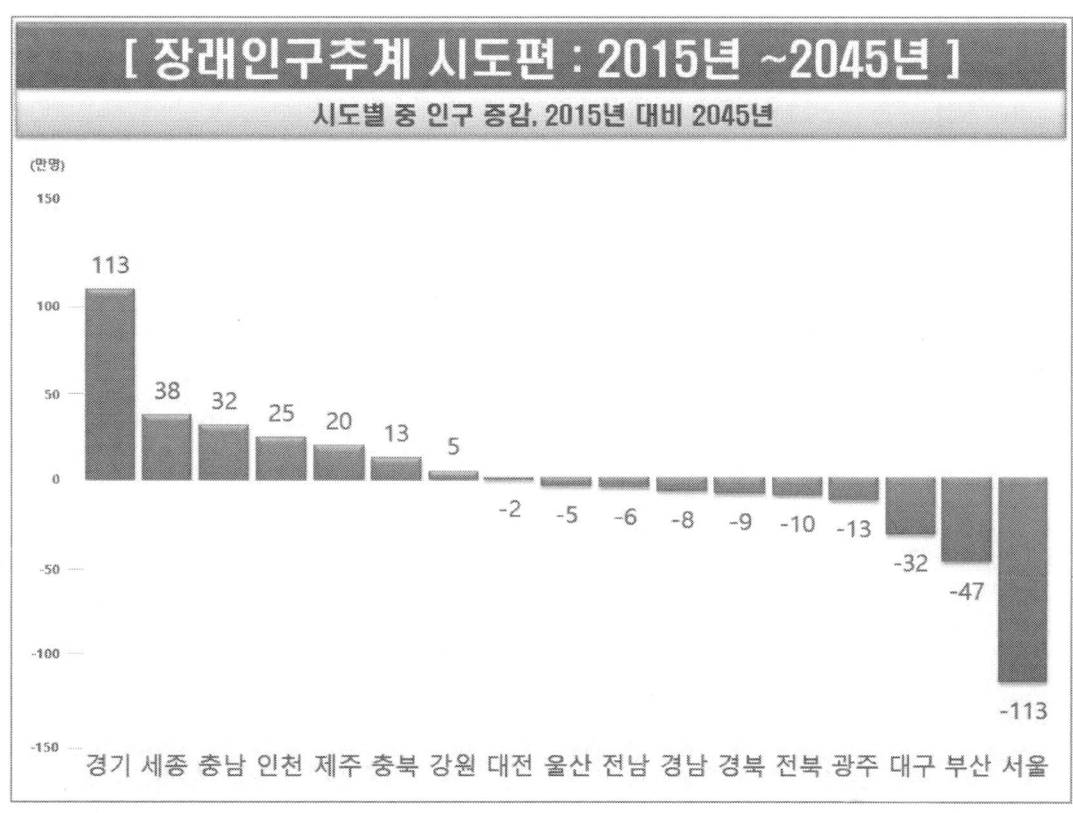

시도별 중 인구 증감, 2015년 대비 2045년

(만명)

113 38 32 25 20 13 5 -2 -5 -6 -8 -9 -10 -13 -32 -47 -113

경기 세종 충남 인천 제주 충북 강원 대전 울산 전남 경남 경북 전북 광주 대구 부산 서울

– 출처: 통계청(장래인구추계 시도편)

서울의 인구는 1,000만이 무너진 후 2019년 977만 638명이다. 높은 집값을 피해서 경기도로 옮겨 가고 있다. 가장 심각하게 인구가 줄어드는 곳이 서울, 대구, 부산이다. 반면 지속적으로 인구가 늘어나는 지역은 경기도, 세종, 충남이다. 그렇다면 우리는 장기적으로 어디로 가야 하겠는가?

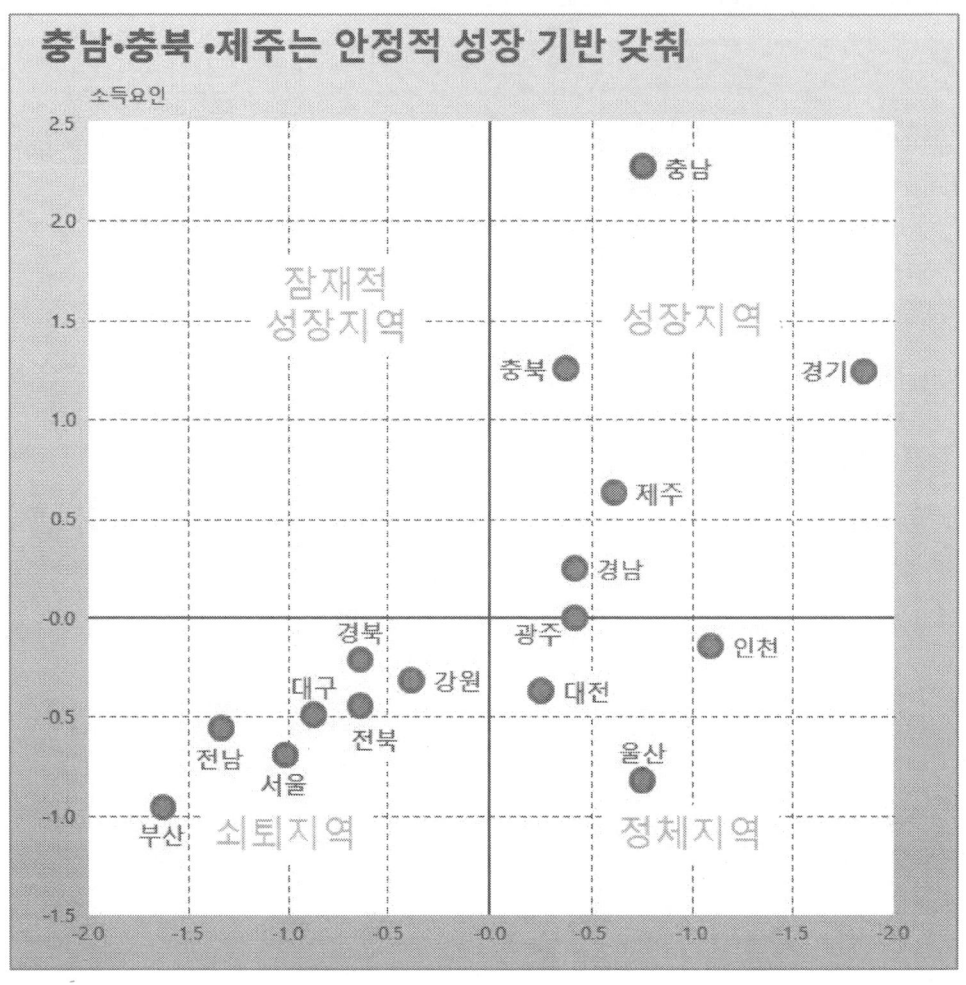

충남·충북·제주는 안정적 성장 기반 갖춰

소득요인

잠재적
성장지역

성장지역

충남

충북          경기

제주

경남

경북          광주          인천

대구          대전

강원

전북

전남

서울

부산    쇠퇴지역        정체지역

울산

－ 출처: "서울·부산·대구 쇠퇴하고, 한국 지역 패권이 변한다"
중앙일보 2018.1.3.

이 기사에 따르면 지역순환가설은 지역의 발전 단계가 '성장지역 → 정체지역 → 쇠퇴지역 → 잠재적 성장지역 → 성장지역'으로 순환한다는 것이다. 소득과 인구 증가율이 모두 높으면 성장지역, 모두 낮으면 쇠퇴지역이다. 인구 증가율은 높으나 소득 증가율이 낮으면 정체지역, 인구 증가율이 낮고 소득 증가율이 높으면 잠재적 성장지역이다. 그렇다면 우리는 당연히 성장지역에 투자해야 한다.

도표를 보면 충남이 압도적으로 높은 수치를 보이고 있다. 다음은 이와 관련한 투자 상담 사례다. 지방에서 자영업을 하는 분이 상담하러 왔다. 늦게 결혼해서 예쁜 공주 두 명을 두었다. 40대 가장으로서 현재 안정적으로 생활하고 있는데, 향후 자녀 교육비와 부부의 노후 생활이 걱정되어 지금부터 준비를 해야겠다고 말했다. 참 현명한 판단이다. 그래서 어떤 계획을 세우고 있는지 물었다. "20년 뒤 상가 두 개를 건축할 땅을 찾고 있습니다." "지역은 어디를 생각하고 있나요?" "대구와 부산이요." 대부분 자신이 사는 지역을 중심으로 찾으려는 경향이 고스란히 드러난 대답이었다. 이유를 물었더니 특별한 이유가 없었다. 그저 자신이 잘 알고 있는 지역이 이유라면 이유였다. 그래서 중앙일보 기사를 보여 주었다. 깜짝 놀라면서 지금 당장 땅을 계약하는 것보다 더 큰 것을 얻었다며 너무 고마워했다.

생각해 보라. 자영업을 하면서 안 먹고 안 쓰고 저축해 20년 뒤의 미래를 보고 투자했는데, 그 지역이 미래에 쇠퇴할 지역이라면 어떻게 될 것인가? 토지투자를 한다면 한국의 거시경제가 어떻게 흘러가는지 기본 흐름은 알고 있어야 한다. 나도 토지 공부를 하면서 얻은 가장 큰 기쁨은 대한민국의 미래 전략을 알아 가는 것이었다. 결국 국가 정책에 따라 산업이 움직이고 기업이 몰려가고 인구가 증가하는 것이다. 인구가 몰리는 지역은 무엇을 하든 잘될 수밖에 없다. 당연히 땅은 부족하고 가격은 상승할 것이다. 땅이란 상품은 아파트처럼 찍어낼 수 있는 것이 아니다. 당연히 그 어떤 재테크 상품보다 희소성이 강하다. 따라서 사람이 몰리는 지역, 사람이 빠져 나가는 지역을 살펴봐야 한다. 20년이란 긴 시간을 내다보는 장기 투자 관점에서 땅을 선택할 때 가장 중요한 변수는 인구 변화다. 무조건 인구가 감소하는 지역은 피하고, 인구가 몰리는 지역을 선택해야 한다. 대한민국의 서울도 지금 지속적으로 인구가 감소하고 있다. 20년 뒤 서울의 땅값은 과연 어떨지 궁금하다. 이웃나라 일본처럼 미래에 사람이 한 명도 살지 않는 지역이 생길지도 모른다. 각종 통계 자료가 그것을 예측해서 보여 주고 있다.

30년이란 긴 세월 힘겹게 일하고 은퇴하는 수많은 직장인이 반드시 행복한 미래를 보장받으면 좋겠다. 그 수단으로 선택하는 토지투자의 핵심은 어떤 지역을 선정하는가에 달렸다. 반드시 미래에 성장할 지역을 선택하기 바란다. 토지투자의 핵심 지역은 "쇠퇴지역을 피하고, 성장지역을 선택하라!"이다. 그 핵심은 인구 증가에 달렸다. 결국 사람이 답이다. 어느 지역에 사람이 몰리는지 주목하고 투자에 임하기 바란다. 조금만 관심을 가지면 누구나 알 수 있다. 특히 장기 투자를 고려한 은퇴 전략에서 인구 증가는 핵심 요소라는 사실을 명심하자. 옛말에 '사람은 나서 서울로 보내라.'고 한 이유도 결국 사람 때문이었다.

# 9
# 나만의 토지투자 원칙을 세워라

당신만의 특별한 투자 원칙은 무엇인가? 성공한 투자가들을 만나면 한결같이 물어 보는 질문이다. 물론 빤한 답이 돌아온다. 기본에 충실한 것입니다. 절대 틀린 말이 아니다. 그런데 우리는 특별한 것을 원한다. 어떤 투자를 하든지 반드시 나만의 원칙을 가지고 있어야 한다. 그것이 기본이다. 전쟁터에서 살아남기 위해 군인에게 기본을 가르쳐 주는 곳은 훈련소다. 그곳에서 전쟁에서 살아남는 기본 방법을 가르친다. 최소한의 기본 말이다. 사격, 유격, 그리고 모든 군인이 싫어하는 화생방 실습까지. '진짜 사나이'란 프로그램을 보면서 시청자는 즐거워했지만 출연자들은 고통의 시간을 겪었을 것이다. 그게 바로 기본이다.

전쟁터에서 죽지 않고 살아남기 위한 기본을 훈련소에서 배운다면, 재테크로 살아남기 위한 기본은 어디서 배울 수 있을까? 모든 투자에 앞서 꼭 이것을 배우고 시작하기 바란다. 대부분의 직장인에게는 주식투자의 경험이 있다. 내 주변에도 주식투자로 몇 억원을 날린 사람이 제법 많다. 주식투자의 경우, 남편이 부인 몰래 혼자 투자하다 전 재산을 잃고 이혼 위기에 몰린 경우도 많다. 다행히 부부가 함께 의논하면서 투자한 경우는 그래도 공동 책임이라 이혼 위기는 넘기지만 속이 쓰린 건 마찬가지다. 투자 상담을 하면서 그런 분들에게 꼭 물어 보는 말이 있다.

"주식투자를 몇 년간 하면서 어떤 원칙으로 투자를 하셨나요? 제가 질문 드릴게요. 오늘 삼성전자 주식을 왜 사셨나요? 오늘 삼성전자 주식을 왜 매도하셨나요? 여기에 즉시 세 가지 이유를 댈 수 있다면 선생님은 주식투자 원칙이 있는 겁니다. 만약 방송에서, 신문에서, 친구가, 펀드매니저가 추천을 해서가 이유라면 선생님은 주식투자 원칙이 없는 겁니다."

큰 손실을 본 고객 대부분은 나만의 원칙이 없다. 나 역시 주식투자를 했던 사람으로 나의 주식투자 원칙은 딱 한가지였다. "해당 주식 종목이 20일선 위에 있을 때 매입하고, 20일선 아래로 떨어지면 매도한다." 정말 이 기본 원칙 한 가지를 가지고 주식투자를 했다. 기본을 지킨 덕분에 나는 하락장에서도 큰 손실을 본 적이 없었다. 물론 지금은 주식투자를 하지 않는다.

그렇다면 토지투자를 할 때 어떤 나만의 투자 원칙을 세워야 할까? 가장 적은 리스크, 가장 큰 기대 수익률을 높이기 위한 나만의 투자 원칙을 알아보자.

196

토지투자의 기본 원칙 5+3을 반드시 기억하자.

## 지역을 선택하는 5가지 원칙

### ① SOC(사회간접자본)를 주목하라

매년 정부는 국토 균형발전을 위해서 막대한 사회간접자본 예산을 투입한다. 이 엄청난 규모의 예산이 집중 투자되는 지역이 어디인지 확인하라. 정부는 그냥 예산을 쓰지 않는다. 20년간 계획된 국토종합개발계획에 따라서 단계별로 예산을 집행한다. 물론 정권이 바뀔 때마다 우선순위가 바뀌는 경우도 많다. 하지만 정부의 변하지 않는 한 가지 사실은 바로 국토종합개발이라는 당위성이다. 정부가 예산을 투자한 사업은 반드시 그만큼의 세수가 확보될 가능성이 있기 때문이다. 그건 바로 기업에서 거둬들이는 세금이다. 따라서 매년 연말 발표되는 사회간접자본 예산을 반드시 확인하라.

2019년 국토교통부 예산은 총 43조2191억 원으로 확정됐다. 이는 2018년(39조7,233억 원) 대비 8.8% 오른 수치로 정부안(42조6,539억 원)보다 5,500억 원 늘었다. 증액된 예산은 대부분 사회간접자본(SOC) 부문이다. 이 부문 예산은 정부안(14조6,961억 원)보다 1조673억 원이 올랐다. 이는 정부안 대비 확정 예산 오름폭(5,500억 원)의 2배 수준이다. 2018년 11월 서해선 복선전철 사업이 예산 부족으로 지연될 예정이라는 뉴스가 보도된 적이 있었다. 하지만 연말 예산심의 결과 서해선 복선전철 사업 예산에 1,000억 원이 추가 배정되었다. 한마디로 정부에서 추진하는 SOC 사업은 차질 없이 진행된다는 뜻이다. 당신이라면 어느 지역에 투자하겠는가? 투자 지역을 선택할 때 반드시 점검할 것이 바로 SOC 예산이 집중되는 지역이다. 그곳에 우선 투자하는 것이 토지투자 단점인 환금성을 빠르게 보장받는 방법이다.

② 대기업이 투자하는 곳에 집중하라

토지투자로 수익을 극대화하는 방법은 역시나 대규모 개발 호재에 달렸다. 그중에 한 가지가 바로 대기업의 투자 유치다. 이번에 SK하이닉스가 용인시에 새롭게 투자를 결정하면서 주변의 땅값은 크게 요동치고 있다. 평택의 삼성반도체 단지를 품에 안은 고덕 신도시의 경우도 주변 땅값은 상상 불가 수준으로 올랐다. 따라서 대기업이 몰려가는 곳, 투자 유치가 확정된 곳, 그럴 가망성이 높은 지역에 주목하라. 대기업은 절대 손해볼 장사를 하지 않는다.

정부의 SOC 예산이 집중되어도 대기업이 움직이지 않는 곳은 그 이유가 있다. 그 대표 예가 새만금이다. 2010년에 완공되었지만 아직까지 대기업의 투자 유치가 활발히 이루어지지 않고 있다. 기업은 철저히 이익을 보고 움직인다. 즉 돈이 된다면 정부가 움직이기 전에 먼저 움직인다. 대기업이 투자하는 지역은 수출이 핵심이다. 따라서 대기업 한 곳이 움직이면 해당 기업의 수많은 하청 업체가 동시에 움직인다. 따라서 주변이 급속하게 개발될 확률이 높다. 대기업만 따라서 투자해도 결코 손해는 안 볼 것이다.

제4차 국토종합계획의 핵심은 서해안 시대, 신산업 벨트다. 이것은 당연히 중국과의 수출 전진기지로 물류비용 절감이라는 대기업의 가장 큰 경쟁력을 갖춘 지역이기 때문이다. 대기업이 투자하는 지역은 반드시 기업에 도움이 되기 때문이다. 따라서 대기업이 투자하는 지역에 늘 관심을 가져라. 이것만 기억해도 토지투자 절반은 성공한 셈이다.

③ 도로, 철도, 항공, 항만 등 기반시설에 집중하라

땅이 돈이 되려면 가장 기본이 도로교통망이다. 내 땅에 앞으로 얼마나 많은 차량이 지나가는가가 내 땅값을 좌우한다. 서해대교는 1993년 11월 착공해서 2000년 11월 개통되었다. 총 사업비로 6,777억을 투입하였다. 정부가 교량을 건설하고 고속도로를 신설하는 것은 전부 선계획 후개발 원칙을 따른다. 국가에서 예산을 투자한다면 그만큼의 세금이 걷힐 것으로 판단했다는 것이다. 그것도 20년 이상 미래의 교통량을 예측해서 건설하는 것이다. 서해안 시대, 환황해경제권의 늘어나는 서해권 교통망과 물류수송을 위한 기반시설로 건설한 것이다. 약 20년이 흘렀는데 교통량 폭주로 서해대교 좌우로 새로운 교량 두 개를 건설할 예정이다.

전국의 신설 교통망을 확인해 보면 그 이유가 있다. 그 기본이 제4차 국토종합계획(2002~2020)이다. 정부의 모든 교통망은 그것에 근거하여 예산을 순차적으로 투입한다. 따라서 새로운 교통망이 착공하면 해당 지역의 땅값은 순식간에 올라 버린다. 혹시 여행을 다니다 도로 좌우로 "현 위치 토지매매 합니다." 이런 홍보물이 걸려 있으면 즉시 전화를 해 보라. 아마도 깜짝 놀라게 될 것이다. 시골의 도로 옆 땅값도 결코 만만한 가격이 아니다. 그러나 돌이켜 보면 10년 전, 20년 전에는 도로가 없었다. 미래에 신설될 도로교통망을 따라서 투자에 나선다면 쉽게 환금성을 보장받을 수 있다. 신설될 도로, 공항, 항만, 철도에 최대한 관심을 기울여라. 시간이 없다면 딱 한 곳 내가 정말 투자하고 싶은 지역에 늘 관심을 갖기 바란다. 그게 정보, 곧 수익성을 보장한다. 2019년 11월 정부는 제5차 국토종합계획을 발표할 예정이다. 미래 20년을 예측하고 싶다면 반드시 확인하기 바란다.

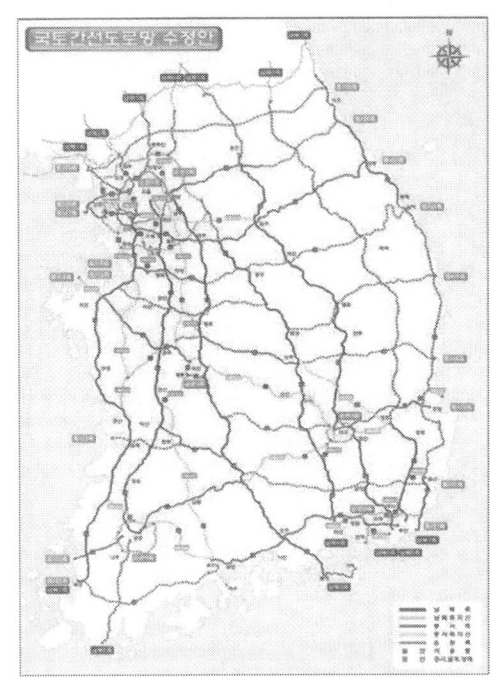

- 출처: 국토교통부 고시         - 출처: 국토교통부 고시
  제2017-33호                   제2016-374호

① 지속적인 인구 증가를 점검하라

대한민국의 인구는 점점 줄어들고, 고령화는 빠르게 진행되고 있다. 결국 투자의 핵심은 사람을 따라가는 것이다. 즉 인구가 줄어들고 있는 지역은 피하고, 지속적으로 인구가 유입되는 지역을 선

택해야 한다. 현재 인구 증가 순위는 1위 세종시, 2위 제주도 순이다. 이미 서울도 인구 1,000만이 무너진 지 오래되었다. 매년 전국의 대도시 인구는 줄어들고 있다. 토지투자의 관점에서 인구 증가는 매우 중요한 요소다. 궁금하다면 지자체 홈페이지에서 확인이 가능하다. 5년 단위로 잘 정리되어 있다.

얼마 전 상주시 인구 10만이 무너지자 전 공무원이 반성의 의미로 상복을 입고 근무하는 모습이 뉴스에 보도되었다. 땅은 철저히 미래를 보고 투자하는 것이다. 10년, 20년 장기적 관점에서 바라볼수록 돈이 되는 것이 땅이다. 그럼 어떤 지역을 선택할 것인가? 미래에 지속적으로 인구가 증가할 지역을 선택해야 한다. 외국인 증가 비율을 별도로 분석하는 사람도 있다. 외국인 증가는 산업 관련 인구가 늘어나는 보조지표로 참조하면 된다.

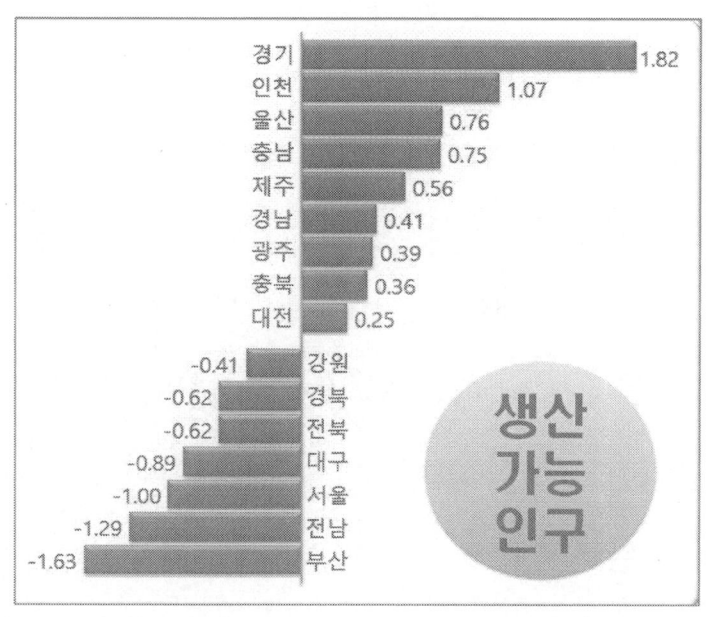

– 출처: "서울, 부산, 대구 쇠퇴하고… 한국 지역 패권이 변한다"

중앙일보 2018.1.3.  **201**

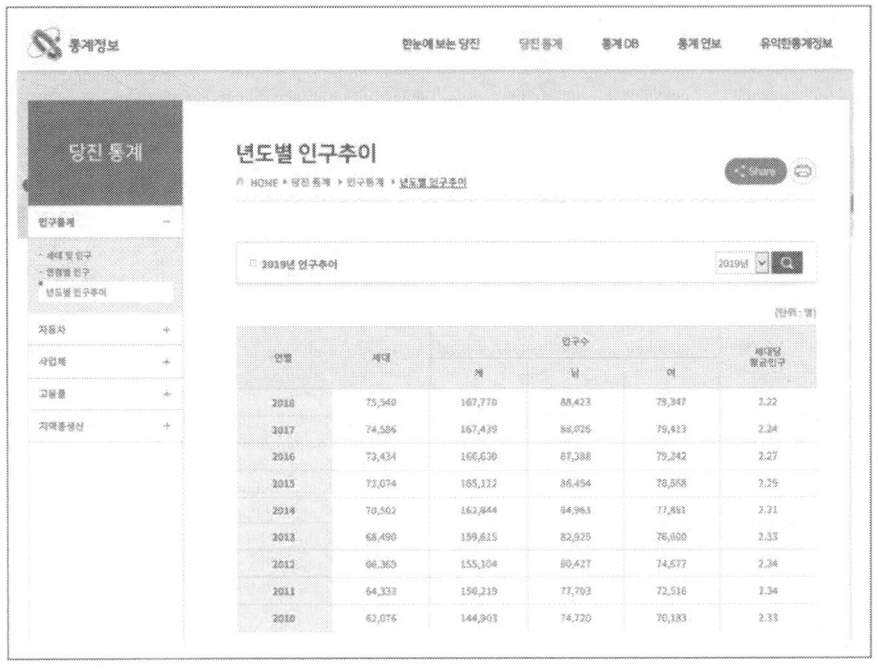

- 출처: 당진시청 통계자료

⑤ 지자체 세수가 증가하는 지역

정부와 지방의 지자체가 공동으로 대기업을 유치하기 위해 발로 뛰면서 노력하고 엄청난 세제 혜택을 지원하는 이유는 무엇일까? 정부는 수도권 과밀화를 해소하기 위한 국토균형발전과 인구분산 정책, 지자체는 대기업 유치를 통한 일자리 창출, 지자체 세수 증가를 목적으로 하고 있다. 이번 용인시 SK하이닉스 유치에 따른 인구 유입, 일자리 창출, 세수 확보는 상상을 초월할 것이다. 조용하던 시골이 대기업 유치에 따라 엄청난 변화를 일으킨 파주 LG LCD 단지, 평택 고덕신도시 삼성반도체, 이천 하이닉스 유치에 따라 도시규모 자체가 달라지고 지자체는 대규모 세금이 걷힌다. 세금이 많이 걷히는 도시가 부유한 도시, 살기 좋은 도시가 되는 것이다. 결국 세수 확보를 위한 경쟁이 대기업 유치의 핵심 이유가 된다.

당진시 기업세제 지원현황

| 세제지원 및 기타 | | 당진시 기업세제 지원현황 |
|---|---|---|
| **구분** | | **지원내용** |
| 수도권소재 지방이전기업 (수도권과밀 억제권역) | 법인세 | 2020. 12. 31.까지 사업개시한 업체로 6년간 100%면제, 이후 3년간 50%감면 / 양도차익 익금불산입 |
| | 취득세 | 대도시 외 지역에서 사업용으로 취득하는 부동산(2018.12.31.까지) |
| | 재산세 | 납세의무가 최초로 성립하는 날부터 5년간 면제, 이후 3년간 50% 경감 |

– 출처: 당진시청 통계자료

## 지역 내 땅을 선택하는 세 가지 원칙

### ① 즉시 건축 가능한 땅을 선택하라

첫째, 잘못된 땅을 선택한 사람들 대부분이 맹지를 선택한 경우다. 지적도상 도로가 없어서 건축 행위 자체가 불가능한 경우다. 어떠한 경우도 건축 행위가 불가능한 땅은 환금성을 보장받기 어렵다. 물론 그린벨트 지역의 맹지인 경우도 대규모 택지개발이 이루어진다면 보상을 받는 데는 문제가 없다. 둘째, 개발이 불가능한 산지를 피해야 한다. 전·답보다 가격이 저렴하고 투자 가치가 높다 보니 계획관리 임야를 많이 매입하는데 반드시 보전산지는 피하고, 준보전산지를 선택하라. 셋째, 절대농지 즉 농업진흥구역의 농지는 농사를 짓는 땅이다. 환금성을 보장받는 핵심이 바로 건축 가능한 땅이란 사실을 반드시 명심하자.

### ② 300평 미만의 땅을 선택하라

건축가 입장에서 땅 면적이 크면 초기 매입 비용 부담으로 꺼리는 것이 일반적이다. 100평 이상 300평 미만의 땅이 가장 값이 비

203

싼 이유다. 찾는 사람도 많고 원룸을 비롯해 무엇을 하기에도 적당한 평수이기 때문이다. 혹자는 500평까지 괜찮다고 한다. 이것은 어디까지나 본인의 선택 기준이다. 시골 땅은 대부분 평수가 지나치게 크다. 같은 용도, 지목이라도 100평, 5,000평의 땅값이 서로 다르다. 그것은 수요가 다르기 때문이다. 결국 환금성을 보장받기 용이한 300평 미만을 선택하라. 지분투자의 경우도 300평 미만의 땅을 추천한다. 가끔 1만 평이 넘는 땅을 지분으로 매입한 경우를 보는데 어떻게 환금성을 보장받을지 걱정이 된다.

③ 적정 가격으로 매입하라.

땅 가격을 물어 볼 때 가장 어려운 것이 평균 가격이다. 아파트는 가능하지만 땅은 가능하지 않다. 원칙적으로 땅값은 지주가 결정한다. 땅은 미래 가치를 보고 매입하는 것이지, 지금 당장 시세를 보는 것이 아니기 때문이다. 따라서 본인만의 땅 가격을 산정하는 기준이 필요하다.

| 구분 | 가격대 | 비고 |
| --- | --- | --- |
| A단계 | 평당 500만 원 이상 | 도시화 지역 |
| B단계 | 평당 50~100만 원 | 비도시지역 |
| C단계 | 평당 10만 원 미만 | 시골 지역 |

A단계(도시지역)의 땅값은 몇 백에서 많게는 수천만 원을 넘어선다. 일반인들이 접근하기에는 너무 높은 가격이고, C단계(시골)

는 개발되기에 너무 오래 걸리고, 투자자 입장에서는 B단계(비도시지역)에 들어가서 3~5년 후 도시화 개발 시점에 되팔고 나오는 것이 가장 환금성을 보장받기 좋다.

바로 이 투자 원칙으로 성공한 사람의 이야기다. 그분은 대구에서 식당을 하는 분이다. 남편과 함께 열심히 식당을 운영해서 남부럽지 않을 정도의 자산을 가지고 있었다. 오랫동안 식당을 하면서 알고 지내던 단골 고객이 하도 땅을 사라고 해서 정말 묻지도 따지지도 않고 땅을 매입했다고 한다. 그게 6년 전 일인데, 등기권리증을 가지고 오셔서 권리 분석을 해 보았다. 정말 당시에 말도 안되게 높은 가격으로 평균 거래 가격보다 3배나 높은 가격에 매입했다. 땅을 매입하고 몇 달 후에 그런 사실을 알게 되었다고 한다. 불행 중 다행으로 위에 언급한 토지투자 원칙에 딱 맞는 필지였다. 90평 정도의 계획관리 땅으로 건축 가능한 땅이었다.

6년이 지난 후 가끔 땅을 팔라고 연락이 오는데 그렇게 비싸게 주고 산 가격보다 2배가 올랐다는 것이다. 6년에 2배의 수익을 아파트나 상가에 투자였다면 가능했을까? 만약 정상 가격에 매입했다면 6배의 수익을 올릴 수 있었다. 토지투자의 가장 큰 단점인 환금성을 보장받기 위해서는 나만의 투자 원칙을 지켜야 한다. 그분은 웃으면서 말했다. "제가 돈 버는 재주는 있는데, 땅 보는 재주는 없어요. 땅을 사러 전국을 다녀봤지만 그때마다 실패를 했어요. 이제 돈 열심히 벌어서 땅 한 필지 매입할 정도가 되면 또 찾아오겠습니다." 부자가 되는 사람이 바로 이런 사람이다. 자신이 가장 잘

하는 일에 최선을 다하고, 여유 자금이 있을 때 신뢰할 전문가를 찾아가 상담 받고 투자에 임하면 된다.

무엇을 하든 가장 중요한 것이 기본이다. 자전거를 배울 때는 중심 잡고 안전하게 넘어지는 법을 배우면서 자전거 타기에 도전한다. 토지투자에 나서면서 나만의 원칙이 없다는 것은 이미 실패할 위험에 노출되어 있다는 것이다. 최소한 5+3 원칙을 기억하라. 지역을 선택하는 다섯 가지 원칙, 지역 내 땅을 선택하는 세 가지 원칙. 이것만 지켜도 토지투자 절반은 성공한다. 이제 전화 영업을 통해, 묻지도 말고 투자하라는 지인들에게 나만의 토지투자 원칙을 당당히 밝혀라. 당신을 새롭게 바라볼 것이다. 어떤 땅이든 나만의 토지투자 원칙을 적용해 보고 100% 만족하는 땅을 선택하라. 그것이 환금성을 보장받는 최고 빠른 길이다.

요약정리

당신이 선택할 땅의 지번을 기록하고 아래 항목을 적용한 후 자체 평가해 보라. 환금성을 보장받고 싶다면 평가 결과 모두 ●인 곳을 선택하면 된다.

| 지번: 세종시 ○○○지역 | | | | | |
|---|---|---|---|---|---|
| 지역을 선택하는 다섯 가지 원칙 | | | 평가 결과 | | |
| No | 평가 기준항목 | | ● | ▲ | ■ |
| ① | SOC(사회간접자본) 투자 지역인가? | | | | |
| ② | 대기업이 투자하는 곳인가? | | | | |
| ③ | 도로, 철도, 항공, 항만 등 기반시설이 들어설 예정인가? | | | | |
| ④ | 지속적으로 인구가 증가하는 지역인가? | | | | |
| ⑤ | 지자체 세수가 증가하는 지역인가? | | | | |
| 지역 내 땅을 선택하는 세 가지 원칙 | | | 평가 결과 | | |
| No | 평가 기준항목 | | ● | ▲ | ■ |
| ① | 즉시 건축 가능한 땅인가? | | | | |
| ② | 300평 미만의 땅인가? | | | | |
| ③ | 적정 가격인가? | | | | |

# 10
## 3+5 나만의 은퇴 전략을 세워라

직장인들이 꿈꾸는 미래는 무엇일까? 투자 상담을 하면서 물어본다. "은퇴 시 꿈꾸는 자산 규모는 얼마입니까?" "선생님의 은퇴 전략은 무엇입니까?" 농담이지만 이렇게 말하는 분들이 있다. "은퇴를 안 하는 것이 제 은퇴 전략입니다." 내가 바라는 것은 딱 한 가지다. 정말 진정한 은퇴를 원하는 분, 은퇴를 안 하고 싶다는 분, 그분들의 깊은 속마음을 알기 때문이다. 그분들이 원하는 것은 "정말 큰 부자는 아니지만, 노후에 돈 걱정 없이 살고 싶어요."이다. 이를 위한 가장 좋은 방법을 함께 고민하자는 것이다.

공무원, 교사, 경찰, 군인, 공기업에 계신 분을 상담하면 대부분 이렇게 말한다. "그냥 연금 받고 살지요, 큰 욕심 없어요." 그때마다 나는 이렇게 말한다. "저도 연금 받고 생활합니다. 그리고 제 연금을 끝까지 보장받을 수 있다면 좋겠습니다." 그분들은 제 염려를 이상하게 생각한다. 그런데 만약 연금 수령액이 줄어든다면, 과도한 국가 부채로 인해 연금 지급 능력이 떨어지면 어떻게 할 것인가? 나는 공무원들에게 자신이 받는 연금의 50%는 없다고 생각하고 은퇴 준비를 하라고 말한다. 너무 과도한가? 절대 아니다. 다음의 통계자료를 보고 너무 놀라지 마라.

1997년 IMF 시절 국가부채는 60조 원이었다. 그 후 2000년 100조 원, 2004년 200조 원, 2008년 300조 원, 2014년 500조 원, 2016년 600조 원, 2018년 700조 원으로 늘어났다. 이처럼 과도하게 늘어가는 국가부채를 보면서도 자신의 연금이 안전할 것이라고 생각하는가? 1년에 100조 원씩 부채가 증가한다. 2018년 한 해 동안 126조9천억 원이 증가했다는 기사를 보면서 앞으로 점점 더 빠른 속도로 증가하지 않을까 염려가 된다.

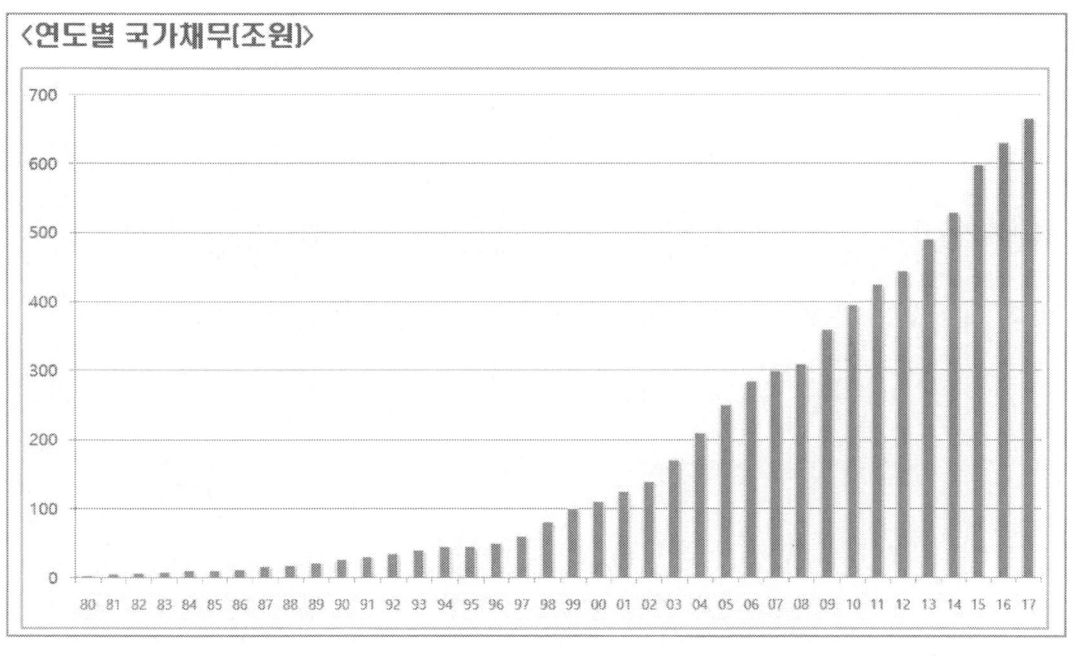

〈연도별 국가채무(조원)〉

– 출처: 국회 예산정책처

지금 막 태어나는 자녀들은 '응애' 하는 순간부터 1,300만 원이란 채무를 짊어진다. 너무 끔찍하지만 개인이 막을 방법은 없다. 조금이라도 증가 속도가 줄어들기를 기도할 뿐이다. 정치권은 늘 같은 말만 한다. "당분간 문제없다."

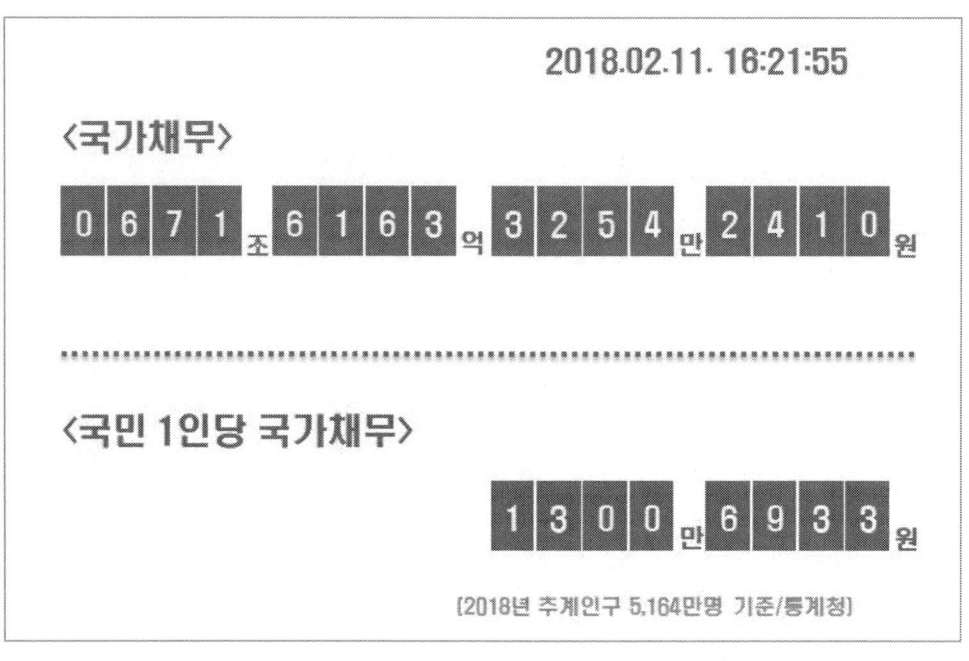

2018.02.11. 16:21:55

〈국가채무〉

0 6 7 1조 6 1 6 3억 3 2 5 4만 2 4 1 0원

〈국민 1인당 국가채무〉

1 3 0 0만 6 9 3 3원

[2018년 추계인구 5,164만명 기준/통계청]

– 출처: 국회예산정책처 국가채무시계

오직 우리가 할 수 있는 것은 미래를 위한 은퇴 준비를 착실히 하는 것이다. 그런데 가장 중요한 것은 어떻게 해야 할지 모른다는 점이다. 평범한 직장인이 30년간 회사를 위해서, 가족을 위해서 열심히 일한 대가를 60세 은퇴 후에 반드시 보상받아야 한다. 30년이란 직장생활이 얼마나 힘겨운지 나는 경험으로 알고 있다. 아플 때, 힐링이 필요한 때 한 번도 내 마음대로 쉬지 못하고 버틴 그 고통의 시간을 나도 똑같이 경험했다.

《부자 아빠의 세컨드찬스》에 이런 말이 있다. "봉급은 인간이 만든 가장 강력한 도구다. 봉급을 주는 사람은 받는 사람의 신체와 영혼까지 노예로 만들 수 있는 힘을 갖는다." 은퇴의 순간까지 봉급을 쳐다보고 살았고, 그것이 끝났을 때의 불안함이 은퇴를 미루고, 퇴직과 동시에 새로운 직장을 찾아 나선다. 그렇게 하지 않으려면 직장생활 동안 나만의 은퇴 전략을 세워야 한다. 봉급이 많고 적고는 문제가 되지 않는다. 그것을 어떻게 활용할 것인가가 문제다.

같은 시기에 입사한 동기들인데도 10년이 지나면 자산 규모가 엄청난 차이를 보인다. 왜 그럴까? 그건 바로 재테크 방법의 차이다. 가장 중요한 것은 내 영혼까지 가출하게 만들며 받은 봉급을 어떻게 안전하게 지키고 수익률은 최대로 높일 것인가이다. 말이 쉽지, 누구는 그렇게 안하고 싶겠는가? 맞다. 하지만 일단 두드려 보자. 정년이 보장되는 직장인에게 희소식이 있다면 직장인들 정년도 65세로 연장될 가능성이 매우 높아졌다는 것이다. 육체노동자 정년이 65세로 늘어났기 때문이다. 그것은 은퇴하기까지 시간이 내 편이 된다는 희소식이다.

## 추천하는 3+5 은퇴 전략

가장 두려운 원금 보장을 책임질 수 있는 것은 무엇일까? 바로 지난 50년 동안 하락 없이 3,030배 수익률을 달성한 토지(땅)란 재테크 상품이다. 토지를 선택한 이유는 정년을 보장받는 사람들에게 최고의 재테크 상품이기 때문이다. 토지의 수익률은 투자 기간에 따라 그 상승폭이 3단계로 달라진다. 쉽게 운송 수단으로 비교하자면 이렇다.

1단계: 자전거(5~10년) → 2단계: 오토바이(10~15년) → 3단계: 자동차(15~20년) 순이다. 토지투자에서는 투자 기간이 가장 중요하다. 일찍 시작할수록 안전하고 수익률이 높아진다. 복리의 마법처럼 말이다. 순서대로 따라가 보자.

〈30세 직장인 60세 은퇴 시 60억 원 만들기 플랜〉
왜 'Why 3'인가?
1단계 종자돈을 모아라.

모든 투자에는 마중물이 필요하다. 많은 사람이 토지투자에는 큰돈이 든다고 생각한다. 물론 큰돈이 있으면 유리하다. 하지만 천리 길도 한걸음부터다. 투자에 가장 중요한 변수는 시간이다. 시간을 절약하는 방법은 취업과 동시에 바로 시작하는 것이다. 힘겹게 취업했는데 친구들과 가족에게 왜 한턱 쏘고 싶지 않겠는가? 그런 마음은 잠시 접어두자. 빛나는 미래를 위해 투자가 먼저다.

우선 최소 투자 금액 3,000만 원을 목표로 세우자. 첫 달 월급으로 200만 원을 받았다고 실망하지 말자. 일단 3,000만 원/24개월= 월 125만 원 저축이면 가능하다. 미래를 위해서 여자친구에게 6년만 짠돌이로 지내겠다고 선포하자. 딱 6년만이다. 그 6년이 남은 내 미래를 책임진다면 충분히 남는 장사다. 남과 같이 생활해서는 진짜 은퇴를 만날 수 없다. 남과 다른 길을 선택하자. 그것이 당신을 진짜 은퇴로 안내하는 지름길이 될 것이다.

| 1단계(종자돈 3,000만 원 만들기) | | | | |
|---|---|---|---|---|
| 나이 | 기간 | 월 저축액 | 목표 금액 | 비고 |
| 31 | 2년 | 1,250,000 | 30,000,000 | 1차 |
| 33 | 2년 | 1,250,000 | 30,000,000 | 2차 |
| 35 | 2년 | 1,250,000 | 30,000,000 | 3차 |

2년 단위로 저축한 종자돈 3,000만 원을 도시지역 가운데 개발이 임박한 곳에 소액 지분투자로 참여한다. 3년에 3.3배의 수익성, 환금성을 담보하기 위해 비싸도 도시지역을 선택하라.

| 2단계(3,000만 원으로 1억 원 만들기) | | | | |
|---|---|---|---|---|
| 나이 | 기간 | 투자 금액 | 목표 금액 | 수익률 |
| 33 | 2년 | 30,000,000 | 100,000,000 | 3.3배 |
| 35 | 2년 | 30,000,000 | 100,000,000 | 3.3배 |
| 37 | 2년 | 30,000,000 | 100,000,000 | 3.3배 |

2단계에서 3,000만 원씩 세 번 지분투자하여 단독 필지 3개를 매입할 자금 1억 원을 만들어야 한다. 이번 용인시 SK하이닉스 부지에 지분투자를 한 사람들은 단기간에 이 수익을 달성했을 것이다.

| 3단계(은퇴 자금 60억 원 만들기, 장기 투자) | | | | | |
|---|---|---|---|---|---|
| 나이 | 기간 | 투자 금액 | 목표 금액 | 수익률 | 비고 |
| 36 | 24년 | 100,000,000 | 2,000,000,000 | 20배 | 자녀 1 |
| 38 | 22년 | 100,000,000 | 2,000,000,000 | 20배 | 자녀 2 |
| 40 | 20년 | 100,000,000 | 2,000,000,000 | 20배 | 부모 몫 3 |

장기 투자는 단독 필지가 아니면 곤란하다. 지분투자의 경우 공동지주와 함께 매도해야 하기 때문에 장기 투자를 못할 수 있다. 따라서 3단계 투자는 20년을 내다보는 장기 투자 전략이다. 반드시 도시기본계획을 확인하고, 비도시지역의 계획관리 땅을 선택한 것이다. 지금 개발이 한창인 도시의 20년 전 모습을 떠올리면 용기가 생길 것이다. 동탄, 판교, 평택, 파주 운정, 세종, 이천, 춘천 등 도로와 철도역이 생기면서 100배 이상 땅값이 오른 사례를 생각하며 도시기본계획을 참조하라. 그곳에 모든 개발계획이 담겨 있다.

30세에 첫 직장생활을 시작해서 40세에 은퇴 설계를 끝냈다. 급여가 높을 경우 저축과 대출을 이용한다면, 조금 더 빨리 달성할 수 있다. 모든 것은 각자의 선택에 달렸다. 이제 왜 3이란 숫자를 선택했는지 이해가 될 것이다. 결혼한 부부의 고민은 자녀 교육비, 결혼 자금이다. 그것을 준비하기 위해 자녀 1인당 한 개의 필지를 설계하고, 부부의 미래를 위해 또 한 개의 필지를 선택한 것이다.

한국의 부자라 부르는 사람들은 대략 27만 명, 인구 대비 1%가 안 된다. 그들은 늘 가능성을 가지고 남과 다른 길을 걸어 왔다. 목표를 세우면 언제나 '어떻게'를 외친다. 그것이 부자와 가난한 사람의 차이다. 다행히도 최근 상담을 하면서 20대 신혼부부, 결혼을 앞둔 예비부부가 많이 찾아온다. 또 20대 청년 상담도 증가하고 있다. 상담을 통해 느낀 것은 미래 지향적, 성공 지향적이라는 사실이다. 다소 황당할 만큼 높은 목표를 단기간에 이루고 싶다고 당당하게 말한다. 그 모습이 너무 좋다. 중요한 것은 목표를 세우고 실행에 옮기는 것이다. 그것을 가능하게 만드는 것이 토지투자의 힘이다.

한 번 더 강조한다. "어렵다, 힘들다, 안 된다."고 하는 사람은 과감히 포기하라. 처음부터 되는 사람은 되는 이유를 찾고, 안 되는 사람은 안 될 이유를 찾는다. 행복한 은퇴, 아름다운 은퇴를 위한 좋은 방법이 있다면 그것도 참조해라. 하지만 막연한 두려움이 있다면 도전하라. 그 보상은 충분히 매력적일 것이다.

토지투자를 포기한 사람들이 넘쳐난다. 덕분에 포기하지 않은 소수의 사람들이 거대한 성공을 가져간다. 누군가는 이렇게 말한다. "세상에 그런 게 쉽게 되겠어. 나는 안 될 거야." 물론이다. 그렇게 말하는 사람은 절대 안 된다. 하지만 성공한 사람은 이렇게 말한다. "성공한 사람들이 있잖아, 그런데 왜 안 돼? 나는 더 빨리, 더 크게 될 자신이 있어." 물론이다. 그런 당신은 더 빨리 성공할 것이다. 모든 것은 실행자의 몫이고, 내가 제시한 1~3단계보다 훨씬 빠르게 성공한 사람들이 넘쳐난다. 토지투자로 단기간에 10배 수익을 올린 사람들도 많다. 당신이 안 되는 이유는 간절함으로 도전하지 않기 때문이다. 요행을 바라지 말고, 제대로 준비하고 도전해 보자. 저 멀리 성공이란 목표가 당신에게 미소를 보일 것이다. 은퇴를 제대로 준비한 사람만이 60세에 진짜 은퇴를 만날 것이다. 당신도 될 수 있다. 어떤 선택을 하는가에 따라서.

2단계 토지 전문가를 찾아라.

직장에 충실하지 못한 사람은 성공하기 어렵다. 나도 33년 한 직장에 근무하면서 수없이 많은 사람을 만났다. 재테크와 자기계발에 열중인 사람들은 하나같이 프로 정신으로 일했다. 야근하지 않아도 업무 처리가 완벽하고, 퇴근 후 시간 관리도 잘했다. 이제 퇴근 후에 토지 공부를 시작해 보자. 아무리 땅이 돈이 된다고 해도 모든 땅이 그렇게 되지 않는다. 따라서 땅을 보는 안목을 키우고, 그것을 기준으로 나만의 토지투자 원칙을 세우자. 그러면 누가 전문가이고 비전문가인지 구분할 수 있다.

토지투자를 공부한다고 각종 규제 위주의 공법 공부로 시간을 낭비하면 안 된다. 토지투자는 기본만 공부하고 신뢰할 수 있는 전문가를 곁에 둬라. 직장생활에 충실할 수 있도록 나를 대신해서 현장을 확인하고 새로운 정보를 찾아 줄 전문가를 평생의 친구로 두면 된다. 이것이 성공한 사람들의 비법이다. 당신은 토지투자의 기본만 공부하고 그 전문가를 알아볼 안목을 키우면 된다. 직장에서 자신의 몸값을 올리는 일에 전념하고 종자돈이 모이면 전문가를 찾아가면 된다. 당신의 미래를 책임질 전문가에게 가능하면 많은 수수료를 지불하고 자주 밥을 사라. 그것보다 훨씬 많은 것을 얻을 것이다. 토지공부의 핵심은 전문가를 알아보는 안목을 키우는 것이다.

### 3단계 건물주를 위한 건축비를 준비하라.

서두에 1년에 100조 원씩 늘어나는 국가부채를 언급했다. 공무원 연금, 개인 연금이 불안한 것은 모두 마찬가지다. 우리가 연금에 의지하는 이유는 딱 하나다. 매월 고정 소득이 발생하기 때문이다. 그렇다. 평생 마르지 않는 나만의 연금을 임대소득으로 준비하자. 청소년 멘토링을 하다 보면 중학생들 꿈이 건물주라고 한다. 건축할 땅은 이제 준비가 되었으니 은퇴 시까지 건축비만 준비하면 된다. 모든 것은 시작이 중요하다. 60세 정년퇴직이 긴 시간 같지만 돌아서면 금방 60세 정년퇴직이다. 마르지 않는 임대료가 나오는 내 건물을 건축할 건축비는 Why 5 전략으로 준비하자.

## 왜 'Why 5'인가?

60세 은퇴 후 멋진 상업지로 거듭난 내 땅에 마르지 않는 임대소득을 만들어 줄 건물을 지으려면 건축비가 있어야 한다. 그러려면 직장생활 동안 5개의 지분등기를 분산 투자해 놓으면 된다. 도시기본계획은 5년 주기로 큰 변화를 준다. 내 땅에 막대한 수익을 안겨줄 용도지역이 변경될 수 있고, 도로가 신설될 수 있다. 분산 투자한 5개의 지분등기 중 어떤 것이 먼저 큰 수익을 안겨줄지 모른다. 따라서 5개로 분산 투자를 해놓고 안전하게 기다리면 된다.

5개를 준비하라고 했지만 종자돈이 생길 때마다 지분등기를 더 늘려나가라. 그것이 내 땅에 부채 없이 건물을 올릴 소중한 건축비가 될 것이다. 은퇴 후 행복한 노후를 책임질 멋진 상가 건물이 당신 눈앞에 있다는 상상을 매일 하라. 30년간 힘들게 일한 당신의 빛나는 노후를 보상받을 수 있다. 4층짜리 근린상가 하나만 있으면 4층에 거주하고 월세를 받을 수 있다. 누구는 어렵다고 말하고, **217**

누구는 할 수 있다고 말한다. 자신이 선택한 언어대로 될 것이다.

왜 자꾸 20년 이상 장기 투자를 권유할까? 땅이라고 하는 상품의 속성이 그렇다. 오래 보유할수록 가치와 수익률이 올라간다. 땅으로 5년에 5배 수익을 올리는 것이 10년에 10배보다 어렵고, 20년에 20배보다 어렵다. 또 모든 땅은 비싸면 개발이 어렵다. 현재 대규모 개발이 이루어지는 곳을 보면 대부분 비도시지역이다. 따지고 보면 이런 모든 것은 선계획 후개발 원칙에 따른 것이다. 대부분 20년 단위로 개발계획이 확정된다. 따라서 그곳을 선점하면 된다.

단기 대박 환상을 버리면 땅은 너무나 정직한 재테크 상품이다. 한순간에 개발 이슈가 생긴 것 같지만 모든 것은 국토종합계획에 반영된 결과다. 대부분 장기 투자를 꺼리고 단기간에 대박을 쫓는다. 미래가 불안정하기 때문이다. 하지만 정년을 보장받는 직장인은 미래가 불안하지 않다. 정년에 맞추어 착실히 준비만 하면 된다.

땅으로 가장 큰 수익률을 보장받는 경우는 대규모 개발계획으로 토지 보상을 받는 경우다. 병점역의 경우, 역 하나 신설로 주변 땅값이 100배 정도 올랐다. 모든 개발 호재는 대부분 비도시지역의 저렴한 땅에서 시작한다. 이유는 도시지역의 땅값은 오를 대로 올랐기 때문에 개발 비용이 너무 많이 들어가기 때문이다. 또 도시 인구를 분산하기 위해서도 비도시지역의 저렴한 땅을 개발한다. 항상 대박만 쫓는 사람들은 이런 장기 투자를 못한다. 땅은 태생이 장기 재테크 상품이다. 일찍 시작하고 오래할수록 높은 수익률을 보장한다.

30대에 시작해서 딱 6년만 저축에 신경 쓰면 좋다. 그렇게 보낸 30대가 은퇴 후 행복한 노후를 책임진다면 해볼 만하지 않을까? 물론 이것보다 더 좋은 방법도 있을 것이다. 토지투자의 핵심은 장기 투자의 경우 수익성, 안전성, 환금성을 보장받을 수 있다는 사실이다. 장기 투자는 남들이 가지 않는 길이다. 진입 장벽 없이 누구나 선택할 수 있는 길은 가짜 은퇴로 가는 지름길이다. 쉬운 선택, 누구나 가는 길은 성공의 길이 되기 어렵다. 목표를 세웠다면 눈치 보지 말고 묵묵히 쉬지 말고 멈추지 말고 가자. 저 멀리 당신의 목표가 보일 것이다.

### 3+5 전략은?

평범한 직장인의 행복한 은퇴를 책임질 최고의 플랜이다. 막연한 것도 어려운 것도 아니다. 딱 한 가지, 남보다 빨리 시작하는 것이다. 시간은 토지투자 최고의 무기다. 직장생활 시작과 동시에 저축과 투자를 병행하는 것이다. 소액 지분투자로 자금을 불리고, 그것으로 단독 필지 3개를 만드는 것이다. 그곳에 건축할 건축비는 지분등기 5개를 분산 투자해 놓으면 된다. 주식도 분산 투자하듯 지자체의 개발계획은 예산 및 기타 변수에 따라서 수정된다. 따라서 언제 어떤 땅이 먼저 개발될지 모른다. 소액 지분등기는 단기 목적으로 안전하게 분산 투자하기를 추천한다.

직장생활, 신혼생활 초기에 부부가 함께 3+5 은퇴 전략을 계획하기 바란다. 시간이 지나면 하고 싶어도 못한다. 여러 가지 변수가 발생하기 때문이다. 신혼부부 투자 상담을 하면서 행복한 것은 그들의 미래가 보이기 때문이다.

그럼 왜 은퇴 전략 재테크 상품으로 토지를 선택할까? 서울에서 최고 높은 몸값을 자랑하는 도곡동 타워팰리스 239평 아파트가 최근 31억 원에 거래되었다. 이 아파트 땅값을 계산해 보자. 239평 아파트를 건축하는 비용으로 대략 평당 500만 원이 든다. 건축비는 11억7천만 원 땅값은 20억 원이다. 결국 서울 아파트가 비싼 이유를 따지고 보면 아파트 부지 땅값이 높기 때문이다. 그런데 도심의 공시지가는 매년 높게 상승만 하지 절대 하락하지 않는다. 토지투자는 재테크 상품 중에 하락 위험이 없는 유일한 상품이며, 가장 높은 수익률을 보장한다. 정년을 보장받는 직장인에게 최고의 재테크 상품이다.

그것은 세상의 부자들이 증명한다. 부자들이 사업으로 벌어들인 재산보다 그 사업장의 땅값이 더 많이 올랐기 때문이다. 은퇴 전략의 가장 큰 위험은 아무것도 준비하지 않고 행동하지 않는 것이다. 준비 없는 불안한 은퇴가 아니라 계획하고 실천하는 행복한 은퇴를 일찍 시작하자. 그렇게 준비하고 있는 사람들을 만나 보자.

### 사례1 강호축 투자 이야기

땅값 상승에 가장 큰 호재는 당연히 지역 개발 이슈이다. 그중에서 역세권이 가장 큰 상승 요인이 된다. 내 땅 주변이 역세권으로 편입되어 대박 신화를 만들어낸 경우가 대부분이다. 내 지인 중 한 명도 짧은 시간 큰 땅값 상승으로 신이 났다. 문재인 대통령 선거 공약중 하나가 '강호축' 개발 사업이다. 강원, 충청, 호남을 하나의 철도로 연결하겠다는 사업이다. 바로 충북선 고속화 사업인데, 그 중에 충북 음성역이 포함된다.

지인은 뉴스에서 정보를 보고 그곳 땅을 추천받았다. 음성역 앞으로 새롭게 6차선 도로가 신설되고, 역세권이면서 앞으로 6차선 도로에 접한 땅이라면 충분히 오를 가치가 있다고 판단했다. 주변에서는 너무 시골이 아닌가 우려하기도 했다. 하지만 언제 역세권, 그것도 6차선 도로에 접한 땅을 한번 가져 보겠는가 하고 투자에 임했다고 한다.

2018년 8월 답 140평을 평당 80만 원, 총 1억1,200만 원에 매입했다. 이번에 충북선 고속화 사업이 예비타당성 조사면제를 받으

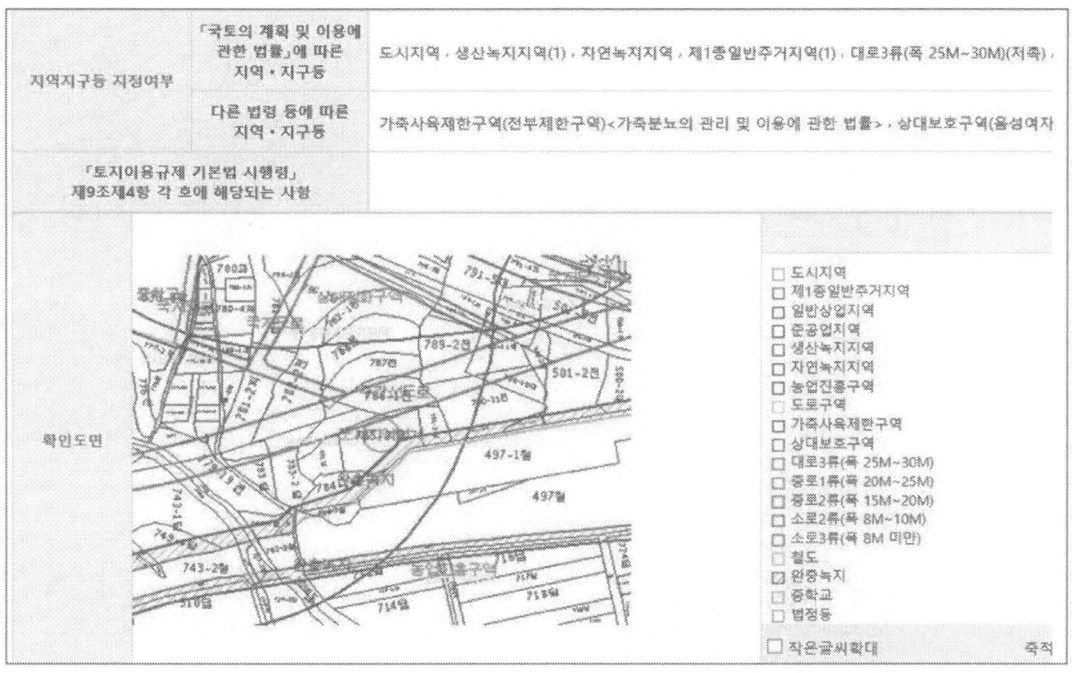

면서 주변에 매물이 자취를 감추고 있다. 청주공항 – 제천 간(88km) 고속화 사업은 2026년 완공 예정으로 1조5천 억원의 예산이 투입되는 사업이다. 현재 시세는 평당 200만 원 정도라고 한다. 1년도 안 되었는데 2배가 조금 넘게 올랐다. 물론 그 친구는 절대 팔 생각이 없다고 한다. 현재 진행 중인 6차선 도로가 전부 개통되고 난 후에 천천히 생각해 보려고 한다.

정년퇴직이 6년 정도 남았는데 그때쯤이면 자신의 땅 앞으로 6차선 도로가 개통되고 음성역도 새롭게 변화할 것이다. 이 정도라면 은퇴 시점에 5배 오르는 것은 아무것도 아니다. 더욱이 그 친구는 10년쯤 후에 그곳에 건물 지을 생각을 하고 있다. 그 시점은 충북선 고속화 사업이 끝난 시점이다. 남아 있는 기간 동안 소액 지분투자를 통해 건축비를 마련할 것이라 한다. 역세권에 위치한 140평 땅에 상가를 7층으로만 올려도 노후 걱정은 없을 것이다.

한 사람의 인생을 바꾸어 주는 것이 땅이라고 한다. 누구는 시골이라고 투자를 망설일 때 누구는 역세권을 믿고 투자에 나선 것이다. 그 결과 투자자는 역세권 건물주로서 행복한 노후를 맞이할 것이다. 은퇴가 아름다운 삶이 진정한 성공이다. 거듭 말하지만 땅은 가장 안전하고 정직한 재테크 상품이다.

## 사례2 공무원 장기 투자 이야기

결혼하기 전, 목포에서 근무하던 청년은 우연히 땅 한 필지를 매입하라는 권유를 받았다. 결혼도 안 한 상태였고, 땅에 관심도 없었지만 싼 가격이 마음에 들었다. 무엇보다 누가 농사를 짓든 매년 부모님께 햅쌀을 보내 줄 수 있겠다고 생각했다. 착한 마음씨를 가진 청년이었다. 1999년 전남 광주시에서 나주로 가는 옛 도로에 접한 논 400평을 평당 16,250원 총 650만 원에 매입했다. 그리고 매년 농사짓는 분이 벼를 수확하면 햅쌀을 보내왔다. 그러던 중 2009년에 갑자기 땅을 팔면 안 되겠느냐고 연락이 와서 가격을 물었더니 평당 30만 원을 불러서 1억2천만 원에 매도했다. 10년 만에 18배 수익, 1,800% 수익률을 보았다.

수도권 땅만 돈이 되는 것이 아니다. 지방이라도 입지 좋은 곳에 장기 투자를 하면 안정적인 수익률이 보장된다. 이 공무원의 경우도 안정된 직장을 다니면서 장기 투자에 성공한 것이다. 땅의 수익은 철저히 투자기 간에 비례한다. 따라서 정년이 보장되는 직장인의 장기 전략은 안전하고 높은 수익성을 보장한다.

## 사례3 제주도 공무원 이야기

강원도 출신인 40대 공무원은 동해시 부곡동에서 근무하다가 2010년 갑자기 제주도로 발령을 받았다. 아내는 낯선 곳으로 이사 가기를 꺼려하고, 초등학교 아이들도 싫어했다. 가장 혼자서 제주도로 전근을 갔다. 주말이면 제주도 이곳저곳을 자전거를 타고 돌아다녔다. 동해시처럼 푸른 바다가 마음에 들었고, 그곳에 정착하는 것도 좋을 것 같아서 방학 때 아이들에게 내려오라고 했다. 한 달 정도 가족과 함께 이곳저곳 여행을 다녔다. 아이들이 말했다.

"아빠 여기도 동해안 같은데 우리 여기서 같이 살까?"

그렇게 가족을 설득해서 제주도의 작은 아파트로 이사했다. 2011년 제주해군기지 문제로 시끄럽던 서귀포시 강정동에 싼 땅이 나왔다. 함께 근무하는 동료가 한번 보겠느냐고 해서 땅을 보러 갔다. 2차선 도로에 붙은 땅인데 밭으로 쓰고 있었다. 아이들을 위한 주말농장으로 사용하고 향후에 건축해도 좋을 것 같았다. 300평을 평당 15만 원에 4,500만 원을 주고 매입했다. 덕분에 이제는 제주도 사람이 다 되었다. 육지로 돌아가고 싶은 마음도 없다고 한다. 은퇴까지 7년 정도 남았는데 현재 이 땅의 가격은 평당 200만 원이 넘는다. 감귤나무를 심고 텃밭으로 잘 사용하고 있어서 은퇴 후 예쁜 집을 지을 생각이라고 한다.

현재 대한민국 인구 증가 1위 도시는 제주도와 세종시다. 인구가 늘어나는 지역의 토지는 항상 부족하고 찾는 사람은 많다. 수요와 공급의 법칙에 따른 당연한 결과다. 안정된 직장, 정년을 보장받는 직장인은 이렇게 안정적인 토지투자에 나서야 한다. 단기간에 대박을 꿈꾸는 환상이 투자 실패를 부른다. 정년을 바라보고 안전하게 토지투자에 나서면 그것이 때로는 단기간에 높은 수익률을 보장하고, 은퇴까지 보유할 경우에는 행복한 부부의 노후자금이 될 것이다.

대한민국 노인 인구 백 명 중 한 명이 박스를 줍고 있다는 슬픈 뉴스를 접하면서 30년간 열심히 가족과 직장을 위해 노력한 모든 직장인이 행복한 노후를 맞이하기 바란다. 그것이 나의 진심이다.

직장마다 고유한 특징이 있다. 군인 간부의 경우도 각 군마다 근무 환경이 다르다. 육군 간부의 경우는 타군에 비하면 전출입이 많지 않다. 한 지역에 10년 이상 장기 근무 하는 경우도 많다. 최근 상담하러 온 분이 바로 그런 분이었다. 파주 지역에서 10년 이상 근무하고 있으며 자주 일산을 왕복했다고 한다. 그때마다 파주 운정지구 공사하는 모습을 보면서 짜증이 많이 났다고 했다. 왜 이렇게 도시개발을 오랫동안 하면서 지역 사람들을 불편하게 하는지 화만 냈다고 한다. 단 한 번도 그렇게 공사를 시작할 때가 토지를 매입할 시기라는 사실을 몰랐고 관심도 없었다고 한다. 그때가 바로 서울 사람들이 몰려가 토지를 쇼핑하고 다니던 시기였다.

2003년 공사를 시작한 파주 운정지구에 불만을 토론할 때 주변 사람들은 그곳에 땅을 샀다고 한다. 당시 그곳은 평당 5만 원 정도면 매입 가능한 토지가 많았다. 지금 파주 운정지구 목동동, 야당동 근처는 평당 300만 원이 넘는다. 파주 지역의 핵심 상권이 운정지구에 몰렸기 때문이다. 자녀 교육, 쇼핑 등 모든 생활의 중심권으로 변모했다.

그분은 왜 그때 그곳을 수없이 왕복하면서 땅을 매입할 생각을 안 했는지 정말 후회가 된다고 한다. 15년 만에 60배가 올랐다. 1억 원을 투자했으면 60억 원이다. 아니 1,000만 원만 투자했어도 6억 원이다. 먼 곳도 아니고 자신이 잘 아는 지역이었다. 다만 토지라는 재테크 상품에 관심이 없었기 때문이다. 늘 개발 현장을 지켜보기만 한 자신이 너무 후회스럽다고 한다. 정년이 보장된 직장인은 장기 전략으로 토지투자에 나서면 수익성, 안전성, 환금성을 모두 보장받을 수 있는데 못한 것이다. 그분은 때늦은 후회를 하면서도 제2의 파주 운정지구가 될 가능성이 있는 곳에 투자를 시작했다.

누군가는 꿈을 꾼다. 그리고 매일 그 꿈을 바꾸어 나간다. 그럴 때 누군가는 그 꿈을 실천에 옮긴다. 말이 아닌 행동으로. 그리고 한 걸음씩 한 걸음씩 그 꿈을 향해 가까이 다가간다. 그렇게 다가가는 당신의 꿈이 내게도 보인다. 어떤 거창한 계획보다 중요한 것은 실천하고 행동하는 용기다. 지금도 늦지 않았다. 자신의 은퇴 전략을 점검하고 수정하라. 그리고 도전하기 바란다. 당신의 진짜 은퇴를 위한 준비를 더 늦기 전에 시작하라.

# 11
## 경제신문에서 정보를 찾아라

인터넷이 발달하면서 주변 사람들이 내게 묻는다. 아직도 종이 신문을 구독하느냐고. 인터넷 신문 등장과 함께 신문 산업이 사양 길로 사라질 것으로 내다봤지만, 종이 신문은 사라지지 않을 것이다. 외국의 경우도 마찬가지다. 우리가 흔히 마우스로 클릭하는 정보는 단시간에 읽을 수 있다는 장점이 있다. 하지만 기억에 저장되지는 않는다. 나는 20년 넘게 경제신문만 구독하고 있다. 다른 분야에 무관심해서가 아니다. 그냥 내 관심 분야에 집중하기 위해서다. 아침마다 배달되는 경제신문을 빠르게 읽고 출근하면, 사무실 책상에도 경제신문 두 가지가 항상 비치되어 있다.

혹시 신문 읽는 법을 알고 있는가? 여기서 질문 하나를 던져 본다. 신문 1면의 기사는 언제 처음 등장했을까? 아마도 천재지변, 9·11 테러 같은 특별한 사건이 아닐 경우, 신문의 가장 뒷면에 아주 작은 글씨로 몇 년 전에 등장했을 것이다. 그리고 서서히 그 제목의 활자가 커지면서 신문의 앞면으로 이동한다. 대부분의 기사는 이 룰을 따른다. A1면에 대서특필되기 전에 A34면 정도에서 아주 작은 글씨로 기사화하는 정보를 눈여겨보라. 특히 대기업 투자 관련 뉴스라면 더욱 신경 써서 지켜보라. 그리고 전면에 대서특필되기 전에 그 정보를 현장에서 확인하고 투자에 나서라. 정부와 대기업의 움직임은 절대로 계획 없이 이루어지지 않는다. 현장을 방문하고 주변의 부동산 중개업소 서너 곳을 방문하면 그 기운을 감지할 수 있다.

정보는 그렇게 만들어지고 가공된다. 남보다 빨리 정보를 분석하고, 한발 먼저 움직여야 한다. 투자는 타이밍이다. 먼저 시작하는 것은 리스크가 아니다. 빠르게 움직인 것만큼 높은 수익률을 보장한다. 때로는 타이밍을 놓쳐서 영원히 투자의 기회를 놓치는 경우도 많다. 그럼 경제 뉴스를 하나 검색해 보자.

충남도가 권역별 중점 자원을 활용해 신산업을 육성하는 내용을 담은 충남경제발전전략을 13일 발표했다. 핵심 내용은 4차 산업혁명을 대비한 산업구조 고도화다. 충남을 북부권(천안, 아산, 당진, 서산), 서해안권(보령, 태안, 서천), 내륙권(공주, 부여, 청양, 홍성, 예산), 남부권(계룡, 논산, 금산) 등 4개 권역으로 나눠 주력 산업을 '스마트 시대'에 맞게 전환하는 것이 목표다.

철강·화학·디스플레이 등이 밀집한 북부권은 연구·개발시설 등을 구축해 기존 산업을 고도화시키는 전략을 세웠다. 디스플레이 분야의 경우 현재 충남도가 정부와 함께 5,281억 원을 투입해 디스플레이 관련 기술 개발 시설을 만드는 '디스플레이 혁신공정 플랫폼 구축사업'을 추진하고 있다.

- 출처: "충남, 4개 권역 나눠 신산업육성" 경향신문 2019.2.13.

이 뉴스를 본 뒤 구글에서 '충남 4개 권역 개발'이라고 검색해 보니 아래의 그림처럼 뉴스가 검색되었다.

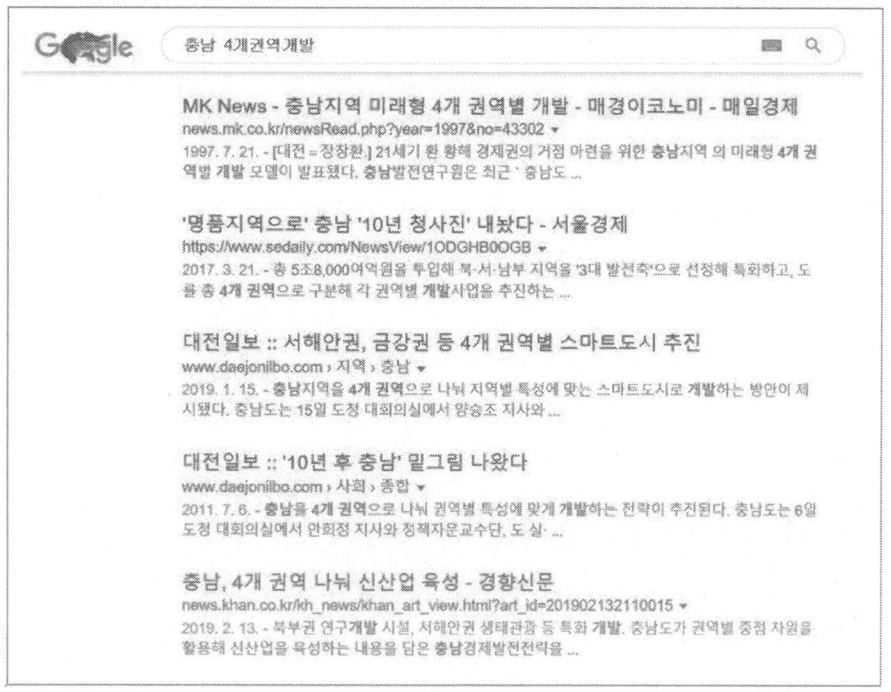

경제신문에서는 1997년 7월부터 이 문제를 다루었다. 세부적으로 검색하면 매년 이슈가 되던 내용이다. 투자자들은 이런 작은 뉴스에서 정보를 찾아낸다. 그리고 충남경제발전전략 보고서에서 북부권(천안, 아산, 당진, 서산) 개발 방향과 일치하는지 확인하고 남보다 한발 먼저 움직인다. 단 선거 기간에 정치인들이 무분별하게 발표하는 기사는 반드시 확인하고 또 확인해야 한다. 선거 이슈로 끝날 확률이 높기 때문이다. 따라서 그 뉴스의 뿌리를 반드시 확인하는 습관을 길러야 한다.

1997년부터 나온 충남 4개 권역 개발정책을 따라서 초기에 서산과 당진 대기업 이전 지역을 중심으로 발 빠르게 움직인 투자자들은 지금 대부분 환금성을 보장받고 큰 시세 차익을 보았을 것이다. 한 가지 이슈가 지속되고 마무리되는데 약 20년 정도가 소요된다. 그러는 동안 해당 지역의 토지 가격은 지속적으로 상승한다. 내가 들어갈 타이밍과 나올 타이밍을 잘 잡는 것이 수익률과 직결된다는 사실을 명심하자.

한 가지 사례를 더 찾아보자. 다음은 해당 기사 주요 내용이다.

최근 서산 일대 투자를 발표한 기업으로는 현대·기아자동차와 한국타이어가 대표적이다. 현대·기아차는 2,300억 원을 들여 서산에 주행시험도로를 짓기로 결정했다. 내년 9월 강화되는 유럽연합(EU)의 새 배출가스 기준에 대응하기 위한 것이다. 아시아 최장 길이인 3.8km에 이르는 직선로를 포함해 총길이 10km로 지어질 예정이다.

– 출처: "현대모비스 투자의 연쇄효과, 서산간척지 미래차 요람이 뜬다"
동아일보 2018.12.26.

국내 굴지의 대기업이 대한민국 미래 먹거리를 위해 투자하고, 서산시에서 더 적극적으로 사업 지원을 하고 있는 것을 확인했다. 사업 기간도 현대와 한국타이어는 2년, SK건설은 6년이다. 지금 시점에서 충분히 해당 지역 토지에 투자해 볼 가치가 있는 정보다. 이런 신문기사를 보면 주말에 즉시 현장을 방문해 보고, 일선 부동산에 들려보라. 더 궁금한 것들은 서산시에 문의하면 된다. 요즈음 공무원들은 정말 친절하게 설명해 준다. 하지만 확정 발표 전까지는 정확한 사실 관계를 절대로 알려주지 않는다는 사실도 참조하기 바란다.

● 미래차 클러스터로 진화

| 충청지역 자동차 산업관련 주요투자상황 | | | |
|---|---|---|---|
| | 사 업 | 투자금액(원) | 완공예정 |
| 현대모비스 | 서산 주행시험장 | 3000억 | 2017년 |
| 현대차그룹 | 충주수소연료전지시스템 공장 | 3000억(1차) | 2020년 |
| 한국타이어 | 태안 타이어주행 시험장 | 2000억 | 2020년 |
| 현대자동차 | 서산 주행시험 도로 | 2300억 | 2021년 |
| SK건설 | 지곡 산업단지 조성 | 2755억 | 2026년 |

자료:업계종합

토지투자를 하는 사람에게 경제신문은 정말 소중한 정보의 보고다. 최근 경제신문 구독료는 월 2만 원이다. 한 달 간 최고의 정보를 받는 데 커피 몇 잔 값이면 된다. 그것으로 얼마의 소득을 만들어낼지는 각자의 선택에 달렸다. 경제신문은 전 세계 경제 발전 방향과 함께 금리 인상, 환율 정보에 관한 신호도 가장 빨리 알 수 있다. 한국도 이제 글로벌 경제의 핵심 국가다. 따라서 세계 경제의 흐름을 파악하는 데 경제신문은 정말 유용하다.

재테크를 하는 사람들에게 경제신문은 정보의 보물 창고다. 이곳에서 찾은 정보를 국토종합계획, 도시기본계획과 연결하는 연습을 계속하면서 주말에 해당 지역을 방문해 보자. 그 횟수가 늘어나는 만큼 통장의 잔고가 늘어날 것이다. 토지투자의 최고 전략은 남보다 빨리 정보를 습득하고, 숨어 있는 정보를 찾아서 확인하는 능력에 달렸다. 어려운 것이 아니다. 처음에는 낯설지만 몇 번만 반복해 보면 한결 재미가 있을 것이다. 내가 알고 있는 정보를 현장을 찾아가서 확인하는 재미에 빠진다면 다른 취미와 이별을 하게 될 것이다. 그것이 최고의 토지투자 전략이기도 하다. 남과 다르게 신문에서 정보를 찾아내는 능력을 기르기 바란다. 오늘 바로 경제신문 구독을 신청하자.

# PART 5

## 은퇴가 있는
## 삶을 즐기자

# 1
# 땅으로 머니트리를 만들자

2018년 동계올림픽이 개최된 강원도 평창의 시골 마을이 내 고향이다. 올림픽 덕분에 시골 마을에 KTX역이 생겼다. 어머니 산소에서 5분 거리에 평창역이 생겼으니, 덕분에 KTX를 타고 성묘를 갈 수 있게 되었다. 고향 이야기를 하면 많은 분이 부러운 듯 조용히 묻는다. "부모님에게서 땅을 얼마나 물려받으셨나요?" 안타깝게도 우리 집은 농사 대신 장사를 했다. 그래서 물려받은 땅이 한 평도 없다. 당시에 농사짓던 땅, 아직도 비포장도로인 땅도 이제 평당 100만 원이 넘는다. 농사짓던 땅을 보유한 친구들은 어떻게 되었을까? 서울 강남 주민이 전혀 부럽지 않다. 20~30억대 자산가로 보면 된다. 가끔 고향에 내려가 보면 외제차 한 대는 기본으로 가지고 있다.

그곳에 가끔 머리를 식히러 가는 조용한 산장이 있다. 산장은 유명한 금당계곡에 있다. 그곳 산장 부부는 서울에서 은퇴하고 전원생활을 즐기려고 땅을 물색하다 그곳에 터를 잡았다. 사연을 물어 보니, 아내가 몸이 안 좋아 직장에서 조기 은퇴를 하고 전국을 돌아다니며 정착지를 물색하다가 그곳의 맑은 물을 보고 정착했다고 한다. 큰 강을 끼고 작은 산으로 오르는 길을 따라 100미터 정도 거리의 야산에 붙어 있는 밭을 매입해서 산장을 지었다. 객실도 네 개로 두 사람이 묵을 수 있는 작은 규모다.

그곳에 들르면 저녁에 혼자 적적할까 봐 주인 부부가 나를 부른다. 주인집은 통유리로 되어 있는데 거실 겸 주방에 멋진 벽난로가 놓여 있다. 거기에 삼겹살을 구워서 주인 부부와 소주 한 잔을 하곤 한다. 산장 바로 앞으로 흐르는 계곡물은 그냥 마셔도 되는 1급수이다. 산장 뒤로 밭을 일구고 호젓한 전원생활을 즐기는 모습이 더없이 행복해 보인다. 10년이 훨씬 지난 지금, 그곳의 땅값은 10배가 넘게 올랐다. 주말이 되면 서울 사는 자식들이 자주 다녀간다고 한다. 욕심 없이 전원생활을 즐기려고 자리 잡은 땅이 시간이 흐르고 나니, 공직생활을 해서 번 것보다 더 많은 재산으로 불어났다고 말한다.

땅은 이렇게 한탕주의가 아니고 마음 편하게 접근하면 가장 좋은 투자 수익을 보장한다. 요즘은 오히려 남들이 찾아오기 어려운 오지가 더 인기가 좋다. 레저 문화가 발달하면서 사계절 캠핑족이 전국을 찾아다닌다. 따라서 과거에는 정말 아무도 찾지 않던 곳, 버려진 계곡도 이제는 모두 돈이 되는 땅이 되었다.

경남 창원에 거주할 때 지인들과 겨울이 되면 한 번씩 찾아가던 청도의 흑염소 마을도 그런 곳이었다. 시골 중에 시골이고 뒤에는 깊은 산, 앞에는 맑은 실개천이 흐르는 곳이다. 주변이 온통 자갈로 이루어진 깊은 산중에 자리 잡고 있다. 땅을 선친에게 물려받은 주인은 흑염소를 키우며 통나무 펜션을 지었다. 돈이 없어서 매년 펜션을 한 동씩 지었다. 겨울에는 온돌로 불을 지피고 방문객들에게 흑염소 요리를 제공한다. 조금씩 소문이 나면서 캠핑장까지 만들었다. 깊은 산중인데 SNS 영향인지 한겨울에도 캠핑장이 만원이다. 과거 시골은 겨울 내내 마땅한 수입이 없었다. 그런데 지금은 한겨울 눈 덮인 골짜기를 예약까지 하고 찾아온다.

이렇게 내 땅만 있으면 그곳에서 무엇이든 할 수 있다. 농사짓지 않는 한겨울에도 매달 마르지 않는 현금이 들어온다. 이것이 바로 머니트리가 되는 땅이다. 누구는 돈이 안 된다고 버려진 땅도 이렇게 자신만의 아이디어로 명소를 만들 수 있다. 바로 땅이 가진 매력이다. 내 땅에 무엇을 할 것인지 고민하는 것은, 예술가가 흰 캠퍼스에 무엇을 그릴지 고민하는 것과 같다. 과거에 철길 주변 땅은 시끄러워서 쳐다보지도 않았다. 지금은 훌륭한 물류창고로 매월 높은 임대료가 나온다. 사람들이 쓸모없다고 쳐다보지도 않던 고속도로 IC 근처 루프 지역도 이제는 태양광을 설치해서 매월 수익금을 얻는다. 최근에는 한국형 스마트팜 수직 농장이 인기다. 생산성은 기존 비닐하우스 대비 40배라고 한다. 도심 근교의 버려진 땅 100평이면 시골 비닐하우스 4,000평에 해당하는 양을 수확할 수 있는 것이다. 도시인들은 싱싱하게 재배되는 친환경 쌈채소를 직접 보면서 구입할 수 있다. 작은 땅으로 최고의 수익을 올리는 새로운 형태의 농업 기업이 되는 것이다.

은퇴 후 시골에서 농사짓고 살고 싶은 꿈을 도심 변두리의 자투리땅으로도 가능하다. 결국 모든 것의 기초이자 원재료가 되는 것은 땅이다. 내 땅 100평을 어떻게 사용할 것인가에 따라서 다양한 시도가 가능하다. 누구는 버려진 땅이라고 말하지만, 누구는 그곳에 비닐하우스를 짓는다. 동일한 땅에서 누구는 수직 농장으로 40배 수익을 올린다. 그것은 또 관광 상품이 된다. 이를 '새싹 채소 공장'이라 부른다.

노후에 내 땅 100평으로 무엇을 할지 끊임없이 상상해 보자. 얼마나 재미있는가? 은퇴한 부부가 내 땅 100평으로 새로운 꿈을 꾸는 것 말이다. 매년 풍성한 과일이 열리는 나무처럼 내 땅으로 평생 은퇴 자금을 만들어 주는 머니트리를 꿈꾸어 보자. 누구는 땅이 돈이 안 된다며 부정적인 소리만 외친다. 하지만 부자들은 돈만 생기면 땅을 찾는다. 그 이유는 땅이 가장 안전하고 확실한 투자처임을 알기 때문이다. 또 땅은 두 가지 소득을 동시에 제공하기도 한다. 농지나 과수원 부지를 매입한 경우, 첫째는 농지 연금을 통해 평생 연금을 받을 수 있다. 둘째, 그 땅을 임대하여 임대 소득을 얻을 수 있고, 내가 농사를 지어 소득을 올릴 수도 있다.

젊은 친구들이, 아파트는 급할 때 담보 대출이 가능한데 땅도 대출이 가능한지 묻는다. 물론이다. 시골의 농부들은 봄이 되면 자신의 땅을 담보로 지역 농협에서 영농 자금을 대출받고, 가을에 추수해서 대출금을 갚는다. 세상에 안전한 것은 아무것도 없다. 특히나 투자라는 관점에서는 더욱 그렇다. 투자는 용기이고, 그 실행의 결과로 원하는 것을 얻는다. 망설일 것인가, 투자에 나설 것인가 선택은 본인의 몫이다.

내 땅 100평으로 내 은퇴를 책임질 나만의 머니트리를 만들어 보자. 지역이 중요한 것이 아니라 내 땅으로 무엇을 할지 끝없이 상상하고 도전하자. 작은 경험이 쌓이면 결국 원하는 것을 이루게 될 것이다. 과거에 쓸모없던 야산이 이제는 타운하우스로 개발되면서 그 몸값이 수백만 원을 넘어서고 있다.

땅을 바라보는 관점을 달리하자. 토지를 단순한 농지가 아니라 스스로 돈을 만들어내는 머니트리 관점에서 새롭게 생각하자. 나는 세상의 모든 은퇴자가 행복한 노후를 즐기길 진심으로 바란다. 다만 아무런 준비 없이 그런 일은 절대 일어나지 않는다. 직장생활을 하면서 그 시스템을 꼭 준비하기 바란다. 은퇴 생활비를 책임질 멋진 나만의 머니트리를 하루 빨리 만나 보자. 그 시작은 도전하는 멋진 용기다. 당신의 도전을 응원한다.

# 2
# 은퇴가 있는 삶이란

영화에서 그려지는 은퇴한 부부의 삶은 평화롭고 행복하다. 백발의 부부가 호젓한 바닷가를 손잡고 거니는 모습, 호숫가에서 손자들에게 둘러싸여 웃음꽃이 만발한 모습, 멋진 레스토랑에서 석양을 바라보며 레드와인 한잔을 즐기는 모습은 더없이 아름다운 은퇴의 한 장면이다. 현실에도 그런 사람들은 분명히 존재한다. 태어나면서부터 돈 걱정을 해 보지 않는 사람들, 소위 부자들이다. 중요한 것은 각자의 삶이 다르다는 것이다. 나만의 은퇴가 있는 삶을 준비하면 된다. 그건 경제적 문제를 떠나서 내 삶의 또 다른 문제다.

돈 걱정 없는 부자들은 왜 은퇴를 하지 않을까? 대기업의 회장들은 상상할 수 없을 정도의 자산가다. 하지만 늘 새로운 사업에 위험을 무릅쓰고 도전하고 실패를 경험한다. 평범한 직장인 입장에서 생각하면 아무것도 안 해도 될 것 같은데 왜 위험을 무릅쓰고 새로운 사업에 계속 도전할까? 미국의 빌게이츠 부부는 세계 1위 갑부 소리를 들으면서 대부분의 재산을 공익 재단에 기부하고 있다. 그 이유는 무엇일까? 그건 그들만의 삶의 방식이다. 부자들은 경제적 문제를 해결하기 위해 일하는 것이 아니라, 자신이 꿈을 이루기 위해서 도전하는 것이다. 처음부터 은퇴가 있는 삶을 실천하는 사람들이다.

대기업의 창업주들에게는 하고 싶은 일들이 있었다. 자원이 없는 나라에 조선 강국, 자동차 강국, 제철 강국, 석유화학 수출, 전자제품 수출, 반도체 신화로 가난을 해결하고, IT 강국을 만들겠다는 원대한 꿈이 있었다. 내 인생의 완성, 내 삶의 크기는 각자가 정하는 것이다. 그들은 자신의 삶의 가치를 세상을 더 행복하게 만드는 것으로 정의한 것이다. 이제 우리도 최소한 경제적 문제를 떠나서 우리만의 은퇴가 있는 삶을 정의해 보자.

최근 미국에서 조기 은퇴를 원하는 사람들을 지칭하는 신조어로 '파이어족'(FIRE: Financial Independence, Retire Early)이란 단어를 소개했다. 파이어족은 대학을 졸업하고 고소득 직종에서 근무하는 2030세대 미국 직장인들로, 독립된 삶을 위하여 수입의 최대 70%를 저축하여 조기 은퇴를 하겠다고 계획하는 이들이다. 이 시대 평범한 직장인들도 자신의 은퇴 전략에 먹고사는 문제보다 새로운 꿈을 향한 계획을 포함하면 좋겠다.

가끔 은퇴한 선배들을 몇 년 만에 만나면 어떤 분은 현역 때보다 더 활력이 넘치고, 또 어떤 분은 완전히 노쇠한 모습을 보인다. 활력이 넘치는 이유는 연금에 의존하지 않고 본인이 좋아하는 새로운 일을 하고 있기 때문이다. 60세가 넘었지만 청바지가 잘 어울리고, 아침 수영을 다니며 한 달에 두 번은 꼭 여행을 다니고 있다. 이런 분들을 '액티브 시니어'라고 한다. 적극적으로 건강하게 은퇴 생활을 하는 활기찬 은퇴자를 일컫는 말이다. 다른 한분은 어디 갈 곳이 없다며 집에만 있으니 불규칙한 생활에 온몸이 다 아프다고 말한다. 은퇴 계획에 자신이 꿈꾸는 일에 도전하는 삶을 꼭 반영하자. 은퇴 1년 전에 그것에 도전한 사람을 만나 보자.

직업군인으로 은퇴 후 스마트팜 농장을 운영하는 분은 은퇴하고 외국으로 이민을 가려고 준비했다. 전역을 1년 앞두고 전역 군인 직업 박람회에서 귀농 상담 및 교육을 받으며 귀농을 결심하게 되었다. 전역 전 1년간 주어지는 사회 적응 교육 기간을 잘 활용했다. 1년간 미리 자신만의 귀농 계획을 세웠다. 자신의 특기인 정보통신 기술을 딸기, 블루베리 농사에 접목해서 데이터를 활용한 새로운 형태의 스마트팜 농장을 만든 것이다. 처음에는 힘들었지만 새로운 꿈을 꾸며 진정한 은퇴가 있는 삶에 도전했다. 군인 연금에 기대어 살지 않고 자신이 좋아하는 일에 경험을 살려 새로운 삶을 개척한 것이다.

이렇게 퇴직 후 새로운 것에 도전해서 멋지게 살아가는 것이 바로 진정한 은퇴가 있는 삶이다. 이런 삶이야말로 정년퇴직 후에 만나는 인생의 복이다. 스마트팜 농장은 작은 땅만 있어도 얼마든지 **241**

가능하다. 진짜 은퇴는 경제적 문제를 떠나서 자신의 원하는 일을 하면서 의미 있게 사는 것이다. 60세 이상 노년층의 삶은 팍팍하기 그지없다. 정년 개념이 없어지면서 만들어진 삼팔륙, 사오정이란 신조어는 직장인들에게 한숨과 원망의 단어다. 정규직 직장인들의 경우 60세 정년을 보장받는 것 자체가 복이다. 중요한 것은 은퇴가 있는 삶을 위해 직장생활 동안 어떤 준비를 해야 하는가이다. 경제적 문제를 해결하는 것이 기본임을 한시도 잊지 말자.

100세의 나이에도 현역으로 왕성하게 활동하시는 분께 "선생님 인생에 황금기는 언제였습니까?"라고 물으니 65~85세까지 20년이었다고 대답하셨다. "자식 걱정, 먹고사는 걱정 없이 부부가 꿈꾸는 모든 것을 원 없이 했다."고 하셨다. 산티아고 순례길 도보 여행, 오지 봉사, 유화 그리기, 빵 만들기, 스페인어 배우기 등 직장생활 동안 꿈꾸던 것을 전부 그 시기에 했다고 한다. 지금도 새로운 것을 배우기 위해서 도전하는 중이라고 말한다. 남들이 생각하는 정도의 부자는 절대 아니라고 말한다. 다만 은퇴 전에 미리 세부 준비를 마치고, 은퇴 후 본격적인 준비를 별도로 했다고 한다. 그러면서 한마디 조언을 더 하셨다. "은퇴 준비가 되었다면 정년을 기다리지 마라." 이 말을 꼭 전해 달라고 하셨다. 동감하는 말이다.

살면서 다른 욕심은 다 버려도 좋다. 단 이것 한 가지는 꼭 욕심을 부려 보자. 나만의 진정한 은퇴가 있는 삶에 대해 부부가 함께 욕심을 부려 보자. 그리고 그곳을 향해 달려 보자.

# 3
# 토지투자 가상연습 따라 하기

　일반적인 부동산 거래만 하거나 재테크를 처음 시작하는 사람 입장에서 토지투자는 여전히 어렵게 느껴진다. 이제 그동안 언급한 전략을 총동원해서 가상으로 토지투자를 해 보자. 그동안 알뜰살뜰 모은 종자돈으로 하는 첫 투자이다. 종자돈을 불려서 만든 알토란같은 돈으로 도전하는 첫 번째 장기 투자를 위해 단독 필지를 매입하는 마음으로 도전해 보자. 연습만큼 좋은 경험은 없다. 실제 내 돈을 투자하는 마음으로 연습에 임해야 한다.

　연습의 목적은 세 가지다.

　첫째, 은퇴 자금 마련을 위한 투자(단기+장기)

　둘째, 시작 금액, 소액 지분 3천만 원, 단독 필지 1억 원 도전

　셋째, 투자 기간 3년(단기), 20년(장기)

<'선계획 후개발' 원칙을 따라가자>

　정부, 지자체, 대기업 모두 계획 없이 움직이는 경우는 없다. 어떠한 경우든 정부에서 먼저 기본 계획을 수립하면, 그것을 기본으로 지자체(광역시·도)에서 개발 계획을 세우고, 마지막으로 도·군 도시 기본계획이 작성된다. 물론 대기업은 이것을 참조해서 국내외 여건을 보면서 투자 지역을 선정한다. 이번 가상투자도 이 원칙을 충실히 따를 것이다. 잊지 말자. 대한민국의 모든 국토 개발은 '선계획 후개발'이란 사실을.

　공무원 시험 준비 3년 만에 9급 공무원 시험에 합격한 서른 살 청년의 투자는 이렇게 시작된다. 친구들과 가족에게 짠돌이 소리 들어가면서 악착같이 저축해서 2년 만에 3천만 원이 조금 넘는 종자돈을 마련했다. 비상금을 저축하고 3천만 원으로 첫 토지투자를 하려고 한다. 우선 막막하다. 그동안은 대한민국이 좁게 느껴졌는데 땅을 매입하려고 하니 대한민국이 너무 넓게 느껴진다. 모든 개발은 선계획 후개발 원칙이란 말을 들었으니 공무원답게 가장 먼저 국토교통부 홈페이지에 접속했다. 여기서 무엇인가 힌트를 얻을 수 있을 것 같았다. 그래서 접한 것이 제4차 국토종합계획이다.

　제4차 국토종합계획의 배경은 수도권 집중과 지역 간 불균형의 심화, 환경 훼손에 따른 삶의 질 저하, 인프라 부족에 따른 국가 경쟁력 약화, 국토의 안정성 결여가 그 배경이 된다. 따라서 제4차 계획은 이러한 배경 하에서 21세기 통합국토의 이념을 계획

기조로 기본 목표는 더불어 잘사는 균형국토, 자연과 어우러진 녹색국토, 지구촌으로 열린 개방국토, 민족이 화합하는 통일국토에 두고 있다.

참여정부는 국토의 균형발전을 위하여 분권, 분산, 분업을 정책기조로 삼았다. 국토의 균형발전을 위한 수단으로 충남 연기군 중심으로 인구 50만을 목표로 하는 행정중심복합도시건설을 추진하고 있고, 수도권의 기업집중을 분산하고, 지역경제를 활성화시키기 위하여 기업도시건설을 6개 지역에 시범적으로 추진하고 있으며, 중앙부서 이전을 위한 혁신 도시건설을 수도권과 대전을 제외한 전국의 전역을 대상으로 추진하고 있다.

- 국토교통부

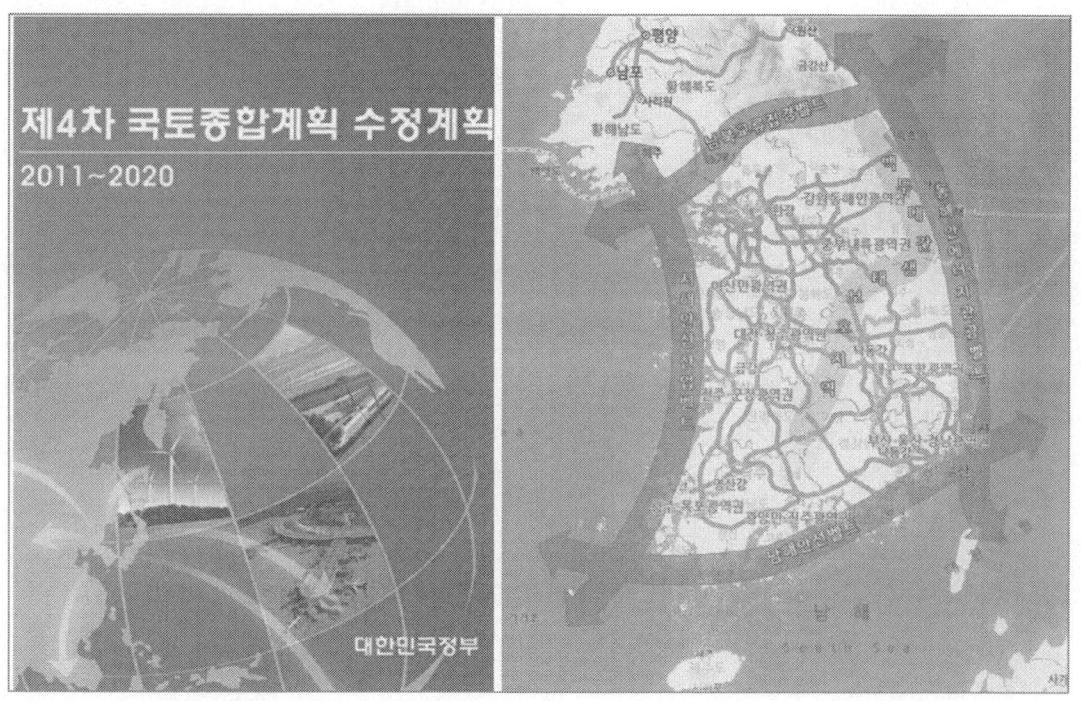

## 1. 지역 선택

제4차 국토종합계획의 핵심은 서해안 신산업벨트의 경제자유구역 중심으로 산업클러스터 기반(자동차, IT, 철강, 석유화학, 항공산업)을 구축하는 것이다. 그 중심에 있는 충남권 기본목표는 신성장 동력산업의 육성과 녹색성장기반 구축이다. 그럼 정부 정책을 따라서 서해안을 선택해 보자.

① 먼저 서해안 관련 뉴스를 검색한다.

검색 사이트에서 서해대교 교통량에 영향을 주는 "서평택 확장공사" 검색

> 26일 국토교통부는 서해안고속도로 평택~서평택(10.3km) 확장공사 구간 가운데 서평택나들목(IC)~서평택분기점(JCT) 6.5km 구간을 27일 개통한다고 발표했다.
>
> 조기 개통되는 구간은 현재 왕복 6차로에서 10차로로 확장된다. 국토부는 평균 통행속도가 현재 시속 66km에서 시속 89km로 빨라질 것으로 예상했다. 또 인근 평택항과 포승공단의 물동량 처리가 원활해지면서 연간 100억 원의 물류비용이 절감될 것으로 추정했다.
>
> - 한국경제 2018.11.26.

이 도로는 현재 6차선으로 교통량을 감당할 수 없을 정도로 수출 물동량이 증가하고 있다. 대기업이 몰려가는 수출의 전진기지라면

장기 투자 관점에서 최고의 지역이 될 수 있다. 서해대교를 건너면 첫 번째 만나는 도시가 당진시이다.

② 충남 종합계획에서 당진시 개발계획을 찾아보자.

충남 종합계획의 핵심은 충남을 4개 거점 권역으로 개발하는데, 북부권에 속하는 당진시는 환황해경제권의 전진기지, 충청권의 신성장 거점 지대로 개발한다는 계획이다.

③ 2030 내포신도시 광역계획의 자료를 확인한다.

당진시는 용도지역 중 도시 비율이 2.3% 가장 낮고, 시가화 예정용지 48.5%, 또한 도시관리계획을 확인하니 공업 지역이 32%로 가장 높고, 주거 지역 9.5%로 가장 낮았다.

④ 투자 포인트 이것은 엄청난 정보다. 일단 도시비율이 낮고, 시가화 예정용지가 많다는 것은 토지 투자자에게 최고의 기회가 된

다. 시가화 예정지역을 따라서 투자하면, 비도시지역이 도시지역으로 편입될 때 기본 10배 이상 수익을 기대할 수 있기 때문이다. 대기업을 유치할 최고의 도시지만, 주거 시설 역시 부족하다는 뜻이다. 이제 서해안 신산업벨트 거점도시인 당진시로 투자를 결정했다.

★ 토지투자 지역 선정 시 점검할 핵심사항
1. 대기업 유치 현황
2. 5년간 인구 증가 현황
3. 거점 교통망 신설 계획
4. 지자체 세수 증가 현황

이런 현황은 지자체 홈페이지를 방문하면 누구나 열람할 수 있다. 혹시 찾기 어려운 분들은 지자체에 문의하면 친절히 안내를 받을 수 있다. 이런 작은 노력이 쌓여서 성공 투자의 에너지가 되는 것이다. 내가 투자할 지역의 홈페이지와 사랑에 빠지자. 하루에 한 번 꼭 방문하는 열정을 갖자. 그 옛날 첫사랑을 만나던 심정으로 매일 출근 도장을 찍어 보자.

⑤ 당진시 투자 유치 관련 뉴스 검색 결과

전국에서 가장 많은 국가산업단지를 보유한 곳이라 투자 유치가 많이 이루어지고 있고, 미래 핵심산업인 수소 산업을 전략적으로 육성하는 것을 확인할 수 있다. 그런데 제4차 국토종합계획 충남권 발전전략이 바로 미래 신산업육성 정책이다. 왜 선계획 후개발이라고 하는지 이제 알 것이다.

지역을 선택할 때 가장 중요한 것은 바로 환금성이다. 따라서 개별 이슈보다는 정부가 정책적으로 밀어 주고, 대기업이 투자하는 지역을 선택해야 장기 전략에 따른 수익을 극대화하고 환금성이 보장된다. 남북문제는 개성공단처럼 정치 문제로 한 순간에 위험해질 수 있다. 결국 수출 주도형 국가전략에 맞게 정부, 대기업, 수출 삼박자를 갖춘 곳이 가장 안전한 투자 지역이다. 서산, 당진, 태안, 세종은 전부 이런 지역이다. 그중에서 당진을 선택한 이유는 서

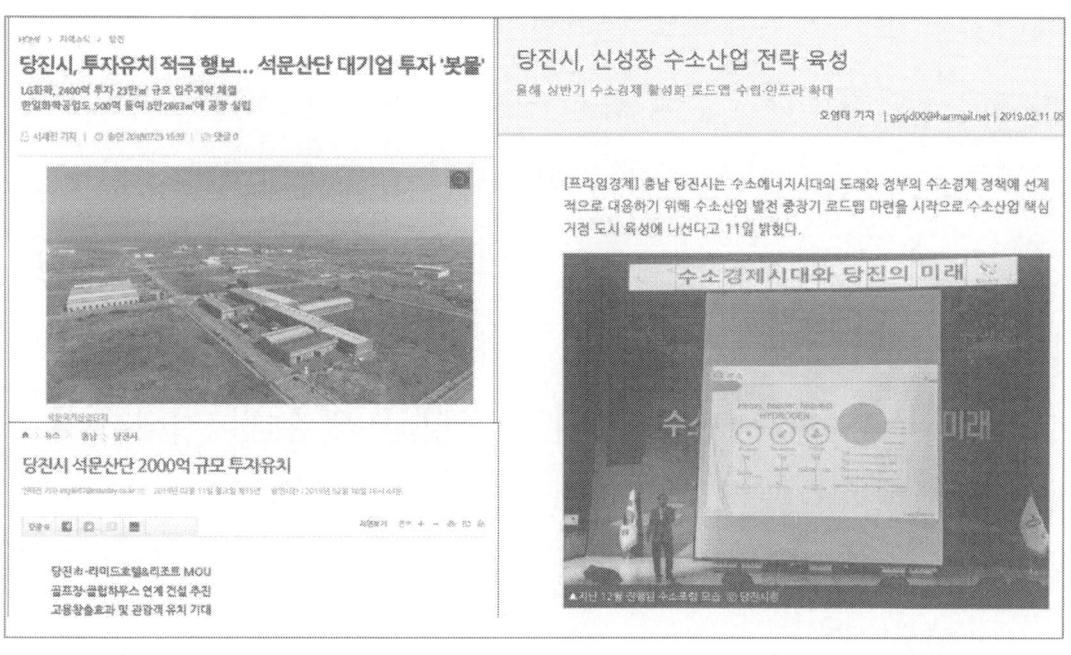

울 접근 시간이 한 시간 이내로 투자자와 대기업이 가장 선호하는 지역이기 때문이다.

★최종 투자 지역 선택: 충남 당진시

2. 입지 선정

지역 선정은 국토종합계획 → 충남 종합계획 → 내포신도시 광역도시계획 및 관련 뉴스를 검색해서 선정했다. 하지만 투자의 성패를 결정하는 것은 역시나 입지 선정이다. 해당 도시의 어떤 입지를 선택하는가에 따라서 환금성, 수익률이 달라진다.

입지 선정 시 반드시 확인할 도시 · 군 기본계획(당진시 도시기본계획)을 확인해야 한다. 공무원이니 이번에도 어김없이 당진시청 홈페이지에 접속한다.

당진시청 홈페이지(https://www.dangjin.go.kr/kor.do)에 접속해서 2030도시기본계획을 열람한다. 입지 선정은 도시기본계획을 참조해서 단기 · 장기 전략 중심으로 세 곳을 선정했다.

환금성, 안전성을 보장받기 위해서는 도시의 주개발축을 따라가는 것이 가장 빠르고 안전한 방법이다. 그것은 당진시 2030년 도시기본계획 가운데 도시 공간구조를 보면 알 수 있다. 붉은색으로 표시된 주개발축을 선택하자. 누구나 시청 홈페이지에서 열람할 수 있는 것이다.

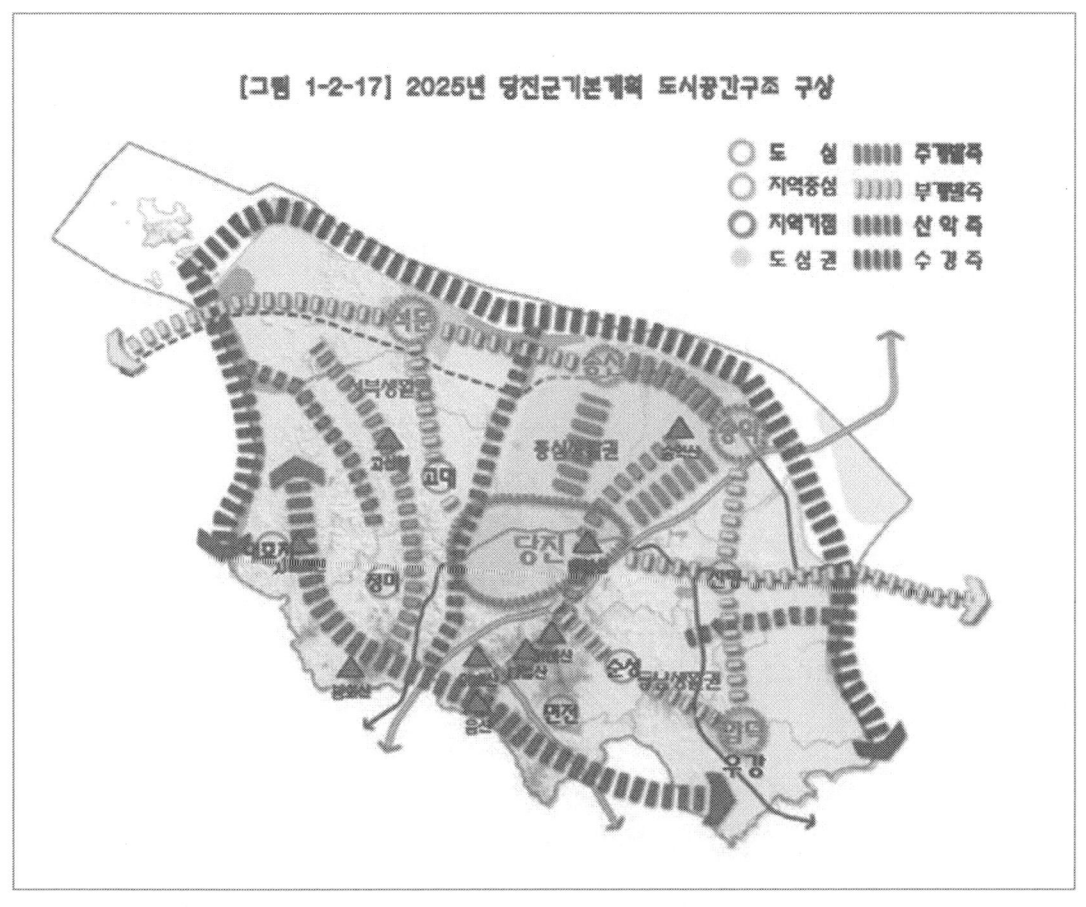

[그림 1-2-17] 2025년 당진군기본계획 도시공간구조 구상

- 예비 입지 세 곳 선정 완료

① 우두지구: 모든 도시의 핵심 상업지구는 시청을 중심으로 개발된다. 도시기본계획에 따르면 시청 근처 우두지구는 주개발축으로 도시가 급속히 팽창되는 1순위 지역이다.

② 송악지구: 당진시에서 가장 인구가 밀집된 지역으로 당진시 주개발축에 해당하며, 이번에 예타면제를 받은 서해선인입철도의 송악역이 신설되는 지역이다.

③ 송산지구: 현대제철을 중심으로 송산 일반 산업단지가 분양 완료된 지역으로 이곳도 당진시 주개발축에 해당하며, 송산역이 신설되는 지역이다.

★ 최종 입지 선정: 우두지구 우두동

선정 사유: 신축 건물인 당진시청을 중심으로 수청1·2지구 택지개발 및 주거시설이 현재 활발히 공사를 진행하고 있다. 주변에 핵심 상업시설, 주거시설이 부족한 상태로 도시가 급속히 팽창하는 시점에 있으며, 대규모 개발이 지속적으로 이루어지고 있다. 따라서 3년 정도의 단기 전략, 20년 정도의 장기 전략을 모두 만족하는 지역이다.


★ 우두지구 뉴스를 검색해 보니 최근 기사가 검색된다.

---

## 당진시 우두동, 당진2지구 도시개발사업 탄력

22일 시청 대강당에서 창립총회 갖고 조합장에 김후각 선출
공동주택·단독주택 등 1550세대 공급, 3643명 수용
환지방식에 사업비는 631억 원 소요 예상

---

- 출처: 중도일보

환지개발방식으로 2023년 개발 완료 예정이다. 5년이 안 걸리는 시점이니 단기 전략으로 대응 가능하고, 개발 예정지 인근 땅을 매입하고 20년 장기 전략으로 접근하기에도 적합하다. 주말에 현장을 방문하고, 인근 부동산 중개업소 서너 곳을 방문해서 사전 정보를 알아보자. 다만 현지 부동산의 이야기를 전부 믿으면 안 된다. 몇 곳을 돌아보면 느낌을 알 수 있을 것이다. 특별히 우두지구에서 우두동을 선택한 것은 또 다른 이유가 있다.

도시기본계획에 포함된 2030년 당진 교통망계획도를 보면, 당진

시에서 유일하게 6차선 도로가 확정된 지역이 우두동이다. 당진시의 주도로가 된다는 것이다. 따라서 이 근처의 땅을 미리 선점하고 도로가 개통되길 기다리면 된다.

아래 지도의 붉은 선으로 표시된 32번 도로가 6차선으로 신설될 지역이다.

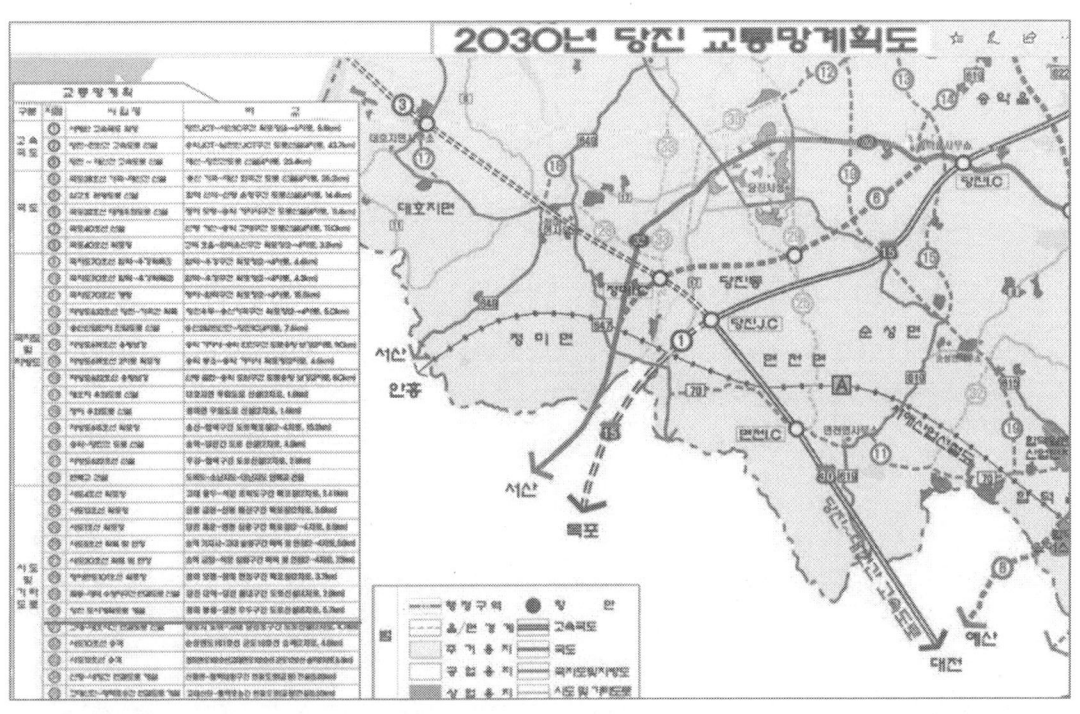

－ 당진 도시계획 도로건설: 정미봉생~당진우두 구간 도로 신설(6차로 5.7km)

### 3. 매물 검색

가장 어려운 부분이다. 지역과 입지 선정까지 마쳤으니 정말 돈 되는 땅을 만나야 하는 문제가 남았다. 도시기본계획을 확인하고, 현장을 돌아보면서 분위기도 알겠는데 도대체 어떤 땅이 돈이 되는지 알 수가 없다. 토지투자에는 고수, 하수가 따로 없다. 돈 되는 입지의 땅을 먼저 선점하고, 먼저 되팔고 나오는 사람이 고수다. 우리의 연습생 공무원은 절차대로 하는 것을 좋아한다. 역시나 공무원 스타일.

① 당진시 우두동을 네이버 지도에서 검색하자.

- 지적도에 붉은색으로 표시된 지역이 당진3동(우두동)이다.

- 한 가지 팁을 더 준다면 군 지역이 도시로 변경된 경우, 시청을 중심으로 동으로 변경된 지역을 먼저 주목하라. 그것은 가장 먼저 도시화할 지역이란 뜻이다. 우두동처럼 말이다. 다른 지역은 면으로 표시되어 있다.

- 동으로 편입된 지역이 가장 먼저 도심권이 된다는 또 다른 신호이다. 공무원인 우리 연습생은 이것도 파악했다. 멋지다.

② 도시기본계획의 2030년 당진 교통망의 6차선 도로가 지나가는 지역을 찾아라. 우두동에서 6차선 도로가 예정된 근처 물건을 찾으면 된다.

- 현재 지목이 답으로 되어 있고, 현장을 가서 보면 농사를 짓는 평범한 땅이다.

- 토지이용규제 정보서비스로 확인하면 6차선(40m) 도로가 저촉된 것을 알 수 있다.

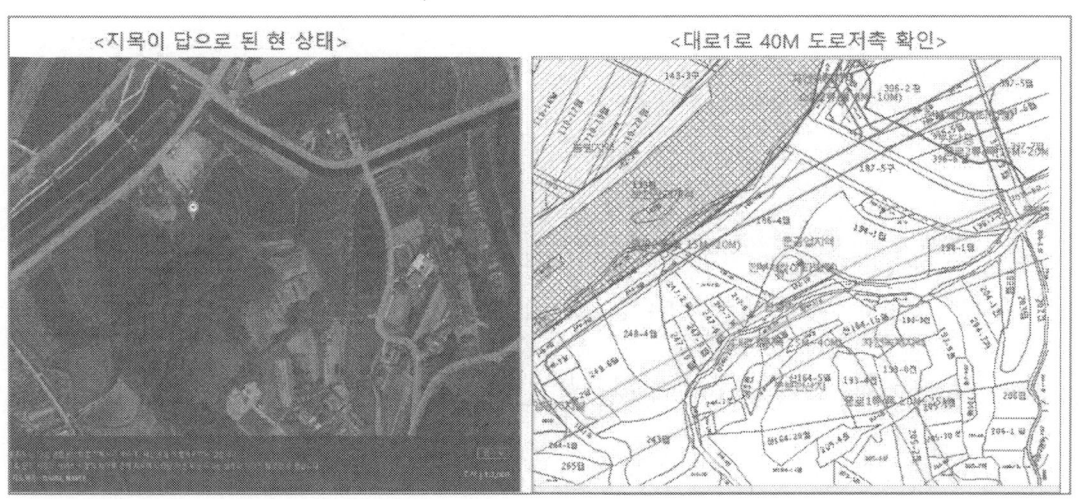

&lt;지목이 답으로 된 현 상태&gt;  &lt;대로1로 40M 도로저촉 확인&gt;

③ 서류 확인

- 가장 먼저 토지이용규제 정보서비스로 규제 정보를 확인(무료 열람)하라.

- 대법원 인터넷등기소에서 등기부등본을 확인해서 소유권 이전에 문제가 없는지 확인하라(수수료 700원).

④ 최종 현장 확인

- 실제 서류와 필지 현황이 일치하는지 확인한다.

- 현장을 보고 허허벌판, 곧 논과 밭이라고 실망하지 마라. 그래서 돈이 되는 것이다.
- 미래에 그곳에 도시가 완성된 모습을 그릴 수 있어야 한다.

⑤ 계약

- 핵심은 사후 관리를 잘해 주는 곳을 선택하는 것이다.
- 늘 바쁜 공무원을 대신해서 내 땅 주변의 변화 소식을 자주 전해 줄 곳을 선택하라.
- 3천만 원 소액 지분투자(단기 투자)
- 1억 원 단독 필지(장기 투자)

## 4. 사후 관리

투자자에게 가장 중요한 것은 바로 매도 타이밍이다. 그것을 언제로 잡는가에 따라서 수익률이 달라지기 때문이다. 법인 부동산을 선택할 때 땅을 파는 것에 급급하지 말고 온전히 매도하는 순간까지 책임지고 관리해 주는 곳을 선택하라. 이때 핵심은 수수료를 깎으려 하지 말고 오히려 넉넉히 지불하라는 것이다. 그것이 100배 이상의 수익으로 돌아온다. 토지투자는 기본적으로 장기 재테크 상품이다. 긴 시간이 걸리면 그만큼 수익률이 높다고 보면 된다.

지금까지 가상연습을 해 보았다. 군대는 늘 이런 연습을 매일 한다. 그래야 실전에서 바로 써 먹을 수 있기 때문이다. 토지투자 가상연습도 최소한 일주일에 한 번 해 보기 바란다. 처음 펼친 국토종합계획이 막막해 보이지만 열 번만 읽어 보면 그 다음에는 원하는 페이지를 바로 펼칠 수 있게 된다. 그것이 곧 나만의 정보, 나만의 수익률을 높이는 지름길이다.

토지투자 전략을 한 번 더 정리하자면, 종자돈을 이용한 지분투자(단기 전략)로 수익률을 높이고, 그것을 활용해 단독 필지(장기 전략) 세 개를 준비하는 것이다. 이렇게 30대 공무원이 단독 필지 세 개를 매입한 후 정년퇴직을 한다면 어떻게 될까? 진짜 은퇴, 아름다운 노후가 기다릴 것이다. 이것이 내가 진정 원하는 것이다. 정년을 보장받는 정규직 직장인이 40대에 투자하고 60세 정년퇴직 때 미리 사 둔 땅에 집을 지어 건물주가 되기 바란다.

이제 막 자전거 타기를 배운 당신, 넘어지는 두려움을 이겨내고 힘차게 자전거에 올라 페달을 밟아 보라. 저 멀리 행복한 머니트리가 당신을 기다리고 있다. 멋진 은퇴가 있는 삶을 기원한다. 연습 한 번으로는 부족하다. 계속 반복해야 한다. 전국 어디든 동일한 패턴으로 접근하면 된다. 연습을 실전처럼, 딱 열 번만 해 보기를 권한다.

# 에필로그

　은퇴에는 정답이 없다. 각자 정의하는 것이 답이 될 수 있다. 다만 나는 '진짜 은퇴'란 관점을 전하고 싶었다. 학문의 이론대로 세상이 흘러간다면 얼마나 좋을까? 대학을 졸업하고 세상에 나오면 학문과 전혀 다른 세상에 적응하다 어느덧 은퇴를 만난다. 그 적응 기간을 조금이라도 줄이고 진정한 나를 찾아가는 방법은 없을까? 나만의 답을 찾기 위해 남들의 시선은 의식하지 말고, 과감히 '왜, 어떻게'를 외쳐 보라. 그게 나를 찾아가는 길이다.

　은퇴라는 무거운 주제도 그렇다. 60세 정년을 보장받는 직장인으로 은퇴하면 행복한 노후를 즐길 충분한 권리가 있다. 그 권리를 포기하지 않으면 좋겠다. 힘들다고 포기한 그 권리를 다른 사람이 가져간다. 똑같이 입사하고 퇴사하는데, 은퇴 후의 삶이 달라지는 이유는 무엇일까?

은퇴라는 선물을 받아 그 포장을 벗겨 보면 거기에 두 가지 선물이 있다. 첫째는 경제적 자유다. 이제 더는 먹고사는 걱정을 하지 않아도 된다. 둘째는 자아실현이다. 직장생활 하느라 못했던 일을 마음껏 할 기회가 생긴다. 나는 모든 직장인이 60세 정년을 향해 달려온 것에 대한 보상을 똑같이 누렸으면 좋겠다. 내가 바라는 직장인의 은퇴는 이 두 가지다. 이것을 나는 '진짜 은퇴'라고 말한다. 왜 누구는 진짜 은퇴를 하고, 누구는 못하는 것일까?

지금 이 순간 힘겨운 삶의 한가운데에 있는 30, 40대 직장인은 선물을 받을 자격이 충분하다. 포장마차에서 소주 한 잔, 1년에 한 번 떠나는 여름휴가가 아니라 시간과 장소에 구애받지 않고 휴가를 즐길 수 있길 바란다. 진정한 은퇴를 하기 위해서는 모두 안 된다고 할 때, 모두 부정적인 이야기를 할 때 오히려 새로운 방법을 찾아야 한다. 그러므로 부디 '왜, 어떻게'를 외치기 바란다. 국가, 직장, 사회, 친구, 가족과 나의 관계는 어떤 준비를 하고 은퇴하는가에 달렸다.

잊지 말자. 은퇴하면 휴대폰에 저장된 모든 전화번호가 일주일 후에 리셋 된다. 은퇴 후 한 달 동안 울리지 않는 전화를 두고 고장난 것은 아닌지 수없이 확인하는 오류를 범하지 말자. 은퇴한 당신은 더 이상 조직의 구성원이 아니다. 새로운 인맥과 소통을 시작하면 된다. 대다수 은퇴 전문가들은 끝까지 일을 놓으면 안 된다고 하는데, 왜 나는 그게 아니라고 말할까? 그게 이 시대 직장인들이 진정으로 원하는 삶이 아니기 때문이다. 힘들고 팍팍한 현실에서 누군가 한 사람은 직장인의 진정한 소망을 알아줘야 하지 않을까? 돈 걱정 없이 원하는 인생을 살고 싶다.'는 직장인의 작은 소망을 알아주고 싶다. 직장생활 시작부터 은퇴라는 친구와 함께 지내면서 퇴직하는 날 은퇴 친구가 주는 두 가지 선물을 꼭 받기 바란다.

마지막으로 한 가지 더 부탁하자면, 당장 눈앞의 작은 이득을 쫓아가지 마라. 당신이 세운 명확한 은퇴 목표를 향해 달려가려면, 작은 보상 없이도 묵묵히 실행해야 한다. 나는 일을 배우는 것이 좋아서 성과를 바라지 않고 휴일도 없이 일했다. 멀리 보면 지금 당장 눈앞에 보이는 작은 성과는 별게 아니다.

책 한 권으로 은퇴를 완벽하게 준비하는 방법은 세상 어디에도 없다. 은퇴를 바라보고 준비하는 관점이 각자 다르기 때문이다. 분명한 것은 어떤 방법이든 준비해야 한다는 사실이다. 남보다 조금 빠른 준비가 남보다 조금 더 행복한 진짜 은퇴를 만나는 지름길이다. 이 세상 모든 직장인의 진짜 은퇴를 기원한다.

# 부록

# · 토지 권리분석 도구 활용법 ·

그림1. 네이버지도 검색하기　　　　　　　　　　　　　　　　　　활용 1. 네이버지도 사용법

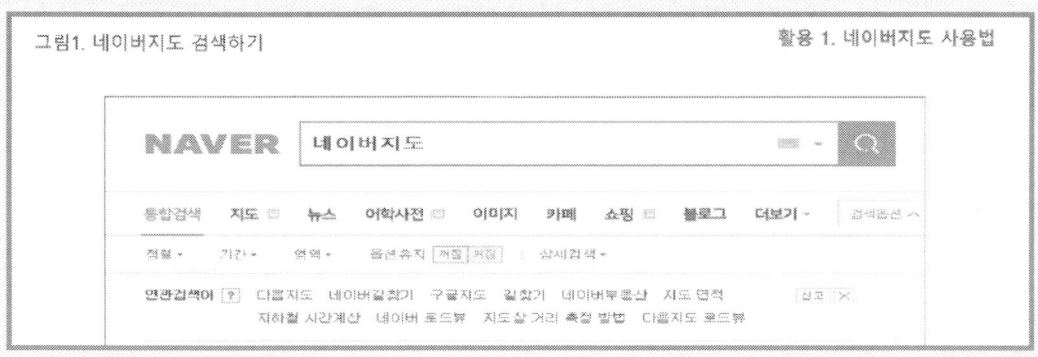

그림2. 지적도 선택하기

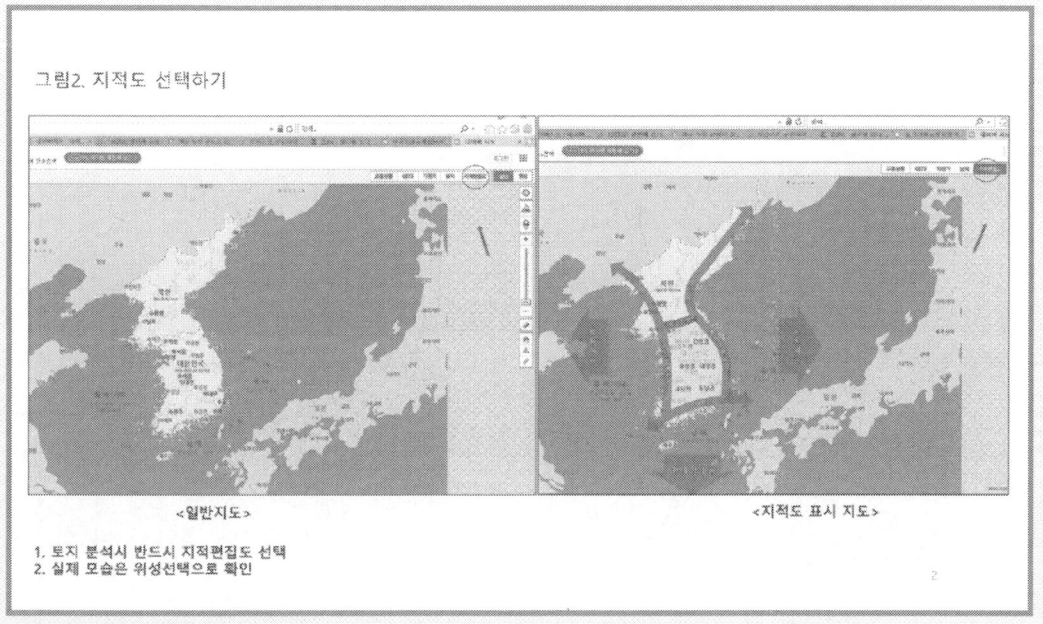

&lt;일반지도&gt;　　　　　　　　　　　　　　　　&lt;지적도 표시 지도&gt;

1. 토지 분석시 반드시 지적편집도 선택
2. 실제 모습은 위성선택으로 확인

그림3. 지역선택(우두동)

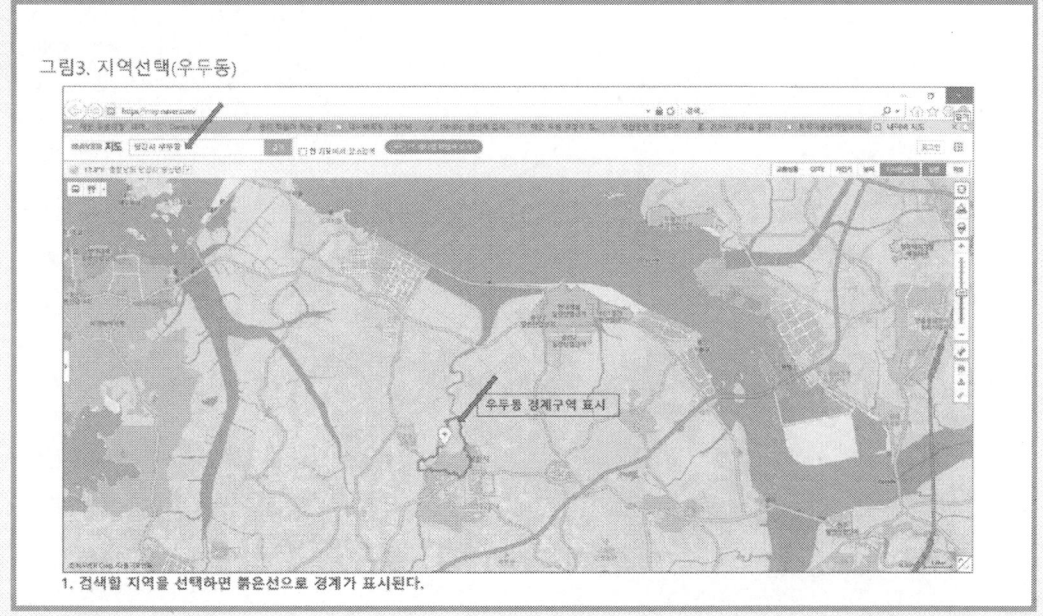

1. 검색할 지역을 선택하면 붉은선으로 경계가 표시된다.

그림4. 선택지역 확대하기

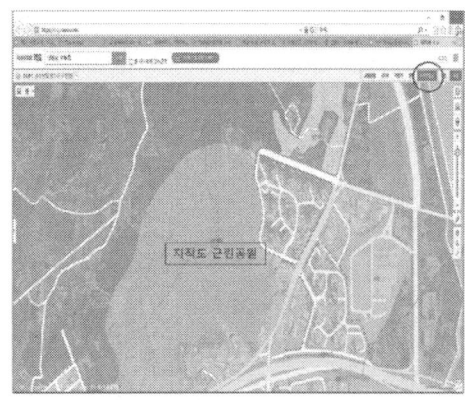

<지적도 모습>                               <위성으로 본 실제모습>

1. 지적도, 위성 두가지 모드를 선택 사용
2. 마우스를 이용, 확대, 축소 가능

그림5. 확대하기

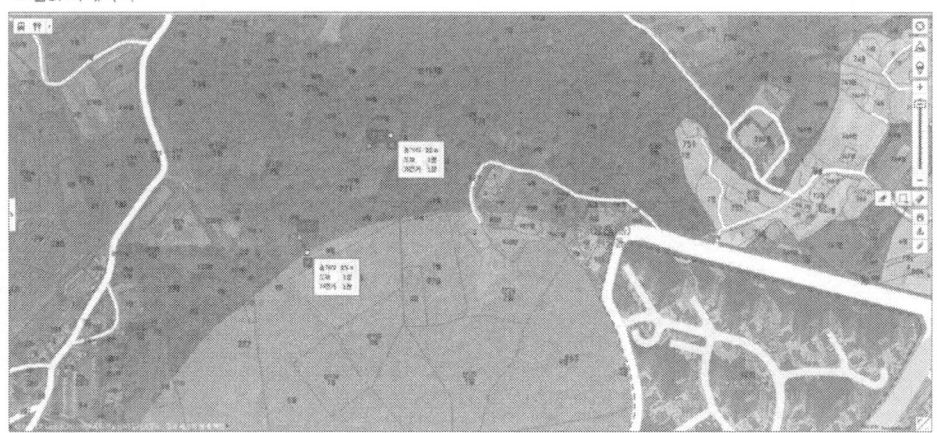

1. 지적도를 마우스로 확대한 모습
2. 공원주변으로 15M, 21M 도로가 신설 예정인 것이 보임
3. 네이버 지도만으로 정확한 도로예정지 확인 가능

그림6. 네이버지도(토지이용규제서비스로 확인하기)

1. 우두동 221-10 검색, 네이버 지적도와 동일하게 좌, 우로 신설예정 도로 표시 확인됨

그림7. 네이버지도(거리뷰로 실제현장 확인하기)

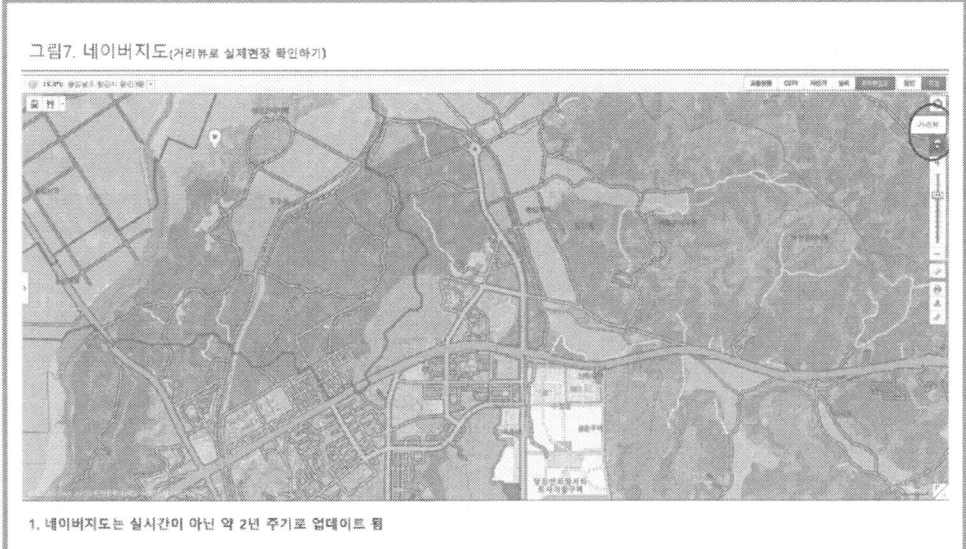

1, 네이버지도는 실시간이 아닌 약 2년 주기로 업데이트 됨

그림8. 거리뷰로 확인한 모습

1. 2018. 7월 업데이트 되었음
2. 공원부지는 개발예정지로 항공뷰가 없음, 가장 근접한 뷰로 현장 분위기 확인
3. 네이버 지도만 제대로 활용해도 기본분석이 가능하다.

그림9. 토지이용규제정보서비스 검색하기                          활용 2. 토지이용규제정보서비스 따라하기

263

그림10. 토지이용규제정보서비스 메인화면

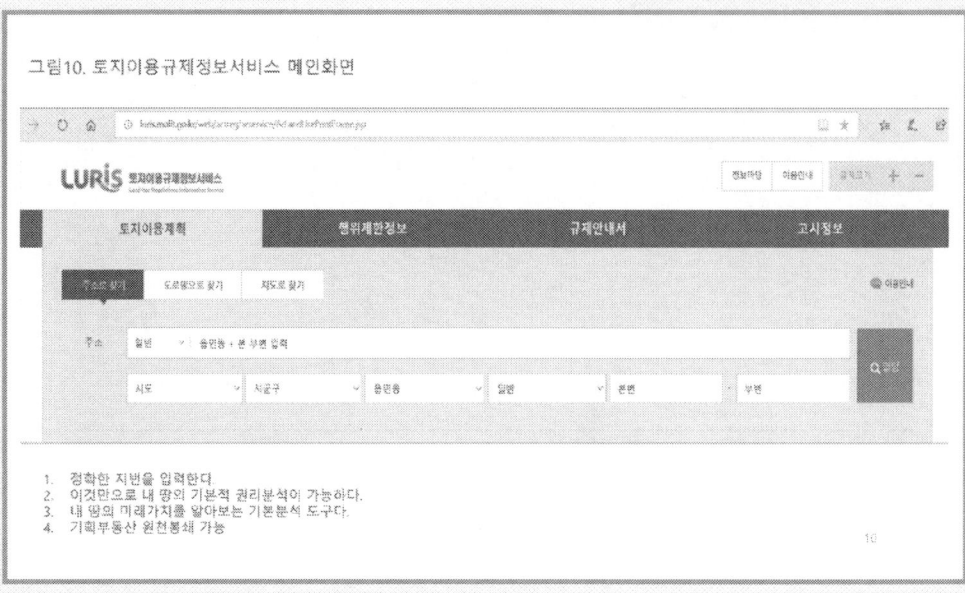

1. 정확한 지번을 입력한다
2. 이것만으로 내 땅의 기본적 권리분석이 가능하다.
3. 내 땅의 미래가치를 알아보는 기본분석 도구다.
4. 기획부동산 원천봉쇄 가능

그림11. 검색대상 토지의 지번을 입력후 열람신청

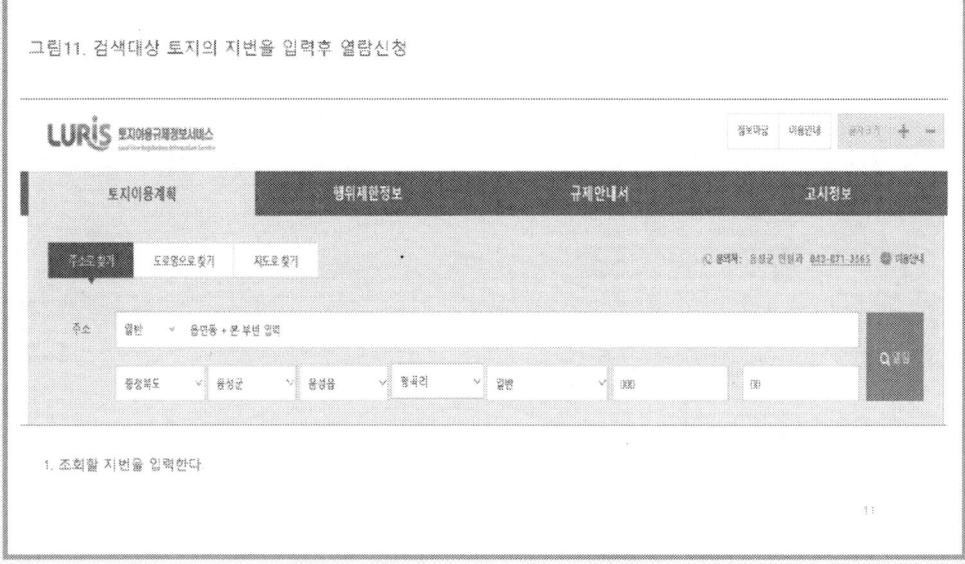

1. 조회할 지번을 입력한다.

그림12. 대상토지의 세부정보 열람

1. 지목, 공시지가, 용도지역, 규제사항, 미래모습을 볼 수 있다.
2. 지도보기, 도시계획, 최근고시 확인가능
3. 민원부서 전화번호 공개, 정보확인 가능

그림13. 도면 확대한 모습

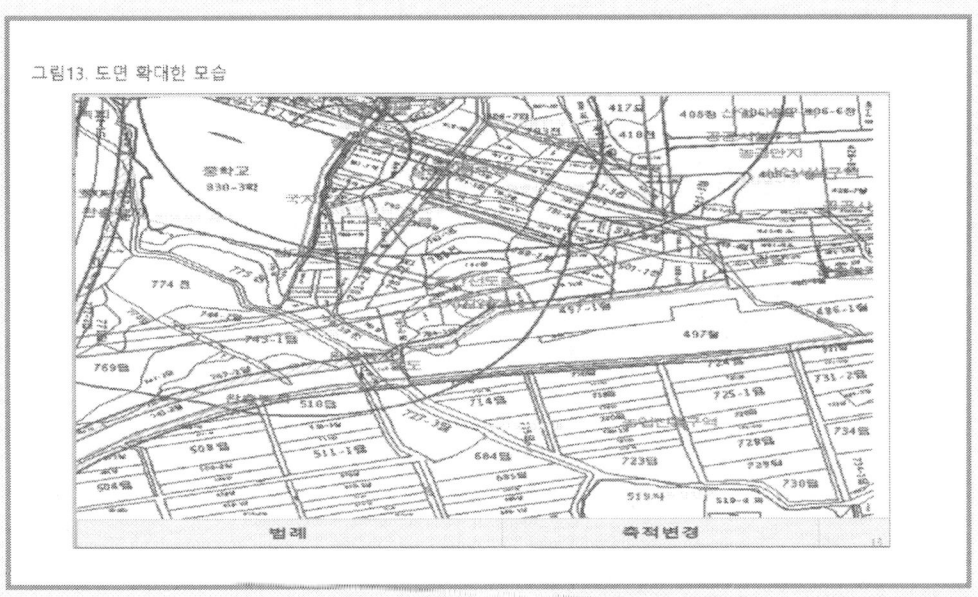

그림14. 땅 위치 지도에서 바로 확인

<그림 12. 지도보기 선택>

<일반 지도>                    <항공 지도>

그림15. 내 땅의 도시계획을 볼 수 있다.

<그림12. 도시계획 선택>

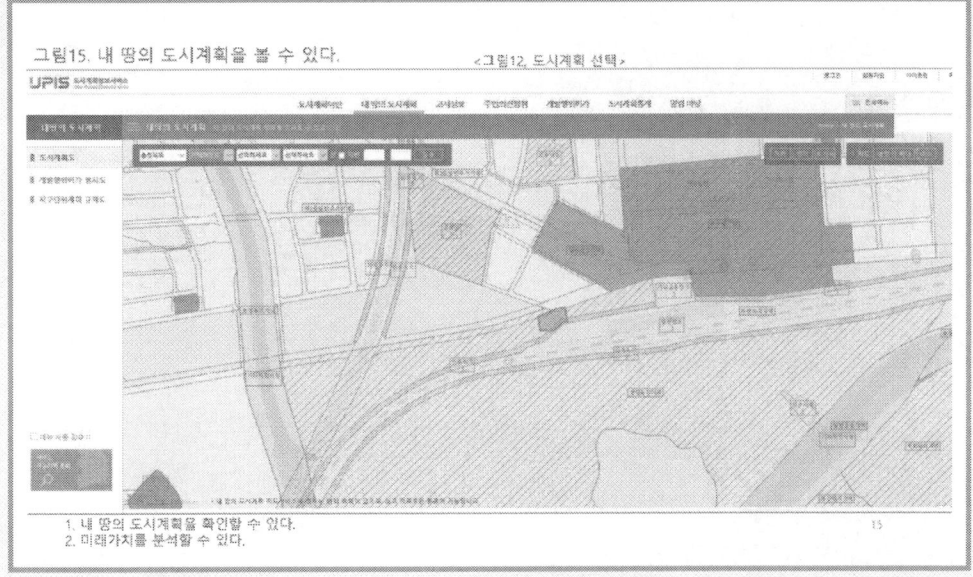

1. 내 땅의 도시계획을 확인할 수 있다.
2. 미래가치를 분석할 수 있다.

그림16. 대법원 인터넷등기소 검색

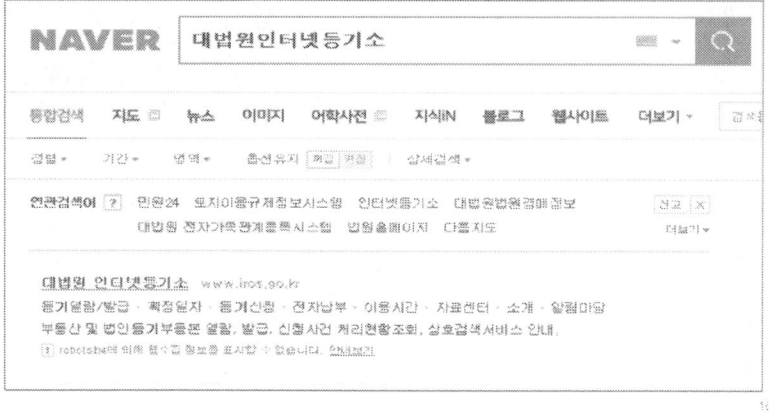

그림17. 회원가입 및 접속하기

그림18. 열람정보 입력하기

1. 원하는 지번을 정확히 입력한다.

그림19. 수수료 700원 결제하기

등기열람/발급
열람하기

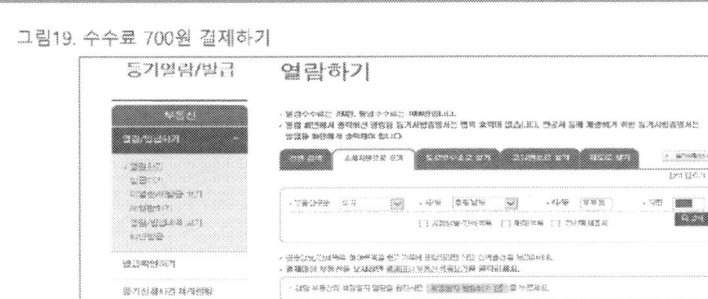

1. 열람수수료을 납부한다.

그림20. 수수료 결제후 열람가능 상태

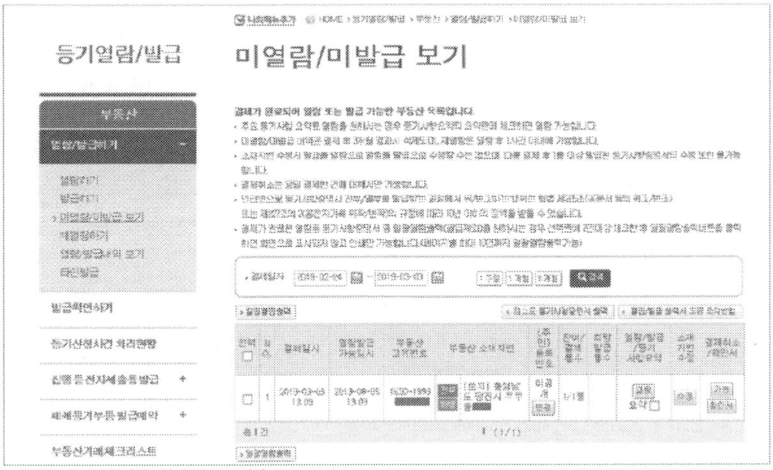

등기열람/발급
미열람/미발급 보기

1. 원하는 등기부를 열람 및 출력 가능하다.

그림21. 실제 등기부 등본

등기사항전부증명서(말소사항 포함)
- 토지 -

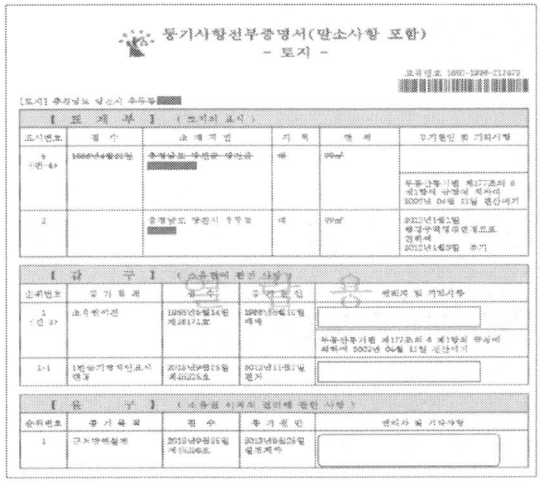

1. 소유권 확인
2. 소유권 외 권리사항 확인

그림22. 정부24

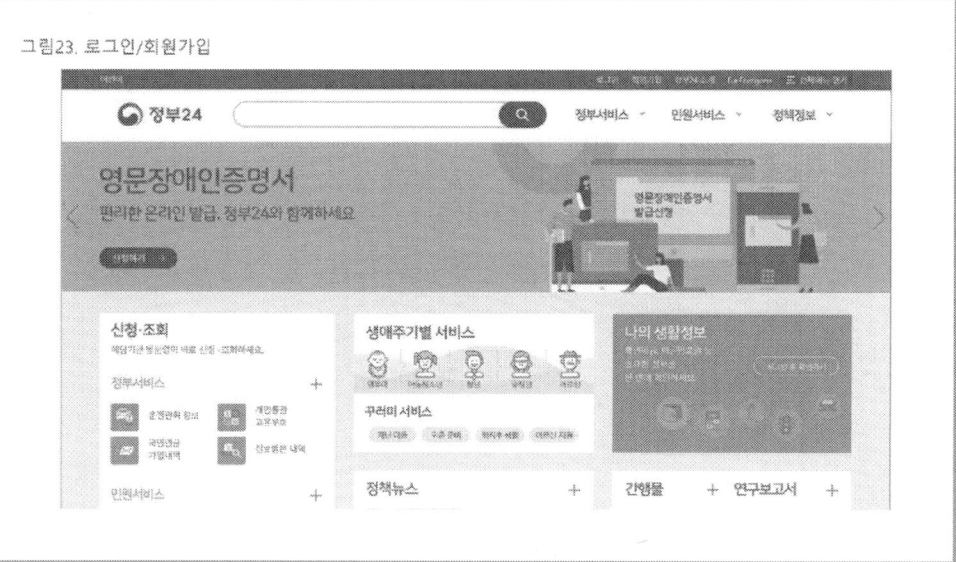

그림23. 로그인/회원가입

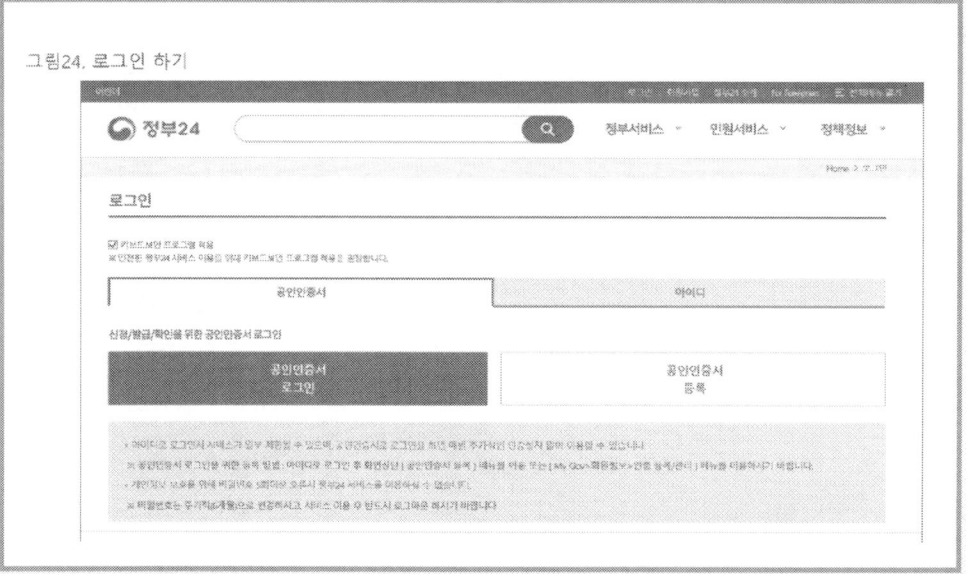

그림24. 로그인 하기

그림25. 토지대장발급신청 선택

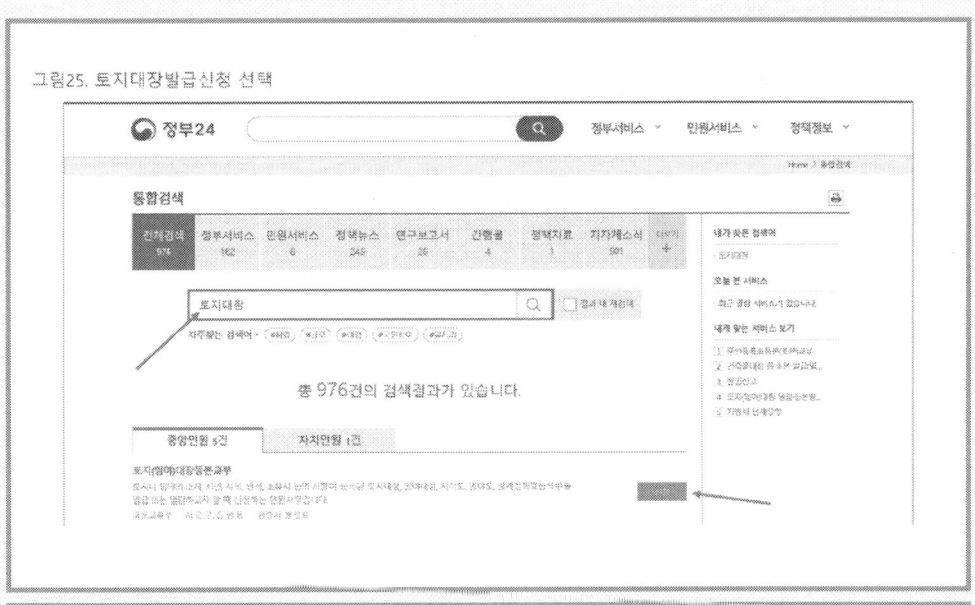

그림26. 토지대장교부신청 선택

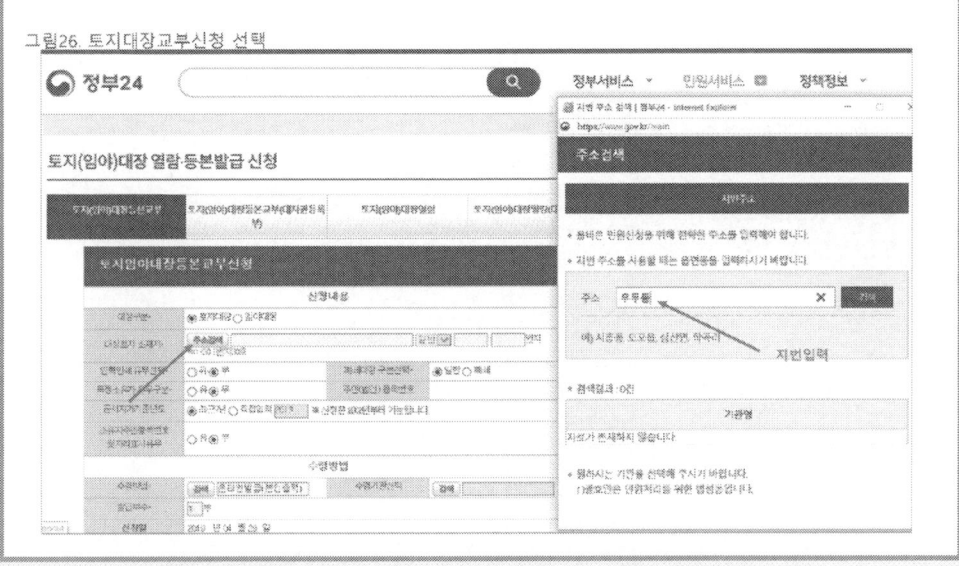

그림27. 토지대장 열람주소 입력

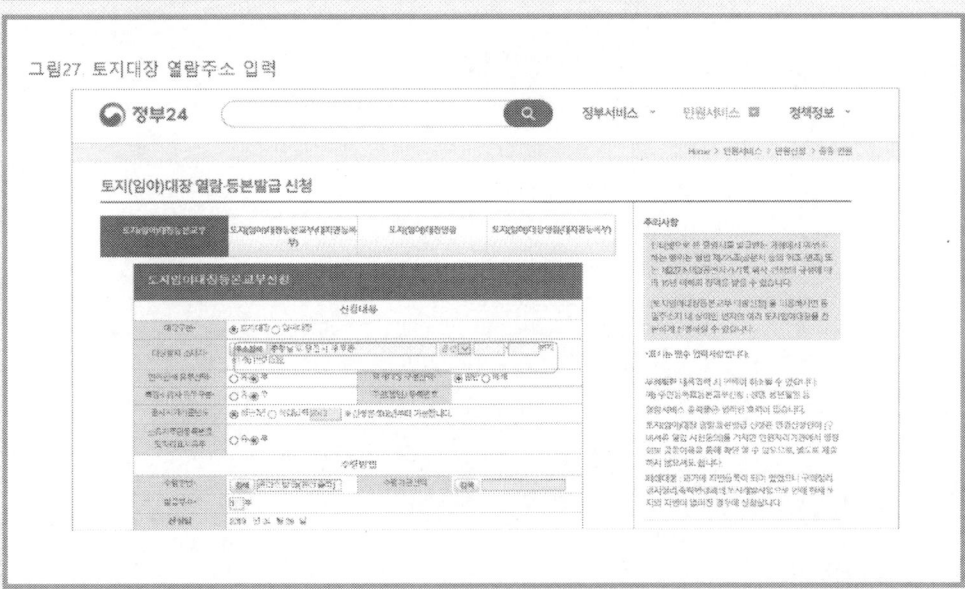

269

그림28. 토지대장등본교부 완료

1. 수수료 없이 무료 열람 및 출력 가능하다.

그림28. 토지대장등본교부 완료

그림29. 토지대장등본 발급 출력

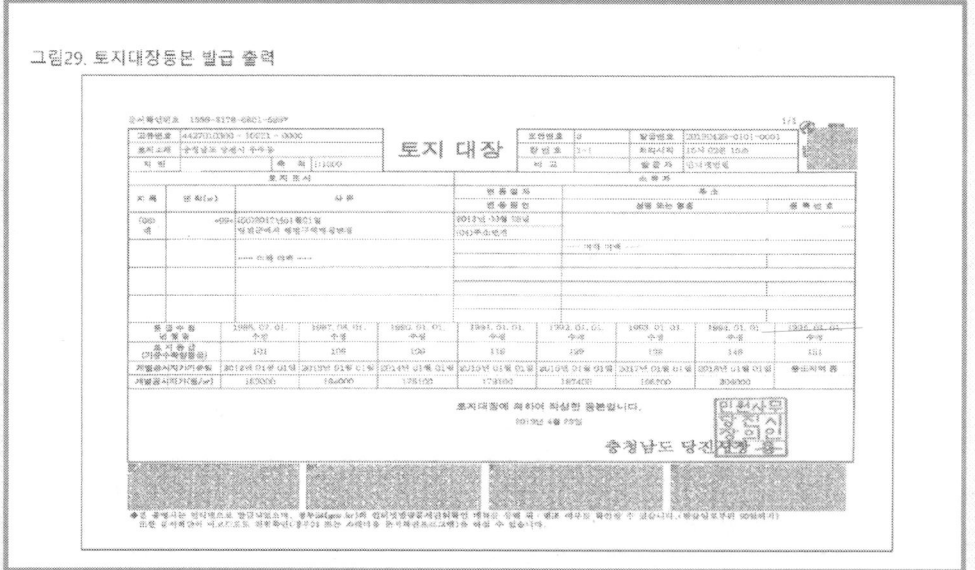

그림30. 지적도 등본 발급 출력

문서확인번호: 1556-5181-5806-6428

# 지적도 등본

| 발급번호 | G2015012340539106001 | 처리시각 | 15시 08분 17초 | 발급자 | 민원24 |
|---|---|---|---|---|---|
| 토지소재 | 충청남도 당진시 우두동 | 지 번 | | 축 척 | 등록:1/1200 출력:1/1200 |

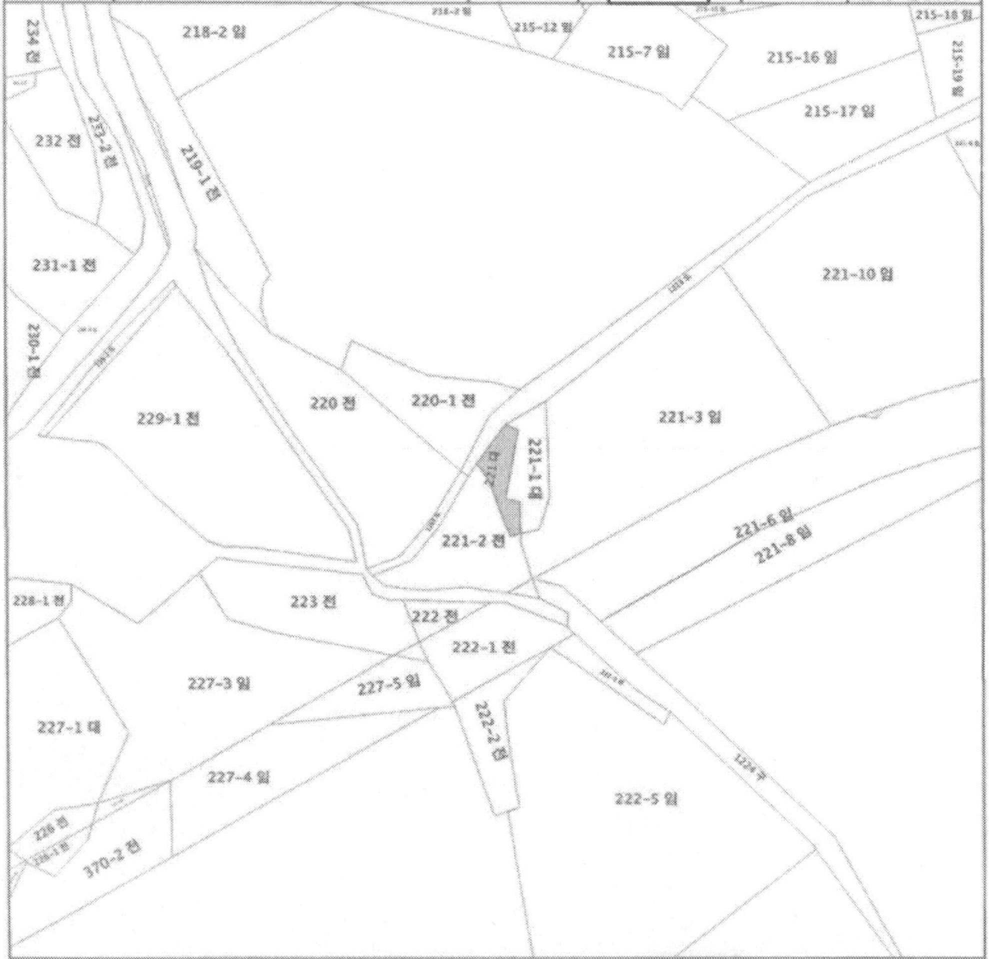

234 대

218-2 임

218-2 임  215-12 임

215-7 임

215-16 임  215-18 임

215-17 임

215-19 임

232 전

233-2 전

219-1 전

221-10 임

231-1 전

220-1 전

229-1 전  220 전  220-1 전

221-3 임

221-1 대

221-2 전

221-6 임
221-8 임

228-1 전  223 전  222 전

222-1 전

227-3 임  227-5 임

222-2 전

227-1 대

227-4 임  222-5 임

228 전

370-2 전

지적도등본에 의하여 작성한 등본입니다.
이 도면등본으로는 지적측량에 사용할 수 없습니다.
2019년 04월 29일

## 충 청 남 도    당 진 시 장